VINTE CONTOS BRASILEIROS

R. Anthony Castagnaro, Editor

With an introduction by
Wilson Martins

Georgetown University Press, Washington, D.C.

Library of Congress Cataloging in Publication Data

Main entry under title:

Vinte contos brasileiros.

1. Portuguese language--Readers. 2. Short stories,
Brazilian. I. Castagnaro, R. Anthony.
PC5071.V5   469.86'4   80-11585
ISBN 0-87840-079-6

International Standard Book Number: 0-87840-079-6

CONTENTS

PREFACE

Vinte Contos Brasileiros is a collection of contemporary Brazilian short stories (with the exception of 'Missa do Galo', the miniature classic of Machado de Assis), intended primarily for the increasing number of college students of Portuguese who have completed a basic course in the language and would like to go on to study its literary expression. This volume may also serve to acquaint the general reader of Luso-Brazilian literature with some of the outstanding short fiction to have appeared in Brazil during recent years. In this regard, the introductory essay and the brief bio-bibliographical introductions preceding each selection should be of particular value.

The pedagogical aids are limited to a moderate number of themes for oral discussion and written composition, and are based on the assumption that the student has already had considerable exposure to the language through practice with exercises in grammar, idiomatic usage, comprehension, and conversation. Consequently, the student should now be ready to meet the challenge of Portuguese as an instrument for the mature expression of thought and feeling. The number and scope of footnotes have been determined by the needs of the average American college student. Linguistic annotations have been restricted to expressions whose level of difficulty is not normally reached during the early stages of language study. Strictly lexical items have been defined only in those cases where they do not appear in the most popular bilingual dictionaries. The omission of an end-vocabulary is deliberate; it is founded on the belief that the advancing student of a foreign language should learn to use a bilingual dictionary with self-reliance and effectiveness, thereby preparing himself or herself to read Portuguese independently and successfully, both within and outside the context of class assignments.

Though the 20 stories have been selected for their representative quality and arranged in approximate order of difficulty, the selection and arrangement are also the result of several other considerations: chronology, length, academic propriety, and variety of theme, style, and tone.

Finally, I wish to express my enduring gratitude to the respective authors, their heirs, and their publishers for graciously granting permission to reproduce the remarkable *contos* gathered here.

R.A.C.

O CONTO NO BRASIL

Wilson Martins

O que há de surpreendente na vitalidade do conto brasileiro contemporâneo é, não apenas o seu enorme desenvolvimento em volume, mas, ainda, a persistência com que se tem mantido numa posição de primeira importância: já se disse que o conto, não a poesia ou o romance, tem sido, nestes últimos vinte anos, o gênero verdadeiramente renovador ... e renovado. A exuberante multiplicação de antologias é um testemunho por assim dizer material dessa situação.

Desde 1949, a *Revista Branca* publicava uma *Antologia de Contos de Escritores Novos do Brasil*, logo acompanhada, para mencionar apenas os títulos mais conhecidos, pela de Graciliano Ramos (*Contos e Novelas*, 1957), reunindo em três volumes e dispondo em ordem geográfica "o que, em ficção miúda, apareceu no Brasil no fim do século passado e neste meio século"; seguiram-se, em nove volumes, as *Histórias e Paisagens do Brasil* (1959), compiladas por Diaulas Riedel; em 1960, os onze volumes do *Panorama do Conto Brasileiro*, na editora Civilização Brasileira; em dois volumes, a *Antologia do Novo Conto Brasileiro* (1964), organizada por Esdras do Nascimento; *Contistas de Brasília*, em 1965, coletânea de Almeida Fischer, e, no mesmo ano, *Uma Antologia do Conto Cearense*, com estudo crítico de Braga Montenegro; *Os 18 Melhores Contos do Brasil* (1968), premiados no I Concurso Nacional de Contos do Estado do Paraná, cujo prestígio não somente se manteve, mas aumentou no curso dos anos; a *Antologia do Conto Gaúcho* (1969), de Flávio Moreira da Costa; a *Antologia de Contos Brasileiros de Bichos* (1970), organizada por Cyro de Mattos e Hélio Pólvora; *O Conto Brasileiro Contemporâneo* (1975), por Alfredo Bosi; finalmente, desde 1974, a Editora do Globo, de Porto Alegre, vem publcando volumes anuais com os melhores contos aparecidos em todo o país no período anterior, conforme votação colhida entre escritores e críticos conhecidos.

Não podemos omitir, claro está, os livros de contos indivi-
dualmente publicados em todos os Estados, para nada dizer da
recuperação de dezenas de historietas que Machado de Assis
havia deixado discretamente esquecidas nos periódicos do
tempo, nem a contínua reedição dos contistas famosos. Entre
1957 e 1975, podemos tomar 1967 como centro geométrico, ano
em que surgiu o excelente instrumento de trabalho que é a
"Bibliografia do conto brasileiro" (1841-1967), compilada em
dois volumes por Celuta Moreira Gomes e Teresa da Silva
Aguiar (*Anais* da Biblioteca Nacional do Rio de Janeiro, 87/
1967), a que podemos acrescentar, no plano crítico e para
mais avançada atualização, os *22 Diálogos sobre o Conto
Brasileiro Atual* (1973), de Temístocles Linhares.

Nem sempre foi assim. Quando, em 1938, a *Revista Aca-
dêmica*, do Rio de Janeiro, lançou um inquérito para saber
quais os dez melhores contos brasileiros, Osório Borba (1900-
1960) observou o "enorme desprestígio do conto na massa dos
leitores". Explicando a situação, num artigo destinado à
celebridade ("Contos e contistas", posteriormente incluído em
O Empalhador de Passarinho, s.d. [1946]), Mário de Andrade
referia-se às razões de ordem psicológica que afastam do livro
de contos o leitor de ficção:

> O livro de contos fatiga muito mais que o romance, pela
> mesma razão que um programa de concerto, muito variado,
> merece a censura e a desatenção geral. A leitura de
> vários contos seguidos, nos obriga a todo um esforco
> penoso de apresentação, recriação e rápido esquecimento
> de um exército de personagens, às vezes abandonados
> com saudade. É incontestável esta impureza estética com
> que, nas histórias de qualquer tamanho, nosso ansioso
> poder de amor e de ódio nos faz acompanhar apaixonadamente
> os personagens, em suas vidas livrescas. E estas são
> razões muito objetivas, espero, a frequência do conto nas
> revistas, a maior fadiga psicológica a que nos obriga em
> geral o livro de contos, pra que o leitor comum se
> desinteresse, não dos contos propriamente, mas dos livros
> de contos.

Acresce que "há bons contistas e há contos bons"--não sendo
raros os casos em que um bom contista escreva maus contos e
em que um bom conto seja escrito por um mau contista. Os
imperativos materiais de constituir o volume tipográfico con-
duzem com frequência a evidentes desníveis de qualidade entre
uma composição e outra; é o que já me levou a escrever que
"o maior inimigo do contista é o livro de contos", gênero a
ser lido isoladamente, publicado em revistas, como queria
Mário de Andrade. Ele chegava mesmo a propor ironicamente
uma lei "que impedisse os escritores de publicar livros de
contos, antes que estes fossem experimentados nas revistas".

As antologias propõem gráficos ilustrativos da evolução do gosto e da fortuna crítica dos autores: assim, seria curioso estudar, entre uma antologia e outra, o desaparecimento de certos nomes, a "recuperação" de outros, a permanência de alguns poucos. Se Machado de Assis é figura indispensável e, por assim dizer, rotineira em todas elas (o mesmo acontecendo, nas que se limitam ao conto moderno, com Guimarães Rosa e Aníbal Machado, Rubem Fonseca ou Mário de Andrade), é enorme a "mortalidade" que se pode observar, por exemplo, entre os escolhidos por Graciliano Ramos; nos domínios do realismo mágico, nenhuma antologia poderia dispensar os nomes de José J. Veiga e Murilo Rubião—mas, quem se lembraria do extraordinário "Demônios", escrito pelo realista Aluísio Azevedo (1857-1913)? Quem? Graciliano Ramos, precisamente, que o incluiu no primeiro volume dos *Contos e Novelas.*

Organizado como texto de leitura para os estudantes de língua portuguesa nas universidades norte-americanas, o presente volume não tem intenções nem pretensões antológicas: de Machado de Assis a Ricardo Ramos, os contos foram selecionados por sua adequabilidade ao fim proposto e pela crescente complexidade estilística e linguística. Contudo, não surpreende que tal critério coincida, afinal de contas, na maior parte dos casos, com a reputação e a qualidade literária dos respectivos autores. É certo que alguns nomes indispensáveis numa antologia propriamente dita tiveram de ser omitidos, seja pela extensão material dos trabalhos, seja por dificuldades intrínsecas, seja por outros motivos de ordem didática. Mas, por outro lado, incluem-se contistas, como Antônio Bulhões, que só recentemente começam a ser "reconhecidos" em seu justo valor, ou ainda outros que representam mais recentes revelações do conto brasileiro (ao lado de um "clássico", como Dalton Trevisan, que vem da década de 1940, um Luiz Vilela ou um Hélio Pólvora).

Esses contistas inscrevem-se, apesar das aparências, numa tradição artística que vem de Machado de Assis, Guimarães Rosa e Aníbal Machado (simultaneamente): de geração para geração, eles só podem renovar e até revolucionar a arte narrativa justamente porque encontraram estabelecida uma arte narrativa a ser revolucionada e renovada. Assim, Lygia Fagundes Telles pertence por igual à família de Mário de Andrade e Aníbal Machado, de Machado de Assis e Luiz Vilela, as recíprocas sendo do mesmo modo verdadeiras; Clarice Lispector *precedeu* Guimarães Rosa na criação do conto moderno, mas ambos estão na fonte de escritores tão diversos como Luiz Vilela e Hélio Pólvora; entre Dinah Silveira de Queiroz e Aníbal Machado há, pelo menos, tantos pontos de contacto quanto de divergência.

Daí, claro está, não só a dificuldade de saber o que é conto, mas ainda a de classificá-lo por espécies ou categorias. A primeira, aliás, é mais aparente do que real: trata-se, dizia Mário de Andrade, de um "inábil problema de estética literária",

sendo sempre conto "aquilo que seu autor batizou com o nome
de conto". Insatisfeito, de seu lado, com as sistematizações
até agora propostas, Temístocles Linhares resolveu ordenar o
seu estudo pelo critério dos "nomes-chave", que ele não de-
fine, mas são, de toda evidência, os que "marcaram" a arte
do conto com um estilo pessoal e inconfundível. É "critério
elástico", que tem tanto de cômodo quanto de pessoal e subje-
tivo.

A querela é, na prática, de ordem nominalista, porque, se
o conto regionalista é quase sempre realista, nem todo conto
realista é regionalista; categorias como a do conto fantástico
não se confundem com a do conto psicológico, e assim por
diante. Seja como for, muitos dos "nomes-chave" referidos
por Temístocles Linhares estão representados neste volume:
Guimarães Rosa, Clarice Lispector, Lygia Fagundes Telles,
Dalton Trevisan, Luiz Vilela, Murilo Rubião, José J. Veiga--
mas outros tantos incluídos no seu livro parecem destinados
ao silencioso desaparecimento em que mergulharam incontáveis
predecessores.

Pode-se pensar que o conto, mais do que qualquer outra
forma de ficção, é, acima de tudo, uma "arte de estilo"--
entendida a expressão no sentido mais diretamente linguístico
(a "parole" da terminologia saussuriana), mas também no
sentido das técnicas narrativas. Ora, deparamos, a esse
propósito, com dois paradoxos menos ... paradoxais do que
pareceria à primeira vista: um deles, é o estilo necessariamente
"realista" da ficção fantástica (Murilo Rubião, José J. Veiga e
até Guimarães Rosa, se pensarmos no que "A terceira margem
do rio" tem de supra-realismo); o segundo, é a influência
afinal de contas reduzida (e que esperaríamos maior) exercida
por Guimarães Rosa no conto brasileiro contemporâneo. Sabe-
se que a linguagem é o problema central na literatura dos
nossos dias, tanto mais absorvente para o pensamento crítico
quanto menos generalizável. De uma forma geral, o conto
brasileiro atual propõe antes uma nova visão psicológica do
que um novo estilo literário: de Aníbal Machado a Ricardo
Ramos, a língua literária pouco mudou; Mário de Andrade e
Guimarães Rosa, esses mestres sem discípulos, fazem claramente figura de exceção num grupo de escritores em que o
Homem parece mais digno de interesse do que a Língua.

Sob o ponto de vista do estilo, Clarice Lispector é o eixo
de articulação entre o primeiro e o segundo, por um lado, e,
por outro lado, entre eles e os demais; dir-se-ia que os dois
primeiros vêm o personagem em perspectivas machadianas e o
apresentam em idioma joyceano: a sua inteligência é o prisma
que decompõe a luz branca da psicologia nas diversas cores do
espectro linguístico. Os outros, ao contrário, conservam o estilo machadiano para traduzir um homem que mudou, realidade
agora movediça e incerta, herói da vida moderna que é, quase
sempre, o anti-herói. Nem Machado de Assis, nem Mário de
Andrade, nem Guimarães Rosa, nem Clarice Lispector, empregam

o palavrão: é antes a palavra que os interessa. Nos mais
recentes, ao contrário, o palavrão pode também ser ocasional-
mente uma palavra, não apenas por uma questão de moda
literária ou novas concepções de gosto, mas ainda porque
acrescenta uma dimensão à psicologia. Mas, esclareça-se desde
logo, não é um recurso generalizado: a maior parte dos
contistas prefere outras formas de "realismo", como no caso
de Dalton Trevisan, Lygia Fagundes Telles ou Antônio Bulhões,
isto é, a observação implacável e fria sob o microscópio, o
estudo da baixeza humana tal como se manifesta às vezes na
sociedade conjugal ou na corrupção biológica e mental da idade
avançada.

As técnicas variam, mas o conto continua a ser um instantâneo do homem, surpreendido nos momentos de crise ou de
revelação de si mesmo (sem excluir as harmônicas mansfieldianas
em que se compraz Lygia Fagundes Telles); mas as técnicas só
podem variar porque a literatura tem em si mesma a vitalidade
necessária para transformar-se e desdobrar-se indefinidamente
em novas criações sempre surpreendentes e inesperadas,
sempre fiéis, contudo, a uma psicologia nacional, a uma visão
do mundo, a uma tradição literária.

1

JOAQUIM MARIA MACHADO DE ASSIS

Joaquim Maria Machado de Assis (1839-1908), the writer who
is generally considered as the most important figure in the
history of Brazilian literature, was born of the most humble
origins and in the most modest economic circumstances, in Rio
de Janeiro.   A self-taught youth of less than 20 years, he began his writing career as a journalist, soon extending the
scope of his pen to many fields of literature.   His employment,
in 1875, in his country's Ministry of Agriculture, Transpor-
tation and Public Works (the beginning of a 35-year period of
government service), freed his spirit from the distractions of
economic need, and allowed him more fully to pursue the in-
tense intellectual discipline that was to result in a literary production of seven novels, almost 200 pieces of short fiction,
several plays, a considerable body of poetry, and countless
cultural chronicles and articles of literary criticism, not to
mention a number of translations--among them, works of Dante,
Shakespeare, and Poe.   His exemplary life as man and writer
(he was happily married to Carolina Augusta de Novais) made
of him the most respected figure in the literary world of Brazil.   A founder of the *Academia Brasileira de Letras* in 1897,
he was elected its first president, and held the office in un-
diminishing prestige until the end of his life.
The literary art of Machado de Assis is perhaps as arresting
for the contemporary reader as it must have been for the reading public of almost a century ago.   In its own time, it was
seen by the most perceptive literary critics as a development
away from the romantic influences in his early poetry and fiction, toward a spiritually congenial manner of narration which
bypassed the formal impediments of 'literary' realism and
naturalism.   It established a veritable 'creative island', far
removed from the esthetically distorting panorama of con-
temporaneous writing.   There was no stylistic dross in the
fiction of Machado de Assis: all was concise, sparse, and

exact; reference to locale was reduced to an unprecedented
minimum; metaphor became uncommon, but was used to bril-
liantly revealing effect; characterization was achieved in telling
fusions of direct and indirect technique; and a style of newly
classic balance was obtained. The fictional art of Machado de
Assis astonishes the reader of our time by its many-faceted
uniqueness: the vertiginously rapid narration that pauses
only for the exploration of structural essences; the appearance
of a pre-Proustian use of memory; the pervasive suggestion of
the treacherous irrationality of human behavior, of the pre-
cariousness of existence and of the ambiguity of its perception;
the intensive engagement of the reader in the dynamic of
literary creation; the self-deprecatory, sadly smiling humor
of resignation to the destiny of the human condition. The
presently increasing acquaintance of foreign readers and critics
with the literature of Brazil will doubtless not be long in recognizing the pioneering universality of Machado de Assis' literary
art, and in acknowledging him as one of the giants of occi-
dental fiction.

The achievement of Machado de Assis assumes even more
astonishing human dimensions when one is reminded that he
was a mulatto, a stutterer and an epileptic, and when one
consequently imagines the courage and self-discipline which
carried him up to the literary summit of his time and place.

A minimal appreciation of his literary art may well be initi-
ated by a reading of several examples of his short fiction (in
addition to the small masterpiece presented here, "O Alienista",
"O Espelho", "Teoria do Medalhão", "A Chinela Turca", "Dona
Benedita", "Um Homem Célebre", "O Dicionário", etc.), and of
his three greatest novels: *Memórias Póstumas de Brás Cubas*
(1881), *Quincas Borba* (1891) and, especially, *Dom Casmurro*
(1900).

MISSA DO GALO[1]

Nunca pude entender a conversação que tive com uma senhora, há muitos anos, contava eu dezessete, ela trinta. Era noite de Natal. Havendo ajustado com um vizinho irmos à missa do galo, preferi não dormir; combinei que eu iria acordá-lo à meia-noite.

A casa em que eu estava hospedado era do escrivão Meneses, que fora casado,[2] em primeiras núpcias, com uma de minhas primas. A segunda mulher, Conceição, e a mãe desta acolheram-me bem, quando vim de Mangaratiba para o Rio de Janeiro, meses antes, a estudar preparatórios. Vivia tranqüilo, naquela casa assobradada da rua do Senado, com os meus livros, poucas relações, alguns passeios. A família era pequena, o escrivão, a mulher, a sogra e duas escravas. Costumes velhos. Às dez horas da noite toda a gente estava nos quartos; às dez e meia a casa dormia. Nunca tinha ido ao teatro, e mais de uma vez ouvindo dizer a Meneses que ia ao teatro, pedi-lhe que me levasse consigo. Nessas ocasiões, a sogra fazia uma careta, e as escravas riam à socapa; ele não respondia, vestia-se, saía, e só tornava na manhã seguinte. Mais tarde é que eu soube que o teatro era um eufemismo em ação. Meneses trazia amores[3] com uma senhora, separada do marido, e dormia fora de casa uma vez por semana. Conceição padecera, a princípio, com a existência da comborça; mas, afinal, resignara-se, acostumara-se, e acabou achando que era muito direito.

Boa Conceição! Chamavam-lhe a "santa", e fazia jus ao titulo, tão facilmente suportava os esquecimentos do marido. Em verdade, era um temperamento moderado, sem extremos, nem grandes lágrimas, nem grandes risos.

No capítulo de que trato, dava para maometana; aceitaria um harém, com as aparências salvas. Deus me perdoe, se a julgo mal. Tudo nela era atenuado e passivo. O próprio rosto era mediano, nem bonito nem feio. Era o que chamamos uma pessoa simpática. Não dizia mal de ninguém, perdoava tudo. Não sabia odiar, pode ser até que não soubesse amar ...

Naquela noite de Natal foi o escrivão ao *teatro*. Era pelos anos de 1861 ou 1862. Eu já devia estar em Mangaratiba, em férias; mas fiquei até o Natal para ver "a missa do galo na Corte".[4] A família recolheu-se à hora do costume; eu meti-me na sala de frente, vestido e pronto. Dali passaria ao corredor da entrada e sairia sem acordar ninguém. Tinha três chaves a porta; uma estava com o escrivão, eu levaria a outra, a terceira ficava em casa.

--Mas, Sr. Nogueira, que fará você todo esse tempo?--perguntou a mãe de Conceição.

--Leio, D. Inácia.

Tinha comigo um romance, os "Três Mosqueteiros", velha tradução, creio, do "Jornal do Comércio". Sentei-me à mesa que havia no centro da sala, e à luz de um candeeiro de querosene, enquanto a casa dormia, trepei ainda uma vez ao cavalo negro de D'Artagnan e fui-me às aventuras. Dentro em pouco estava completamente ébrio de Dumas. Os minutos voavam, ao contrário do que costumam fazer, quando são de espera; ouvi bater onze horas. Mas quase sem dar por elas, um acaso. Entretanto, um pequeno rumor que ouvi dentro veio acordar-me da leitura. Eram uns passos no corredor que ia da sala de visita à de jantar; levantei a cabeça; logo depois vi assomar à porta da sala o vulto de Conceição.

--Ainda não foi?--perguntou ela.

--Não fui; parece que ainda não é meia-noite.

--Que paciência!

Conceição entrou na sala, arrastando as chinelinhas da alcova. Vestia um roupão branco, mal apanhado na cintura. Sendo magra. tinha um ar de visão romântica, não despertada com o meu livro de aventuras. Fechei o livro; ela foi sentar-se na cadeira que ficava defronte de mim, perto do canapé. Como eu lhe perguntasse se a havia acordado, sem querer, fazendo barulho, respondeu com presteza:

--Não! qual! Acordei por acordar.

Fitei-a um pouco e duvidei da afirmativa. Os olhos não eram de pessoa que acabasse de dormir; parecia não ter ainda pegado no sono. Essa observação, porém, que valeria alguma coisa em outro espírito, depressa a botei fora, sem advertir que talvez não dormisse justamente por minha causa, e mentisse para me não afligir ou aborrecer. Já disse que ela era boa, muito boa.

--Mas a hora já há de estar próxima--disse eu.

--Que paciência a sua de esperar acordado, enquanto o vizinho dorme. E esperar sozinho! Não tem medo de almas do outro mundo? Eu cuidei que se assustasse quando me viu.

--Quando ouvi os passos estranhei; mas a senhora apareceu logo.

--Que é que estava lendo? Não diga, já sei, é o romance dos "Mosqueteiros".

--Justamente: é muito bonito.

--Gosta de romances?

--Gosto.

--Já leu a "Moreninha"?[5]

--Do Dr. Macedo? Tenho lá em Mangaratiba.

--Eu gosto muito de romances, mas leio pouco, por falta de tempo. Que romances é que você tem lido?

Comecei a dizer-lhe os nomes de alguns. Conceição ouvia-me com a cabeça reclinada no espaldar, enfiando os olhos por entre as pálpebras meio cerradas, sem os tirar de mim. De vez em quando passava a língua pelos beiços para umedecê-los. Quando acabei de falar, não me disse nada, ficamos assim alguns segundos. Em seguida, vi-a endireitar a cabeça, cruzar os dedos e sobre eles pousar o queixo, tendo os cotovelos nos braços da cadeira, tudo sem desviar de mim os grandes olhos espertos.

Talvez esteja aborrecida, pensei eu.

E logo alto:

--D. Conceição, creio que vão sendo horas, e eu ...

--Não, não, ainda é cedo. Vi agora mesmo o relógio; são onze e meia. Tem tempo. Você perdendo a noite, é capaz de não dormir de dia?

--Já tenho feito isso.

--Eu, não; perdendo uma noite, no outro dia estou que não posso,[6] e, meia hora que seja, hei de passar pelo sono. Mas também estou ficando velha.

--Que velha o quê,[7] D. Conceição?

Tal foi o calor da minha palavra que a fez sorrir. De costume tinha os gestos demorados e as atitudes tranqüilas; agora, porém, ergueu-se rapidamente, passou para o outro lado da sala e deu alguns passos, entre a janela da rua e a porta do gabinete do marido. Assim, com o desalinho honesto que trazia, dava-me uma impressão singular. Magra embora, tinha não sei que balanço no andar, como quem lhe custava levar o corpo; essa feição nunca me pareceu tão distinta como naquela noite. Parava algumas vezes, examinando um trecho de cortina ou consertando a posição de algum objeto no aparador; afinal deteve-se, ante mim, com a mesa de permeio. Estreito era o círculo das suas idéias; tornou ao espanto de me ver esperar acordado; eu repeti-lhe o que ela sabia, isto é, que nunca ouvira missa do galo na Corte, e não queria perdê-la.

--É a mesma missa da roça; todas as missas se parecem.

--Acredito, mas aqui há de haver mais luxo e mais gente também. Olhe, a semana santa na Corte é mais bonita que na roça; São João[8] não digo, nem Santo Antônio[9] ...

Pouco a pouco, tinha-se inclinado; fincara os cotovelos no mármore da mesa e metera o rosto entre as mãos espalmadas. Não estando abotoadas, as mangas caíram naturalmente, e eu vi-lhe metade dos braços, muito claros e menos magros do que se poderia supor. A vista não era nova para mim, posto também não fosse comum; naquele momento, porém, a impressão que tive foi grande. As veias eram tão azuis, que apesar da pouca claridade, podia contá-las do meu lugar. A presença de

Conceição espertara-me ainda mais que o livro. Continuei a
dizer o que pensava das festas da roca e da cidade, e de
outras coisas que me iam vindo à boca. Falava emendando os
assuntos, sem saber por quê, variando deles ou tornando aos
primeiros, e rindo para fazê-la sorrir e ver-lhe os dentes que
luziam de brancos, todos iguaizinhos. Os olhos dela não eram
bem negros, mas escuros; o nariz, seco e longo, um tantinho
curvo, dava-lhe ao rosto um ar interrogativo. Quando eu
alteava um pouco a voz, reprimia-me:

--Mais baixo. Mamãe pode acordar.

Então saía daquela posição que me enchia de gosto, tão perto
ficavam as nossas caras. Realmente, não era preciso falar alto
para ser ouvido; cochichávamos os dois, eu mais que ela,
porque falava mais; ela, às vezes, ficava séria, muito séria,
com a testa um pouco franzida. Afinal, cansou; trocou de
atitude e de lugar. Deu volta à mesa e veio sentar-se do meu
lado, no canapé. Voltei-me, e pude ver, a furto, o bico das
chinelas; mas foi só o tempo que ela gastou em sentar-se, o
roupão era comprido e cobriu-as logo. Recordo-me que eram
pretas. Conceição disse baixinho:

--Mamãe está longe, mas tem o sono muito leve; se acordasse
agora, coitada, tão cedo não pegava no sono.

--Eu também sou assim.

--O quê?--perguntou ela, inclinando o corpo para ouvir
melhor.

Fui sentar-me na cadeira que ficava ao lado do canapé e
repeti a palavra. Riu-se da coincidência; também ela tinha o
sono leve; éramos tres sonos leves.

--Há ocasiões em que sou como mamãe; acordando custa-me
dormir outra vez, rolo na cama, à toa, levanto-me, acendo
vela, passeio, torno a deitar-me e nada.

--Foi o que lhe aconteceu hoje.

--Não, não--atalhou ela.

Não entendi a negativa; ela pode ser que também não a
entendesse. Pegou das pontas do cinto e bateu com elas sobre
os joelhos, isto é, o joelho direito, porque acabava de cruzar
as pernas. Depois referiu uma história de sonhos, e afirmou-
me que só tivera um pesadelo, em criança. Quis saber se eu
os tinha. A conversa reatou-se assim lentamente, longamente,
sem que eu desse pela hora nem pela missa. Quando eu
acabava uma narração ou uma explicação, ela inventava outra
pergunta ou outra matéria, e eu pegava novamente na palavra.
De quando em quando, reprimia-me:

--Mais baixo, mais baixo ...

Havia também umas pausas. Duas outras vezes, pareceu-me
que a via dormir; mas os olhos, cerrados por um instante,
abriam-se logo sem sono nem fadiga, como se ela os houvesse
fechado para ver melhor. Uma dessas vezes creio que deu por
mim embebido na sua pessoa, e lembra-me que os tornou a
fechar, não sei se apressada ou vagarosamente. Há impressões
dessa noite que me aparecem truncadas ou confusas.

Contradigo-me, atrapalho-me. Umas das que ainda tenho
frescas é que, em certa ocasião, ela, que era apenas simpática,
ficou linda, ficou lindíssima. Estava de pé, os braços cruzados; eu, em respeito a ela, quis levantar-me; não consentiu,
pos uma das mãos no meu ombro, e obrigou-me a estar sentado.
Cuidei que ia dizer alguma coisa; mas estremeceu, como se
tivesse um arrepio de frio, voltou as costas e foi sentar-se
na cadeira, onde me achara lendo. Dali relanceou a vista pelo
espelho, que ficava por cima do canapé, falou de duas gravuras
que pendiam da parede.

--Êstes quadros estão ficando velhos. Já pedi a Chiquinho
para comprar outros.

Chiquinho era o marido. Os quadros falavam do principal
negócio deste homem. Um representava "Cleópatra"; não me
recordo o assunto do outro, mas eram mulheres. Vulgares
ambos; naquele tempo não me pareciam feios.

--São bonitos--disse eu.

--Bonitos são; mas estão manchados. E depois, francamente,
eu preferia duas imagens, duas santas. Estas são mais
próprias para sala de rapaz ou de barbeiro.

--De barbeiro? A senhora nunca foi a casa de barbeiro.

--Mas imagino que os fregueses, enquanto esperam, falam
de moças e namoros, e naturalmente o dono da casa alegra a
vista deles com figuras bonitas. Em casa de família é que não
acho próprio. É o que eu penso; mas eu penso muita coisa
assim esquisita. Seja o que for, não gosto dos quadros. Eu
tenho uma Nossa Senhora de Conceição, minha madrinha, muito
bonita; mas é de escultura, nao se pode por na parede, nem
eu quero. Está no meu oratório.

A idéia do oratório trouxe-me a da missa, lembrou-me que
podia ser tarde e quis dizê-lo. Penso que cheguei a abrir a
boca, mas logo a fechei para ouvir o que ela contava, com
doçura, com graça, com tal moleza que trazia preguiça a minha
alma e fazia esquecer a missa e a igreja. Falava das suas
devoções de menina e moça. Em seguida referia umas anedotas
de baile, uns casos de passeios, reminiscências de Paquetá,[10]
tudo de mistura, quase sem interrupção. Quando pensou no
passado, falou do presente, dos negócios da casa, das
canseiras de família, que lhe diziam ser muitas, antes de
casar, mas não eram nada. Não me contou, mas eu sabia que
casara aos vinte e sete anos.

Já agora não trocava de lugar, como a princípio, e quase
não saía da mesma atitude. Não tinha os grandes olhos
compridos, e entrou a olhar à toa para as paredes.

--Precisamos mudar o papel da sala--disse daí a pouco, como
se falasse consigo.

Concordei, para dizer alguma coisa, para sair da espécie do
sono magnético, ou que quer que era[11] que me tolhia a língua
e os sentidos. Queria e não queria acabar a conversação;
fazia esforco para arredar os olhos dela, e arredava-os por
um sentimento de respeito; mas a idéia de parecer que era

aborrecimento, quando não era, levava-me os olhos outra vez para Conceição. A conversa ia morrendo. Na rua o silêncio era completo.

Chegamos a ficar por algum tempo--não posso dizer quanto --inteiramente calados. O rumor único e escasso era um roer de camundongo no gabinete, que me acordou daquela espécie de sonolência; quis falar dele, mas não achei modo. Conceição parecia estar devaneando. Subitamente, ouvi uma pancada na janela, do lado de fora, e uma voz que bradava: "Missa do Galo! Missa do Galo!"

--Aí está o companheiro--disse ela levantando-se.--Tem graça; você é que ficou de ir acordá-lo e ele é que vem acordar você. Vá, que hão de ser horas; adeus.

--Já serão horas?--perguntei.

--Naturalmente.

--Missa do Galo!--repetiram de fora, batendo.

--Vá, vá, não se faça esperar. A culpa foi minha. Adeus; até amanhã.

E com o mesmo balanço do corpo, Conceição enfiou pelo corredor adentro,[12] pisando mansinho. Saí à rua e achei o vizinho que esperava. Guiamos dali para a igreja. Durante a missa, a figura de Conceição interpôs-se mais de uma vez, entre mim e o padre; fique isto à conta dos meus dezessete anos.

Na manhã seguinte, ao almoço, falei da missa do galo e da gente que estava na igreja sem excitar a curiosidade de Conceição. Durante o dia, achei-a, como sempre, natural, benigna, sem nada que fizesse lembrar a conversação da véspera. Pelo Ano Bom fui para Mangaratiba. Quando tornei ao Rio de Janeiro, em março, o escrivão tinha morrido de apoplexia. Conceição morava no Engenho Novo,[13] mas nem a visitei nem a encontrei. Ouvi mais tarde que se casara com o escrevente juramentado do marido.

NOTES

1. *Missa do Galo:* Midnight Mass, held on Christmas Eve.
2. *fora casado = tinha sido casado.*
3. *trazia amores:* was having an affair.
4. *Corte = capital do país, sede do Império.*
5. *a "Moreninha":* A Moreninha (1844), a romantic novel by Joaquim Manuel de Macedo, the first to achieve wide popularity in Brazil.
6. *não posso:* I would not be able to do anything.
7. *Que velha o quê:* not old at all.
8. *São João:* St. John's Day (June 24th).
9. *Santo Antônio:* St. Anthony's Day (June 13th).
10. *Paquetá:* an island tourist center in Guanabara Bay.
11. *ou que quer que era:* or whatever it was.
12. *enfiou pelo corredor adentro:* slipped into the corridor.
13. *Engenho Novo:* a suburb of Rio de Janeiro.

TEMÁRIO

1. Resumo dos indícios perceptíveis, ao longo do conto, do interesse que sente cada um dos dois protagonistas pelo outro.

2. Tentativa de explicação dos últimos fatos narrados no conto: a morte do escrivão, a mudança de Conceição para o Engenho Novo, o fato do jovem não ter ido visitá-la, o casamento de Conceição com o escrevente juramentado do marido.

3. Comentar a realidade e ambigüidade do comportamento de D. Conceição.

4. A concisão específica e geral no estilo de Machado de Assis.

MÁRIO DE ANDRADE

Mário de Andrade (1893-1945) was born in São Paulo, the
metropolis where he spent almost all of his relatively brief life,
and where he died, universally respected as the most complete
man of letters in twentieth century Brazil. His formal, post-
secondary training was concentrated in music, in the Dramatic
and Musical Conservatory of São Paulo. Here he later returned
to teach courses in the History of Music, and supplemented his
income as a teacher of piano, as a journalist and, subsequently,
in government positions--among these, a professorship in the
History and Philosophy of Art in the Universidade do Distrito
Federal (Rio de Janeiro) in 1938.

The dynamic personality, dedicated scholar, intellectual
leader, and lovable man that was Mário de Andrade, produced
works of enduring value and influence in many fields: poetry,
fiction, literary theory, history and criticism, musicology, folklore, ethnography, art criticism, etc., in addition to his written
and unwritten professional activity, within and outside government service, as a primary catalyst of his country's interest in
its own cultural history and progress. His outstanding contribution, however, was in literature. He was the central figure
and prime generating force of the literary and artistic revolu-
tion which assumed definitive expression in the famous Semana
de Arte Moderna of February 1922, and which has since come to
be known as Brazilian *Modernismo*. Several of his works are of
historic importance, serving as landmarks in the trajectory of
the *modernista* movement. *Paulicéia Desvairada* (1922) is a
series of poems expressing a sentimentally hallucinated, socially
critical vision of São Paulo, in a language springing from the
subconscious association of ideas and images and exemplifying
the emancipation of poetic form from the regularity of meter.
A Escrava Que Não É Isaura (1925) constitutes the outstanding
theoretical exposition of the function of the subconscious and of
esthetic intelligence in the new literature. *Losango Cáqui*

(1926) and *Clã do Jabuti* (1927) are two collections of poetry
that definitively introduce the truly "popular" language of
Brazil and point to the value of the nation's folklore.
Macunaíma (1928) is a roguishly conceived, geographically
rambling novel containing a bizarre configuration of fantastic
adventures, folkloric themes, lyrical interspersions, and ex-
pressive experimentations with language. *Remate de Males*
(1930), another collection of poems, preserves the idiomatic
lexicon and imagery of the spoken language, but also returns
to respect for meter, and moves thematically from self-analysis
and the exploration of the psycho-cultural essences of Brazil,
into areas of social consciousness and concern for the fate of
mankind. In all these works, as well as in his three collections
of short stories (*Primeiro Andar*, 1926; *Belazarte*, 1934; *Contos
Novos*, 1946), Mário de Andrade reveals the development of a
uniquely personal style that combines a carefree expression of
unadulterated emotion with a classic respect for the esthetic
resources of literary style. The culmination of this creative
process is illustrated in his critical essays, of which the collection *Aspectos da Literatura Brasileira* (1943) stands among
the best writing in Brazilian literary history and criticism, and
will perhaps remain as his most enduring contribution to the
history of Brazilian intelligence.

The definitive version of "Vestida de preto" was finished in
1943; it was published posthumously in the aforementioned
Contos Novos.

VESTIDA DE PRETO

Tanto andam agora preocupados em definir o conto que não sei bem si[1] o que vou contar é conto ou não, sei que é verdade. Minha impressão é que tenho amado sempre ... Depois do amor grande por mim que brotou aos três anos e durou até os cinco mais ou menos, logo o meu amor se dirigiu para uma espécie de prima longínqua que freqüentava a nossa casa. Como se vê, jamais sofri do complexo de Édipo, graças a Deus. Toda a minha vida, mamãe e eu fomos muito bons amigos, sem nada de amores perigosos.

Maria foi o meu primeiro amor. Não havia nada entre nós, está claro, ela como eu nos seus cinco anos apenas, mas não sei que divina melancolia nos tomava, si acaso nos achávamos juntos e sozinhos. A voz baixava de tom, e principalmente as palavras é que se tornavam mais raras, muito simples. Uma ternura imensa, firme e reconhecida, não exigindo nenhum gesto. Aquilo aliás durava pouco, porque logo a criançada chegava. Mas tínhamos então uma raiva impensada dos manos e dos primos, sempre exteriorizada em palavras ou modos de irritação. Amor apenas sensível naquele instinto de estarmos sós.

E só mais tarde, já pelos nove ou dez anos, é que lhe dei nosso único beijo, foi maravilhoso. Si a criançada estava toda junta naquela casa sem jardim da Tia Velha, era fatal brincarmos de família, porque assim Tia Velha evitava correrias e estragos. Brinquedo aliás que nos interessava muito, apesar da idade já avançada para ele. Mas é que na casa de Tia Velha tinha muitos quartos, de forma que casávamos rápido, só de boca, sem nenhum daqueles cerimoniais de mentira que dantes nos interessavam tanto, e cada par fugia logo, indo viver no seu quarto. Os milhores[2] interesses infantis do brinquedo, fazer comidinha, amamentar bonecas, pagar visitas, isso nós deixávamos com generosidade apressada para os menores. Iamos para os nossos quartos e ficávamos vivendo lá. O que os outros faziam, não sei. Eu, isto é, eu com Maria, não fazíamos nada. Eu adorava principalmente era[3] ficar assim sozinho com ela, sabendo várias safedezas já mas sem tentar nenhuma. Havia, não havia não, mas sempre como que havia um perigo iminente que ajuntava o seu crime à intimidade daquela solidão. Era suavíssimo e assustador.

Maria fez uns gestos, disse algumas palavras. Era o aniversário de alguém, não lembro mais, o quarto em que estávamos fora convertido em dispensa, cômodas e armários cheinhos de pratos de doces para o chá que vinha logo. Mas quem se lembrasse de tocar naqueles doces, no geral secos, fáceis de disfarçar qualquer roubo! estávamos longe disso. O que nos deliciava era mesmo a grave solidão.

Nisto os olhos de Maria caíram sobre o travesseiro sem fronha que estava sobre uma cesta de roupa suja a um canto. E a minha esposa teve uma invenção que eu também estava longe de não ter. Desde a entrada no quarto eu concentrara todos os meus instintos na existência daquele travesseiro, o travesseiro cresceu como um danado dentro de mim e virou crime. Crime não, "pecado" que é como se dizia naqueles tempos cristãos ... E por causa disto eu conseguira não pensar até ali, no travesseiro.

--Já é tarde, vamos dormir--Maria falou.

Fiquei estarrecido, olhando com uns fabulosos olhos de imploração para o travesseiro quentinho, mas quem disse travesseiro ter piedade de mim.[4] Maria, essa estava simples de mais para me olhar e surpreender os efeitos do convite: olhou em torno e afinal, vasculhando na cesta de roupa suja, tirou de lá uma toalha de banho muito quentinha que estendeu sobre o assoalho. Pôs o travesseiro no lugar da cabeceira, cerrou as venezianas da janela sobre a tarde, e depois deitou, arranjando o vestido pra não amassar.

Mas eu é que nunca havia de pôr a cabeça naquele restico de travesseiro que ela deixou pra mim, me dando as costas. Restico sim, apesar do travesseiro ser grande. Mas imaginem numa cabeleira explodindo, os famosos cabelos assustados de Maria, citação obrigatória e orgulho de família. Tia Velha, muito ciumenta por causa duma neta preferida que ela imaginava deusa, era a única a pôr defeito nos cabelos de Maria.

--Você não vem dormir também?--ela perguntou com fragor, interrompendo o meu silêncio trágico.

--Já vou--que eu disse--estou conferindo a conta do armazém.

Fui me aproximando incomparavelmente sem vontade, sentei no chão tomando cuidado em siquer tocar no vestido, puxa! também o vestido dela estava completamente assustado, que dificuldade! Pus a cara no travesseiro sem a menor intenção de. Mas os cabelos de Maria, assim era pior, tocavam de leve no meu nariz, eu podia espirrar, marido não espirra. Senti, pressenti que espirrar seria muito ridículo, havia de ser um espirrão enorme, os outros escutavam lá da sala de visita longínqua, e daí é que o nosso segredo se desvendava todinho.

Fui afundando o rosto naquela cabeleira e veio a noite, sinão[5] os cabelos (mas juro que eram cabelos macios) me machucavam

os olhos. Depois que não vi nada, ficou fácil continuar enter-
rando a cara, a cara toda, a alma, a vida, naqueles cabelos,
que maravilha! até que o meu nariz tocou num pescocinho
roliço. Então fui empurrando os meus lábios, tinha uns boni-
tos lábios grossos, nem eram lábios, era beiço, minha boca foi
ficando encanudada até que encontrou o pescocinho roliço.
Será que ela dorme de verdade? ... Me ajeitei muito sem-
cerimônia, mulherzinha! e então beijei. Quem falou que este
mundo é ruim! só recordar ... Beijei Maria, rapazes! eu nem
sabia beijar, está claro, só beijava mamãe, boca fazendo bulha,
contacto sem nenhum calor sensual.
Maria, só um leve entregar-se, uma levíssima inclinação pra
tras me fez sentir que Maria estava comigo em nosso amor.
Nada mais houve. Não, nada mais houve. Durasse aquilo uma
noite grande, nada mais haveria porque é engraçado como a
perfeição fixa a gente. O beijo me deixara completamente puro,
sem minhas curiosidades nem desejos de mais nada, adeus
pecado e adeus escuridão! Se fizera em meu cérebro uma
enorme luz branca, meu ombro bem que doía no chão, mas a
luz era violentamente branca, proibindo pensar, imaginar, agir.
Beijando.
Tia Velha, nunca eu gostei de Tia Velha, abriu a porta com
um espanto barulhento. Percebi muito bem, pelos olhos dela,
que o que estávamos fazendo era completamente feio.
--Levantem! ... Vou contar pra sua mãe, Juca!
Mas eu, levantando com a lealdade mais cínica deste mundo!
--Tia Velha me dá um doce?
Tia Velha--eu sempre detestei Tia Velha, o tipo da bondade
Berlitz,[6] injusta, sem método--pois Tia Velha teve a malvadeza
de escorrer por mim todo um olhar que só alguns anos mais
tarde pude compreender inteiramente. Naquele instante, eu
estava só pensando em disfarçar, fingindo uma inocência que
poucos segundos antes era real.
--Vamos! saiam do quarto!
Fomos saindo muito mudos, numa bruta vergonha,
acompanhados de Tia Velha e os pratos que ela viera buscar
para a mesa de chá.
O estranhíssimo é que principiou, nesse acordar à força
provocado por Tia Velha, uma indiferença inexplicável de Maria
por mim. Mais que indiferença, frieza viva, quase antipatia.
Nesse mesmo chá inda achou jeito de me maltratar diante de
todos, fiquei zonzo.
Dez, treze, quatorze anos ... Quinze anos. Foi então o
insulto que julguei definitivo. Eu estava fazendo um ginásio
sem gosto, muito arrastado, cheio de revoltas íntimas, detestava
estudar. Só no desenho e nas composições de português tirava
as milhores[7] notas. Vivia nisso: dez nestas matérias, um,
zero em todas as outras. E todos os anos era aquela já espe-
rada fatalidade: uma, duas bombas (principalmente em
matemáticas) que eu tomava apenas o cuidado de apagar nos
exames de segunda época.[8]

Gostar, eu continuava gostando muito de Maria, cada vez mais, conscientemente agora. Mas tinha uma quase certeza que ela não podia gostar de mim, quem gostava de mim! ... Minha mãe ... Sim, mamãe gostava de mim, mas naquele tempo eu chegava a imaginar que era só por obrigação. Papai, esse foi sempre insuportável, incapaz duma carícia. Como incapaz de uma repreensão também. Nem mesmo comigo, a tara da família, ele jamais ralhou. Mas isto é caso pra outro dia. O certo é que, decidido em minha desesperada revolta contra o mundo que me rodeava, sentindo um orgulho de mim que jamais buscava esclarecer, tão absurdo o pressentia, o certo é que eu já principiava me aceitando por um caso perdido, que não adiantava milhorar.[9]

Esse ano até fora uma bomba só. Eu entrava da aula do professor particular, quanto enxerguei, a saparia[10] na varanda e Maria entre os demais. Passei bastante encabulado, todos em férias, e os livros que eu trazia na mão me denunciando, lembrando a bomba, me achincalhando em minha imperfeição de caso perdido. Esbocei um gesto falsamente alegre de bom-dia, e fui no escritório pegado, esconder os livros na escrivaninha de meu pai. Ia já voltar para o meio de todos, mas Matilde, a peste, a implicante, a deusa estúpida que Tia Velha perdia com suas preferências:

--Passou seu namorado, Maria.

--Não caso com bombeado--ela respondeu imediato, numa voz tão feia, mas tão feia, que parei estarrecido. Era a decisão final, não tinha dúvida nenhuma. Maria não gostava mais de mim. Bobo de assim parado, sem fazer um gesto, mal podendo respirar.

Aliás um caso recente vinha se ajuntar ao insulto pra decidir de minha sorte. Nós seríamos até pobretões, comparando com a família de Maria, gente que até viajava na Europa. Pois pouco antes, os pais tinham feito um papel bem indecente, se opondo ao casamento duma filha com um rapaz diz-que pobre mas ótimo. Houvera rompimento de amizade, malestar na parentagem toda, o caso virara escândalo mastigado e remastigado nos comentários de hora de jantar. Tudo por causa do dinheiro.

Si eu insistisse em gostar de Maria, casar nao casava mesmo, que a família dela não havia de me querer. Me passou pela cabeça comprar um bilhete de loteria. "Não caso com bombeado" ... Fui abraçando os livros de mansinho, acariciei-os junto ao rosto, pousei a minha boca numa capa, suja de pó suado, retirei a boca sem desgosto. Naquele instante eu não sabia, hoje sei: era o segundo beijo que eu dava em Maria, último beijo, beijo de despedida, que o cheiro desagradável do papelão confirmou. Estava tudo acabado entre nós dois.

Não tive mais coragem pra voltar à varanda e conversar com ... os outros. Estava com uma raiva desprezadora de todos, principalmente de Matilde. Não, me parecia que já não tinha raiva de ninguém, não valia a pena, nem de Matilde, o insulto partira dela, fora por causa dela, mas eu não tinha raiva dela

não, só tristeza, só vazio, não sei ... creio que uma vontade
de ajoelhar. Ajoelhar sem mais nada, ajoelhar ali junto da
escrivaninha e ficar assim, ajoelhar. Afinal das contas eu era
um perdido mesmo, Maria tinha razão, tinha razão, tinha razão,
que tristeza! ...
Foi o fim? Agora é que vem o mais esquisito de tudo,
ajuntando anos pulados. Acho que até não consigo contar bem
claro tudo o que sucedeu. Vamos por ordem: Pus tal firmeza
em não amar Maria mais, que nem meus pensamentos me traíram.
De resto a mocidade raiava e eu tinha tudo a aprender. Foi
espantoso o que se passou em mim. Sem abandonar meu jeito
de "perdido", o cultivando mesmo, ginásio acabado, eu princi-
piara gostando de estudar. Me batera, súbito, aquela vontade
irritada de saber, me tornara estudiosíssimo. Era mesmo uma
impaciência raivosa, que me fazia devorar bibliotecas, sem
nenhuma orientação. Mas brilhava, fazia conferências empoladas
em sociedadinhas de rapazes, tinha idéias que assustavam todo
o mundo. E todos principiavam maldando que eu era muito
inteligente mas perigoso.
Maria, por seu lado, parecia uma doida. Namorava com Deus
e todo o mundo, aos vinte anos fica noiva de um rapaz bastante
rico, noivado que durou três meses e se desfez de repente,
pra dias depois ela ficar noiva de outro, um diplomata
riquíssimo, casar em duas semanas com alegria desmedida,
rindo muito no altar e partir em busca duma embaixada européia,
com o secretário chique seu marido.
As vezes meio tonto com estes acontecimentos fortes,
acompanhados meio de longe, eu me recordava do passado, mas
era só pra sorrir da nossa infantilidade e devorar numa tarde
um livro incompreensível de filosofia. De mais a mais, havia a
Rose pra de-noite, e uma linda namoradinha oficial, a Violeta.
Meus amigos me chamavam de "jardineiro", e eu punha na
coincidência daquelas duas flores uma força de destinação
fatalizada. Tamanha mesmo que topando numa livraria com
"The Gardener" de Tagore, comprei o livro e comecei estudando
o inglês com loucura. Mário de Andrade conta num dos seus
livros que estudou o alemão por causa duma emboaba tordilha
... eu também: meu inglês nasceu duma Violeta e duma Rose.
Não, nasceu de Maria. Foi quando uns cinco anos depois,
Maria estava pra voltar pela primeira vez ao Brasil, a mãe dela,
queixosa de tamanha ausência, conversando com mamãe na
minha frente, arrancou naquele seu jeito de gorda desabrida:
--Pois é, Maria gostou tanto de você, você não quis! ... e
agora ela vive longe de nós.
Pela terceira vez fiquei estarrecido neste conto. Percebi tudo
num tiro de canhão. Percebi ela doidejando, noivando com un,
casando com outro, se atordoando com dinheiro e brilho.
Percebi que eu fora uma besta, sim agora que principiava sendo
alguém, estudando por mim fora dos ginásios, vibrando em
versos que muita gente já considerava. E percebi horrorizado,
que Rose! nem Violeta, nem nada! era Maria que eu amava como

louco! Maria é que amara sempre, como louco: ôh como eu
vinha sofrendo a vida inteira, desgraçadíssimo, aprendendo a
vencer só de raiva, me impondo ao mundo por despique, me
superiorizando em mim só por vingança de desesperado. Como
é que eu pudera me imaginar feliz, pior: ser feliz, sofrendo
daquele jeito! Eu? eu não! era Maria, era exclusivamente Maria
toda aquela superioridade que estava aparecendo em mim ...
E tudo aquilo era uma desgraça muito cachorra mesmo. Pois
não andavam falando muito de Maria? Contavam que pintava o
sete,[11] ficara célebre com as extravagâncias e aventuras.
Estivera pouco antes às portas do divórcio, com um caso
escandaloso por demais, com um pintor de nomeada que só
pintava efeitos de luz. Maria falada, Maria bêbeda, Maria
passada de mão em mao, Maria pintada nua ...
Se dera como que uma transposição de destinos ...
E tive um pensamento que ao menos me salvou no instante:
si o que tinha de útil agora em mim era Maria, si ela estava
se transformando no Juca imperfeitíssimo que eu fora, si eu
era apenas uma projeção dela, como ela agora apenas uma
projeção de mim, si nos trocáramos por um estúpido engano de
amor: mas ao menos que eu ficasse bem ruim, mas bem ruim
mesmo outra vez, pra me igualar a ela de novo. Foi a razão
da briga com Violeta, impiedosa, e a farra dessa noite--
bebedeira tamanha que acabei ficando desacordado, numa série
de vertigens, com médico, escândalo, e choro largo de mamãe
com minha irmã.
Bom, tinha que visitar Maria, está claro, éramos "gente
grande" agora. Quando soube que ela devia ir a um banquete,
pensei comigo: "ótimo, vou hoje logo depois de jantar, não
encontro ela e deixo o cartao". Mas fui cedo demais. Cheguei
na casa dos pais dela, seriam nove horas, todos aqueles
requififes de gente ricaça, criado que leva cartão numa salva
de prata, etc. Os da casa estavam ainda jantando. Me intro-
duziram na saletinha da esquerda, uma espécie de luís-quinze
muito sem-vergonha, dourado por inteiro, dando pro[12] hol
central. Que fizesse o favor de esperar, já vinham.
Contemplando a gravura cor-de-rosa, senti de sopetão que
tinha mais alguém na saleta, virei. Maria estava na porta,
olhando pra mim, se rindo, toda vestida de preto. Olhem:
eu sei que a gente exagera em amor, não insisto. Mas si eu
já tive a sensação da vontade de Deus, foi ver Maria assim,
toda de preto vestida, fantasticamente mulher. Meu corpo
soluçou todinho e tornei a ficar estarrecido.
--Ao menos diga boa-noite, Juca ...
"Boa-noite, Maria, eu vou-me embora ..." meu desejo era
fugir, era ficar e ela ficar mas, sim, sem que nos tocássemos
sequer. Eu sei, eu juro que sei que ela estava se entregando
a mim, me prometendo tudo, me cedendo tudo quanto eu queria,
naquele se deixar olhar, sorrindo leve, mãos unidas caindo na
frente do corpo, toda vestida de preto. Um segundo, me
passou na visão devorá-la numa hora estilhaçada de quarto de

hotel, foi horrível. Porém, não havia dúvida: Maria despertava em mim os instintos da perfeição. Balbuciei afinal um boa-
noite muito indiferente, e as vozes amontoadas vinham do hol,
dos outros que chegavam.

Foi este o primeiro dos quatro amores eternos que fazem de
minha vida uma grave condensação interior. Sou falsamente um
solitário. Quatro amores me acompanham, cuidam de mim, vêm
conversar comigo. Nunca mais vi Maria, que ficou pelas Euro-
pas, divorciada afinal, hoje dizem que vivendo com um austríaco
interessado em feiras internacionais. Um aventureiro qualquer.
Mas dentro de mim, Maria ... bom: acho que vou falar banali-
dade.

NOTES

1. *si = se.*
2. *milhores = melhores.*
3. *Eu adorava principalmente era = O que eu adorava
principalmente era.*
4. *quem disse travesseiro ter piedade de mim = quem disse
que um travesseiro ia ter piedade de mim.*
5. *sinão = senão.*
6. *bondade Berlitz = bondade superficial.*
7. *milhores:* see note 1.
8. *exames de segunda época:* make-up examinations.
9. *milhorar = melhorar.*
10. *saparia = corja, cambada.*
11. *pintava o sete:* raised the devil.
12. *pro = para o.*

TEMÁRIO

1. Um comentário sobre o amor nas várias idades da vida.
2. O amor como estímulo de atividade mental.
3. Uma apreciação crítico-literária do encontro entre Maria e o autor na última cena do conto.

ANÍBAL M. MACHADO

Aníbal M. Machado (1894-1964) was born in the historic
colonial town of Sabará, Minas Gerais. His formal education
was divided between Rio de Janeiro and Belo Horizonte, the
capital of his native state; in the latter city, he completed his
degree in law. Soon after, and in Belo Horizonte, he joined
the young group of *modernista* writers who contributed to the
Diário de Minas in the early 1920s. Then came a definitive
move to Rio, where he held various government positions, including a brief professorship in the prestigious Colégio Dom
Pedro II. More importantly for literature, his establishment in
the former national capital led, in 1937, to the acquisition of a
home which became--and remained until shortly before his death
--a regular meeting place for intellectuals and artists of all
ages and disciplines, and a quasi-obligatory stopping point for
international figures in the world of arts and letters--among
them, Gabriela Mistral, Pablo Neruda, Albert Camus, Janet
Gaynor, Martine Carol, and Jean-Louis Barrault. It was in
these weekly gatherings that Aníbal Machado exerted his wide
and beneficent influence upon the development of contemporary
Brazilian culture; the well- and lesser-known artists and writers
who were inspired and encouraged by him are almost legion.
His literary importance therefore cannot be defined solely by
his published work, which appeared relatively late and in
limited quantity. It also was, however, of the highest literary
quality, and brought him universal recognition as one of the
greatest writers of short fiction in the entire history of Brazilian literature.

Aníbal Machado's first book, *Vila Feliz*, was not published until 1944. It was actually a collection of short stories that had
already appeared at different times in Brazilian newspapers and
journals. One of these stories ("A Morte da Porta-Estandarte",
1931) had become--and continues to be--an "indispensable"
selection in representative anthologies of the Brazilian *conto*.

25

Enlarged by the addition of seven unpublished stories, this
collection reappeared under the title *Histórias Reunidas* (1959).
Machado's published work essentially consists of the aforementioned two collections, of *Cadernos de João* (1957) (a
"poematic essay" made up of brief lyrico-philosophical meditations
and surrealistically tinged prose poems), and of the posthumous
João Ternura (1965). The latter, long-awaited work (Machado
had begun it in 1926, and had occasionally read parts of it to
his closest literary friends) is a fragmentary composition of
diverse episodes, impressions, and cogitations concerning people, places, and things, written in candidly lyrical style, and
reflecting the development of the author's sensibility and vision
of the world.

The literary stature of Aníbal Machado rests primarily on his
contos. He is acknowledged as a master of the form, and has
already become a contemporary classic in Brazilian literature.
In a direct and apparently effortless style, and in symbolically
textured combinations of reality and imagination, he has cap-
tured and dramatized the underlying springs of human feeling,
thought, action, and dialogue. The resulting fictionalizations
of men, women, and children are wrought with tender irony,
and are characterized by rare and compassionate understanding, as can be seen in "O Iniciado do Vento", perhaps the most
exemplary *conto* in the literary legacy of Aníbal M. Machado.

O INICIADO DO VENTO
a João Cabral de Melo Neto[1]

Quem poderá dizer que amanhã mesmo aquele passageiro não
esteja na manchete principal dos jornais como herói dos
acontecimentos que o levam agora à cidadezinha de ... no
alto da serra.
A locomotiva ofegava entre margens de bananeiras.
O passageiro abandonou o jornal, deixou cair as folhas.
Lera os crimes de outros, passaria em breve a ler o seu ...
crime. Baixou os olhos: na folha esvoaçante, as fotografias
de um punguista e de um cáften expulso. Amanhã seria a sua
fotografia ... Lançada que fosse a notícia aos quatro ventos, [2]
não adiantava mais restabelecer a verdade, gritar sua inocência.
A que ficará reduzido depois da provação da publicidade,
depois do temporal?
No momento--pior que a revolta contra a injustiça--era o
sentimento de pudor ferido, de invasão do seu silêncio.
Olhou pela janela: ainda faltavam duas estações. Mais inquieto agora, quase chorando, disse adeus ao futuro ... a
certa imagem de seu futuro que insistia nos sonhos da mocidade.
Estava escuro. Pelo vento que viera ao encontro do comboio
e o envolvia num turbilhão, pressentia-se próxima a cidade. O
viajante não reconhecia nesse vento o mesmo que soprava
naquelas altitudes quando, concluída a ponte, buscara a
estância de repouso levando ainda nos ouvidos o barulho do
concreto a despejar-se nos caixões, e o rumor suave da
correnteza na aresta dos pilares.
Fora um trabalho arrasador; meses e meses ao sol, com os
operários; e à noite, dentro da barraca, os cálculos no papel,
a conversa com os trabalhadores; depois, os cigarros, a insônia,
e a leitura até alta madrugada--vício a que não sabia resistir.
Afinal, a obra fora inaugurada dentro do prazo. E era uma
bela ponte, ele próprio o reconhecia. Gente e mercadorias já
deviam estar transitando entre as duas margens. Antes assim. [3]
Um pensamento amargo tirava-lhe porém o gosto dessa evocação:
ia desembarcar não mais na capital do vento, senão numa cidade

irreconhecível, cabeça de comarca e sede da administração da
Justiça. Perante esta fora intimado a comparecer para ser
interrogado. O processo correra até então à sua revelia.
Seria mesmo crime o que praticara? Os homens inventam leis,
modificam à vontade os códigos. Como saber o momento preciso
em que os nossos atos passam da inocência ao crime, se a
gente não distingue bem a linha divisória.
    --Serei mesmo um criminoso?
A imagem do desaparecido sorria-lhe de longe, como que[4]
respondendo.
Mal se ouvira o apito do trem, a multidão que se deixara
ficar até tarde da noite na praça encaminhou-se para a estação,
enquanto o alto-falante anunciava: "Aproxima-se com o atraso
habitual o trem que vem conduzindo a esta cidade o engenheiro
José Roberto, o qual será interrogado amanhã pelo crime de
que é acusado. O Mertíssimo Juiz da Comarca recomenda a
todos que se mantenham calmos, respeitando a pessoa do
acusado e aguardando a decisão serena da Justiça".
Embora sede de comarca, era tão pequena a cidade que um
grito ou gargalhada forte a atravessavam de ponta a ponta.
Assim, não seria exagero supor que toda a população se achava
reunida ali, àquela hora.
Ao aviso do microfone, as mães apanharam as crianças ador-
mecidas na grama do jardim, e se aproximaram da Estação. No
cinema, o público, trocando o final de um filme sonolento pela
chegada do engenheiro, abandonou a sala de projeção e se
dirigiu para a sacada do prédio. Dali apreciaria melhor a
passagem do acusado.
Os coqueiros da praça ainda se mantinham imóveis. Mesmo
que começasse a ventar, não era razão para que as famílias se
recolhessem, insensíveis que eram, de tão habituadas,[5] àquele
vento famoso.
A pequena locomotiva foi entrando mais devagar, como
convinha, batendo demais o seu sino. Era uma máquina antiga,
e meio cômica quando apitava com estridência desproporcionada
ao seu tamanho.
A autoridade policial e o agente da estação abriram caminho,
pedindo a todos que se afastassem. Cada qual queria ser o
primeiro a ver a cara do engenheiro. Este, calmo e alto,
surgiu na plataforma do vagão. Não sabia que viajara com
algum personagem importante; mas logo, pela convergência
geral dos olhares em sua pessoa, compreendeu tudo. E empalideceu. Alguém teria dado o aviso de sua chegada.
Houve o silêncio de alguns instantes para a "tomada" de sua
figura; em seguida, rompeu um murmúrio indistinto mas hostil,
cortado pelas sílabas tônicas de alguns palavrões conhecidos,
se não de palavrões sussurrados por inteiro.
    --Para o Hotel Bela Vista? interrogou o delegado.
    --Sim, respondeu o acusado numa voz firme que reconheceu
não ser a sua.

Ao passar pela ala das moças, uma delas não se conteve:
--Ah, ele é bonito! exclamou. E depressa, arrependida, tapou
a boca com a mão.

Alguns o tinham visto, meses atrás, sem lhe guardarem bem
a fisionomia. Era então, como tantos outros, um veranista de
passagem. Agora, não. Vinha com a auréola do crime, ligado
àquela terra por um processo judiciário, por um escândalo.

Os moleques tinham combinado uma vaia com busca-pés que o
perseguissem durante o trajeto até o Hotel. Maltrapilhos e
abandonados, brigavam sempre entre si, mas o fato de ter sido
um deles a vítima, unia-os agora no ódio comum ao engenheiro.
Disso tirou partido o próprio escrivão do crime com uma
parcialidade que a população aplaudia, e que o juiz da Comarca,
severo, mas sempre alto e distante no desempenho de suas
funções, ignorava.

De tal juiz se dizia que era bom demais para aquele burgo.
Seu vulto, seu saber e dignidade moral, suas nobres maneiras
estavam a indicar-lhe o aproveitamento nalgum Tribunal superior, a que presidisse com beca romana e frases latinas.
Nunca porém o quiseram elevar àquelas cumeadas. Sempre
elogios, jamais a promoção. A política negava justiça a quem
melhor a distribuía. Era voz geral que, desgostoso, pedira
contagem de tempo para aposentadoria.

Mediante manobras mesquinhas que escapavam aos olhos do
juiz sempre voltados para o mais alto e o mais longe, o seu
esperto escrivão conseguira prestígio e se fazia temido na
cidade. Conduzia os processos, influía nas testemunhas. A
vida e a liberdade de muita gente estavam em suas mãos--sobre-
tudo agora, com um promotor sentimental, sempre no sítio do
fazendeiro, por cuja filha se apaixonara.

Por artes do escrivão, fora desrespeitada a recomendação de
se preservar a pessoa do réu.

O engenheiro vai subindo a ladeira entre busca-pés que lhe
passam raspando pelas pernas.

O hotel apresentava-se iluminado, todas as vidraças abertas.
Parte da população, apenas curiosa, seguia o hóspede a certa
distância. As famílias retiraram-se, enquanto as janelas
começavam a se fechar para a ventania que não tardava.

Queimados os últimos busca-pés, os moleques transformaram o
resto da noite em passeata carnavalesca, esquecidos do colega
morto e de seu indigitado assassino. A este reservara a
hoteleira o mesmo quarto onde o hospedara a primeira vez,
dando vista para o cemitério e para a colina fatal onde a vítima
desaparecera para sempre.

Já o vento corria forte. Mas o engenheiro evitava qualquer
pensamento ou evocação que não se prendesse à sua defesa.

A maneira como o receberam era um aviso. Agora que se
fechara no quarto, sentia o quanto lhe perigava a liberdade.
Sentado numa poltrona roída, perplexo diante do absurdo,
fumava sem parar e pensava no que devia fazer. Às vezes,

uma onda maior de revolta cobria o seu caso pessoal, ia alcançar
os fundamentos da sociedade e da condição humana em geral, o
que lhe produzia certa embriaguez momentânea em que se
reconhecia profeta e vociferador. Chegava a achar-se cômico
nessa vertigem, mas não queria nem podia perder-se em di-
vagações: o caso concreto estava ali, como a ponta de um
punhal aproximando-se de seu coração. Amanhã mesmo se
acharia perante a Justiça, de seus olhos vendados, de sua
cara falsa e fria.

Enquanto fazia essas amargas reflexões, o vento não cessava
um minuto de empurrar as venezianas, como que forçando a
entrada. Pelo que dele escapava nas frestas--lâminas frias,
finas--podia o engenheiro imaginar-lhe o ímpeto veloz e a
noturna impaciência.

Uma pancada suave na porta, e aparece a dona do hotel.
Pousa no hóspede os olhos calmos e negros. A corrente de ar
do corredor, entrando pelo quarto, agita ao mesmo tempo os
cabelos da mulher e o cortinado das janelas. Vem com a bandeja. Traz chá e frutas.

--O senhor deve estar lembrado de mim.

--Sim, como não?

--Vinte e tantos dias o senhor foi meu hóspede, não é verdade?

Colocou a bandeja na mesa. O engenheiro permanecia silencioso. A mulher dá um jeito ao travesseiro, passa o pano pelo
aparador.

--E bom ir tomando antes que esfrie.

Reclina o corpo para firmar o trinco de uma veneziana, o que
faz com propositada lentidão.

--Foi pena ter acontecido aquilo ...

A hoteleira não leva a mal o mutismo do hóspede. Estava
triste e preocupado, era natural. Relanceou o aposento. Não
encontrou mais nenhum pretexto que a fizesse demorar ali por
mais tempo. Ao sair, lembrou-se de dizer:

--Há um advogado lá embaixo, na sala, querendo falar-lhe.

A estas palavras, o engenheiro acordou de sua cisma:

--Hein? ... Faça-o subir, tenha a bondade.

--Tome o chá antes. O senhor deve estar fatigado. Se precisar de mim é só[6] apertar o botão.

Disse e retirou-se, deixando atrás, a relembrá-la, um per-
fume insinuativo.

O advogado entrou ofegante. A porta bateu-lhe atrás com
estrondo. Vinha oferecer os seus serviços profissionais. Ali,
naquela terra, tirante o juiz, "fique certo seu doutor, ninguém
mais presta, nem eu mesmo!" disse com ênfase, batendo no
peito.--Sou um homem acabado ... Minha mulher fugiu, meu
filho não dá notícias. Desde estudante, com a graça de Deus,
fui sempre uma criatura ...

Ouviu-se nesse momento um grito lá fora:--Morra o criminoso![7]

O causídico interrompeu o relato de sua vida para dizer:

--Está ouvindo?! ... Não se fala em outra coisa na rua.
Acho imprudência o senhor sair hoje.
--A que horas o interrogatório? perguntou calmamente o
engenheiro.
--Ah, pois não! Três da tarde, no edifício do Foro, segundo
andar, sala de audiências.

Com a cara quase encostada à do engenheiro, foi-lhe segre-
dando aos ouvidos, na sua linguagem profissional:
--O processo é um amontoado de infâmias e incongruências.
A denúncia apóia-se em indícios fracos. E o cadáver que foi
visto descendo o ribeirão nas divisas do Município, dez dias
depois, era de um jovem de cor branca, não podia ser do Zeca
da Curva. Não se atemorize. Havemos de pulverizar as testemunhas.

Ao sentir-lhe o hálito de sarro de charuto e cerveja, o enge-
nheiro recuou.
--Há testemunhas? perguntou.
--A principal o senhor conhece.
--Como?
--Trouxe-lhe o chá ainda há pouco. Acabou de sair deste
quarto.

O engenheiro não deixou transparecer por palavras o seu
pasmo; apenas pela expressão do olhar e um ligeiro tremor de
ombros. Aproximando-se, o advogado relanceou a porta e disse
baixinho:
--Ela é influenciada pelo escrivão que lhe salvou o hotel de
uma falência. Dizem que é séria, não sei. Duvido ... O que
se murmura por aí à boca pequena, é que ele tem uma paixão
secreta por ela. Criatura má ... Veja o que fez comigo: quase
duas horas me deixou lá embaixo na sala, com esse frio! Esqui-
sitíssima! Não está ouvindo o piano? Pois é ela ... Não há
hóspede que agüente. Ficou assim desde que perdeu o marido
... Mas vamos ao principal: meus honorários não são de
assustar. Prefere negar o crime ou alegar alguma dirimente?
--Não houve crime! exclama o engenheiro.
--Sim; compreendo ... --disse o bacharel com cínica reticên-
cia.--Também era o que faltava se o senhor fosse confessar o
crime ... Mas comigo, em particular, o senhor poderá abrir-se.
E segredo profissional, saberei guardá-lo. Perante o júri, sim,
deve negar o fato. Dirá, por exemplo, que não conhecia o
menino ...
--Mas eu conheci o menino! Privei com ele durante vinte
dias.
--E o lado sexual? pergunta o advogado.
--Que lado sexual?! exclama o engenheiro levantando-se com
ímpeto.
--Está no processo. Se não me engano, no depoimento de
madama ...
--Que madama?
--A que lhe trouxe o chá, e está tocando piano.
--Vamos chamá-la!

O advogado mexeu-se na cadeira, reacendeu o charuto. Com esse gesto, despedia-se do ar subserviente com que entrara. Entre baforadas ressurgiu o profissional desembaraçado e loquaz.

--Quer um conselho? Não o faça. O escrivão deve estar lá embaixo. Visita-a quase todas as noites. E um homem perigoso, simulador. Servil ou autoritário, conforme a conveniência. Deixemos para esclarecer tudo em juízo. Ao que consta, essa mulher tem paixão por outra pessoa.

--Não me interessa ...

--Conforme. Se essa pessoa é o próprio denunciado, convém tomar o caso em consideração.

--Por mim?!...

--Sim. E talvez o senhor nem tenha percebido. Está-se vendo que é muito jovem, ainda não tem experiência. Se quiser passar agora a procuração ...

--Não. Eu me defendo sozinho.

--Sozinho! exclamou o advogado. E ainda desse jeito, confessando tudo! ... Ah, meu caro, não brinque com a Justiça ... Está muito moço para suicidar-se.

Chegou à janela e olhando para a noite, começou a dizer:

--Ninguém faz idéia do que seja a cadeia desta cidade! Ali não entra luz, a água mina das paredes. Venta noite e dia! Ali só os ratos e vermes são felizes!...

Era uma advertência que o engenheiro achou declamatória e extemporânea. Pediu desculpas ao advogado, estava cansado, precisava dormir, amanhã lhe diria qualquer coisa. [8]

--Mas defenda-se, meu jovem! Por mim ou por outro advogado, defenda-se, disse o bacharel despedindo-se com uma emoção que o hóspede não ficou sabendo se era sincera ou simulada.

Mergulhou o rosto no travesseiro. Estava quase a soluçar.

Lá fora o vento guaiava. Era agora um vento de tipo retórico e banal, o que corre em toda parte sem a menor afinidade com o outro, que era todo malícia, mocidade, fecundação. A discriminação gratuita entre as duas famílias de vento prendia-se no espírito do engenheiro às impressões deprimentes da chegada. Vestido como estava, dormiu.

Acordou antes da cidade. Abriu a janela. No lusco-fusco da madrugada, a cidadezinha era um amontoado triste de casas. Despertada dentro de algumas horas, ela começaria a desprender seus venenos, faria andar seu aparelho de compressão.

Já decidira o engenheiro o que ia fazer: tudo confessar, nada esconder. Que sabia da Lei? nada. Que sabia do fato? tudo!

Batem à porta, a hoteleira, apresenta-se. Pálida, contrafeita, os olhos quebrados pela insônia.

--Desculpe-me. Vim eu mesma trazer o café. Essas criadas de hoje não se pode confiar nelas. Quebram tudo, servem mal os hóspedes. O piano o incomodou?

--Não, minha senhora.

--Fiz o possível para tocar baixinho, fechei as portas. E a minha reza da noite. Não posso deitar-me sem tocar nem que seja um pouco. Já tenho perdido hóspedes por causa disso. Esta noite pensei muito no senhor.

O engenheiro não sabia como definir as intenções daquela mulher. Impressionado embora com as palavras do advogado, sentiu que era preciso resistir à doçura de maneiras com que ela procurava envolvê-lo. Manteve-se num silêncio cauteloso, cortado apenas por monossílabos de estrita deferência.

A mulher olhave para o retrato colocado sobre a mesa de cabeceira.

--É a sua noiva?

--É.

--Eu também já fui moça feito ela. Os anos correm tão depressa ...

Retirou da mesa a bandeja da véspera, colocou a nova, cheia de frutas, queijo, pão e café recendente:

--Convém alimentar-se bem. O senhor vai ter o que fazer. Não há de ser nada. Essa gente aqui é muito má. Felizmente nosso juiz ... Já conhecia o advogado?

--Vi-o ontem, pela primeira vez.

--Não se entregue a ele, é o que lhe aconselho. Vive de combinação com o escrivão. Eu mesma ...

A mulher empalideceu, hesitou, deixou sair uma lágrima em vez da confissão que parecia querer soltar. Abrandou-se o ânimo duro do engenheiro:

--A senhora ia dizer que ...

--Nada ... nada ... --atalhou a mulher.

Retirou as rosas de uma jarra, atirou-as pela janela:

--Veja só,[9] murcharam depressa ... A audiência está marcada para as três horas, não é?

Apanhou o roupão azul, colocou-o no cabide:--Bonita cor, bom tecido.

Circunvagou a vista pelo aposento:--E engraçado, quando entro para arrumar o quarto na ausência do hóspede, eu sei logo se ele é velho ou moço, solteiro ou casado. Até o cheiro é diferente ...

O engenheiro se mantinha mudo, na poltrona.

--Não se preocupe, Nossa Senhora há de lhe ajudar. E só não excitar o ânimo da população. O menino era muito estimado. Se precisar de alguma coisa, pode me chamar. A porta de meu quarto está sempre aberta ...

Ante a expressão calada do engenheiro, um ar de ódio transfigurou o rosto da mulher:--No meu depoimento, eu só contei o que sabia ...

O homem encarou a mulher. Estaria diante de uma criatura diabólica? Ou de alguma incompreendida, disposta a queimar naquele hotel e lugarejo os anos maduros de sua vida, como se a renovação dos hóspedes lhe diminuísse a solidão e tornasse

possível o encontro com alguém que de repente viesse mudar-
lhe o destino?

--Não passa de uma megera! pensou.

Por um momento chegou a pressentir nela uma possível aliada.
Mas logo reagiu contra esse sentimento, receando novas ciladas.

A cidade ia dentro em pouco receber o vento; o sintoma era
aquela súbita imobilidade e anemia no céu. Já penetrava pelo
quarto e fazia tudo vibrar. Era o mesmo que o engenheiro
conhecera ali, meses atrás, quando em férias. Nada queria
com ele, porém. Pelo menos por enquanto. Viera cuidar de
sua defesa, de sua liberdade. Precisava ter a cabeça fria.
Aquela invasão brusca e amistosa só vinha perturbá-lo. Veja-
se o que acabou de fazer lá embaixo, justamente no edifício do
Foro, onde, dentro em pouco, ia proceder-se ao interrogatório:
soprou tão forte que quebrou a vidraça lateral, ferindo com os
estilhaços uma mulher e um ciclista.

--Mandaram dizer para o senhor comparecer às três horas,--
veio informar um empregadinho que ficou a olhar para o
hóspede.

Às três e um quarto o acusado entrou no Foro. Ali funcio-
navam várias repartições municipais. Havia menos gente que
na véspera, à sua chegada. Passou por entre duas filas de
curiosos. Relanceou a vista pela praça. Bastou um grito que
veio de longe e que, ouvido pela segunda vez, lhe parecia um
slogan de vingança "eh, doutorzinho! chegou tua hora!", para
que tivesse a medida do ódio contra a sua pessoa.

Parou perplexo, como à espera de um guia. Suportou os
olhares reunidos de quase toda a Câmara Municipal, do Foro e
da Coletoria, que tudo funcionava no mesmo prédio. Era a
condenação prévia.

O oficial de justiça indicou-lhe a escada, acompanhou-o até
a sala de audiências. No trajeto entre o primeiro degrau de
pedra do saguão e o fim da escada, já no segundo andar, foi-
se-lhe definindo na alma, apertando-lhe o coração, um sentimento que até então não imaginava tão atroz: o de ser o
renegado, o maldito.

Para ele todo aquele aparato.

O silêncio, as caras fechadas, a troca de olhares oblíquos,
as folhas de papel que mudavam de mesa, o reabastecimento
dos tinteiros, a campainha, o Cristo de madeira, as idas e
vindas do oficial de justiça e do advogado da véspera, os sus-
surros deste aos ouvidos do escrivão, e uma risadinha geral
subentendida, quando não explícita--tudo contra ele, tudo
para sua desgraça. Ao entrar o juiz, o silêncio se fez maior.

Aquele vulto alto e cansado, algo volumoso dentro da roupa
preta, trouxe-lhe certo alívio. Sem o querer, associou o trio
juiz-promotor-escrivão, já sentados à mesa sobre o estrado, à
imagem das bancas examinadoras mais exigentes do seu curso
de engenharia.

Como fazer com que sua verdade tivesse mais poder do que a mentira armada com os aparelhos e o cerimonial da justiça? O que aconteceu e precisava contar era, de sua natureza, tão inverossímil que não seria compreendido pelo tribunal popular, caso o juiz o mandasse a júri.

Acabara de ouvir a leitura da denúncia. Homicida! ... Será possível? E, além de homicida, pervertido sexual! Assim dizia a denúncia do promotor. Era como se o punhal estivesse perto, doendo-lhe já no corpo.

Sentiu necessidade imediata de dormir, escapar pelo sono. Mas reagiu. Tirou um cigarro, acendeu-o rapidamente; o escrivão observou que não era permitido ali.

A sala foi-se enchendo. Todos, menos o juiz, o fixavam com interesse.

O escrivão olhava espantado para a assistência. Achava exagerado o número de moças no recinto, fato inexplicável num simples interrogatório; e absurdo, irritante mesmo, o tom de piedade que transparecia dos olhos delas.

--Até agora não constituiu advogado, nem quis ver o processo! disse o escrivão aos ouvidos do promotor. Será liquidado. Ou então é louco!

O juiz ficara lendo num livro que não se sabia bem se era a Bíblia ou o Código Penal. Quando finalmente levantou para o acusado os olhos congestionados e calmos, não era, a bem dizer, para enxergar nele a pessoa do engenheiro; era para o conhecimento de um caso a mais que ia apreciar como magistrado.

Com voz pausada, fez as perguntas de praxe. Ao declarar o réu a sua idade, uma exclamação ao fundo da sala: "E uma criança!", suscitou um psiu! do escrivão que se voltara irritado para o lado das mocas.

--Tem alguma declaração a fazer? perguntou o juiz.

O denunciado respondeu que sim. Ia contar tudo, sem mesmo saber se estava se acusando ou se defendendo. Não lera o processo. E dispensara o advogado. Não por desprezo ao profissional que o procurara na véspera; nem por desatenção à Justiça. Mas porque "o que vou narrar a Vossa Senhoria, Sr. Juiz ...

--A Vossa Excelência, emendou o escrivão.

--... O que vou narrar a Vossa Excelência, Sr. Juiz, não poderia constar no processo.

Aqui uma nuvem escura envolveu-lhe o espírito. E quase toda a sala desapareceu. Do escrivão sobrenadava a gravata vermelha, depois o rosto liso, os olhos claros.

A inibição do engenheiro foi demorada. E, para a própria assistência, difícil de suportar. Perdido o impulso inicial que continha os germens de tudo o que ia dizer, parecia-lhe haver soçobrado no momento mesmo de salvar-se. Sentiu num átimo a alma danada do homem que forjicara o processo, aquele tipo que agora o encara com sarcasmo.

Só voltou a si, quando a voz do Juiz:
--Vamos! Pode continuar.
Sua consciência ia-se turvando outra vez, quando um novo "vamos!" do juiz o despertou.
Ao fazer menção de prosseguir, a sala experimentou certo alívio. Recomeçou a falar com uma calma que não sabia bem de onde vinha.
--"Senhor Juiz, o menino achava-se realmente comigo, no momento em que desapareceu".
Houve em frêmito geral. Só o rosto do juiz não acusava a menor alteração.
"... Mas que eu o tenha matado ou me prevalecido dele para torpezas, não é verdade, oh! não é verdade! Vou contar tudo tal como se deu, desde o momento infeliz em que desembarquei nesta cidade. Não sei se o que vou dizer significa a minha defesa ou a minha acusação, mas é a expressão do que aconteceu. E o que aconteceu, advogado nenhum saberá explicar. Talvez nem eu próprio. Eis a razão por que o dispensei, embora Vossa Senhoria ... Vossa Excelência tivesse nomeado um para me assistir no processo. Poderá alguém acusar-me; defender-me, impossível. Porque o fato se deu: o menino está desaparecido ou morto. Talvez eu tenha sido cúmplice involuntário de uma tragédia. Mas se há no caso algum criminoso, esse criminoso não pode ser responsabilizado. Oh! impossível ser responsabilizado! Impossível, Sr. Juiz. Só contando ..."
Houve uma pausa longa, aflitiva. Depois começou a falar, como alguém que se achasse sob estado de hipnose:
"Senhor Juiz, sou engenheiro construtor de pontes. Procuro viver de coisas positivas e, tanto quanto possível, explicáveis. Não cultivo a atração do abismo. E o absurdo me aborrece. Se de meus pais herdei certa tendência para o sonho, eles próprios me preveniam contra as ciladas da imaginação. Também não sou amador de fatos estranhos da vida, posto que sempre aconteçam. Já disse que sou engenheiro e construtor de pontes. Sr. Juiz, há cerca de três meses desembarquei nesta cidade em busca de repouso. Estava esgotado, precisava refazer as forças. Desde criança, ouvira dizer que aqui ventava muito. E o nome deste lugar ficara-me na memória ligado à idéia de vento, como o de outros lugares à idéia de crime ou de tranqüilidade colonial.
"Durante a subida, não pensava em outra coisa. Tanto assim que ao desembarcar, ainda um pouco atordoado, interpelei logo o primeiro sujeito que se aproximou:--Onde o vento?
"Não preciso dizer que ele me deixou sem resposta; mas também não se espantou, habituado que devia estar aos modos dessa gente que chega pela primeira vez à montanha, ainda com os tiques e esquisitices da cidade.
"Olhei em redor. As árvores imóveis, a poeira no chão e, por cúmulo, abertas as vidraças. Então não há vento algum, pensei. Era lenda. Ou talvez eu tenha descido numa hora de

calmaria. Podia não estar ventando no momento e ter ventado muito, antes.

"Procurei os vestígios. A iluminação escassa não me permitia um exame profundo. Pela disposição das frondes próximas e na pele dos raros transeuntes talvez eu pudesse descobrir sinais de sua fustigação constante. Não havia; ou, se havia, era de difícil reconhecimento. Notei, é verdade, as pedras roídas nos alicerces, e escoriações no reboco das paredes. Mas não era o suficiente. Foi quando dei com as palmeiras. Aquelas que estão ali em frente, na praça."

Apontou para fora, todos olharam. Depois prosseguiu.

"Tudo então se esclareceu. Tinham a copa entortada para o sueste; o tronco também. E cicatrizes de palmas arrancadas. Vento, portanto.

"Não me enganara. Era pois este lugar a capital do vento. Ou pelo menos, uma cidade ventada. Enchi-me de alegria, vendo confirmar-se minha expectativa. Até na figura do garoto que me esperava segurando as malas--um menino de cabelos lisos, olhos espantados, pele bronzeada, e uma mobilidade extrema na fisionomia--eu via um filho do vento. É possível, Sr. Juiz, que eu exagerasse, que visse vento em tudo. Trazia a imaginação livre e os nervos um pouco desgovernados pelo cansaço.

"--Você é daqui mesmo? perguntei.

"--Sou, sim senhor, respondeu o garoto.

"--Você é descendente de índio?

"--Minha avó...

"A estação já se tinha esvaziado.

"--Mas cadê o vento? perguntei.

"--Daqui a pouco ele começa. É pro Bela Vista que o senhor vai?

"--Sim.

"Subimos a ladeira. Apressei os passos. Não desejava ser surpreendido pelo vento ainda na rua. Não me sentia preparado.

"--Ele vem sempre?

"--Ah! todo dia...

"O pequeno carregador parecia arquejar, perguntei-lhe se queria largar a maleta no chão para uma pausa. Respondeu-me que não; estava habituado.

"Um casarão apareceu todo iluminado.

"--É ali o Bela Vista, disse o menino.

"--Você gosta de vento?

"--Gosto. Quando ele não vem eu fico aborrecido.

"Falava aos arrancos, a respiração difícil. Tinha o corpo inclinado, como contrapeso à mala maior.--Acho que o que eu gosto mesmo... é do vento...

"Já no hotel começavam a fechar-se as vidraças. Compreendi logo: o vento não tardaria.

"--O senhor também gosta?

"Respondi com um aceno.

"--Então, se quiser, eu posso lhe arranjar um cavalo amanhã
para o senhor apreciar lá de cima. O aluguel é barato.
"Combinei a condução com o menino.
"A associação de cavalo e vento me exaltara subitamente.
Parecia resgatar em mim todos os males que a fadiga acumu-
lara. Eu falo em cansaço, mas não era só isso. A imagem de
cinco operários mortos retirados do fundo da ensecadeira
quando faltou a bomba-de-ar também não me saía da lembrança.
Como ia dizendo, combinei com o menino; ele traria cedo o
animal.
"Entrei, mostrara-me o aposento que mal pude reparar como
era. Adormeci, aflito para que amanhecesse logo. Foi um sono
espesso, profundo, interrompido às vezes pelo barulho de uma
ventania que eu não sabia bem se era do sonho--pois ventava
também dentro do meu sono--ou se era a que rodava lá fora.
Cavalo e vento..."
O engenheiro, aqui, parou de repente o relato. Qualquer
força estranha interferira em seu espírito.
--Não sei, Sr. Juiz--continuou como que voltando a si de um
estado sonambúlico--se estou contando coisas inúteis. Se posso
dizer tudo, se o senhor quer me ouvir até...
--Se Vossa Excelência quer me ouvir--corrigiu o escrivão.
Gesto discreto do juiz fazendo sentir ao escrivão que aquilo
não tinha importância.
--Não sei, senhor Juiz, se o senhor quer ouvir-me até o fim.
--Sim, sim, continue--disse o magistrado.
--Onde mesmo que eu estava?
Toda a sala se preparava para escutar o resto da história.
--Eu estava... eu estava...
Ficou suspenso, tentando reatar o fio do relato.
--Com o cavalo e o vento...--soprou uma voz feminina junto
do balaústre que separa as duas metades da sala.
"--Ah! sim. No dia seguinte, cedo, me levantei. Não era o
engenheiro fatigado da véspera; era um homem despreocupado,
à espera de um menino com um cavalo. Eu ia descobrir os
arredores, e já recebia as primeiras virações da manhã.
"À porta do hotel uma onda de bem-estar fazia de mim o
homem mais feliz do mundo. A ponte voltou-me ao pensamento,
mas sem a recordação das canseiras e problemas da construção,
e já na sua imponência de coisa concluída, útil a toda uma
região. A imagem da ponte completava a minha felicidade. Foi
quando apareceu o menino.
"Vinha de longe, rindo, montado no cavalo, a puxar o outro
que me era destinado. Aproximou-se, quis saber se tinha es-
cutado o vento daquela noite. Eu disse que não.--Pois o senhor
perdeu. Mas não foi dos melhores. O bom mesmo, o senhor
vai ver hoje.
"Perguntei-lhe como se chamava.--Me chamam aqui de Zeca
da Curva.
"--Que nome!
"Passou a mão pela crina do animal e explicou gaguejando:

"--É porque nós sempre moramos lá em cima, na volta da estrada...

"Dentro de alguns minutos, já fora da cidade, eu ia pouco a pouco entrando na intimidade da paisagem. O garoto parecia contente de se ver promovido de carregador a cicerone de turista. Deu-me o nome das colinas principais, mostrou-me as corredeiras, o vale. Contou que uma vez tinha havido um incêndio horroroso na fábrica, a fumaça cobrira tudo, até parecia noite, depois que veio o vento a cidade amanheceu de novo. Susteve o cavalo e ficou a olhar para o céu.

"--Acho que ele já vem vindo.

"--Ele quem?

"--O vento.

"--Como sabe que vem?

"--No corpo, uai...

"--Mas o ar está parado. Que é que você sente no corpo?

"--Uma coisa...

"Suas narinas farejavam os longes. Alguns instances depois, ele tinha a cabeleira em desalinho, e o meu chapéu fora atirado à distância. Não era ainda o vento forte que eu esperava. Parecia a vanguarda de outro, maior, que vinha avançando atrás. E à medida que aumentava de velocidade, ia mostrando uma qualidade diferente daqueles que correm em outros lugares. Parecia soprar da minha infância, trazendo o que havia de melhor e de mais antigo no espaço.

"Viramos os animais para recebê-lo de frente. Era como se cada um de nós estivesse na proa de um pequeno barco. Subitamente se animou a paisagem. Todas as árvores se manifestaram. Principalmente as bananeiras do vale e os bambuais da colina, que também são vistos daqui no espigão daquela serra."

O denunciado apontava para a serra que se deixava ver através da vidraça.

Ante a maneira natural com que fazia a sua narrativa, a assistência foi perdendo a prevenção e começou a ouvi-lo com simpatia. Continuou:

"--Agitavam-se de tal maneira que o apito de um trem que partia no momento ficou abafado no barulho.

"--Não falei que vinha? gritou o garoto, orgulhoso do seu vento.

"E começamos a correr... O que era uma delícia!

"Cavalo e vento!...

"Com o sol no zênite, voltei ao hotel. Já o vento tinha cessado. O menino me perguntou quando é que eu queria mais; disse-lhe que me procurasse depois. Deixou o meu cavalo pastando nas ervas da rua e desapareceu num galope.

"Entrei na sala de refeições que era limpa e cheirava a chão encerado e pratos guardados. Os poucos hóspedes comiam em silêncio. Pareciam chocados com a minha entrada. Mandaram-me olhares furtivos, antes que os meus os rechaçassem. Esses hóspedes tinham o ar tristonho e pareciam desejar que ninguém

lhes perturbasse a paz. Eu também alimentava o mesmo desejo.
A dona veio colocar em minha mesa uma jarra de flores
silvestres, privilégio, segundo me dissera, dos hóspedes recém-
chegados.

"Voltei ao quarto para a sesta. Meu primeiro contato com
aquele vento deixou-me o coração preparado para uma aventura maior. Não se pode dizer, Sr. Juiz, que eu já estivesse
dominado por ele, mas dormi com seu rumor nos ouvidos, por
que não dizer na alma. Com o vento e também com a paisagem
que ele transfigurara.

"Durante dias e dias foi a minha obsessão. Nem cheguei a
retirar da mala os livros de leitura com que pretendia encher
o tempo. Só o vento bastava. Toda vez que começava a soprar
mais forte, Zeca da Curva aparecia. De tal maneira, que a
figura maltrapilha do desaparecido se tornara para mim como
uma promessa de vento.

"Entre mim e ele se estabeleceu curiosa camaradagem, na
qual um expandia o seu espírito infantil e o outro, eu, o
adulto em férias, procurava distração para as horas de ócio.
Só que não podia esperar, Seu Juiz, que dessa brincadeira inicial resultasse desfecho tão triste: um homem perante a Justiça
e uma criança desaparecida ou morta. O que começou como
passatempo acabou em desgraça.

"Preciso contar, Sr. Juiz, como se foi formando entre nós
esse estado de espírito. Eram encontros e diálogos quase diários
em face e dentro mesmo das correntes de ar que percorrem esta
cidade, onde a vítima era tida como um vagabundo, fazedor de
biscates. Talvez um solitário e, por certo, um incompreendido.
Eu trocava pela sua intuição poética a minha experiência de
adulto e meus vagos conhecimentos de meteorologia.

"A princípio cheguei a pensar que êle estivesse alimentando
os meus caprichos, em busca de gorjetas ou de qualquer proteção de minha parte. Depois... depois é que vim a descobrir
nele um verdadeiro iniciado do vento.

"Se de fato morreu, e espero em Deus que não, ninguém
mais do que eu deplora essa morte. Éramos vistos sempre
juntos, à hora da ventania. E pelo que vim a saber ontem,
posso bem imaginar toda a sorte de suposições maliciosas que
essa intimidade despertava nos habitantes da cidade, especialmente os hóspedes de meu hotel. A dona me perguntou que
graça eu achava em tal companhia. Eu não podia responder
em dois minutos o que vou tentar explicar ao Senhor... a
Vossa Excelência, sem saber se o conseguirei.

"Zeca da Curva e eu saíamos todos os dias para estudar o
vento, segundo a direção, a hora, a velocidade, o cheiro e
as diversas coisas que ele faz bulir. Quase sempre deixava
que o menino falasse; quando emudecia, era eu que o
provocava com noções teóricas ou invenções gratuitas.

"Logo na primeira vez, aproximando-se com seu cavalo, fez-
me uma pergunta:

"--Onde é que ele começa, hein?

"--Não sei, respondi.

"--Mamãe disse que é Deus que faz soprar o vento no mundo. "Respondi que também não sabia. O garoto ficou decepcionado; insistiu em que eu sabia, mas não queria dizer.

"--O senhor não reparou esta noite? Teve um vento danado... Corria de um lado para outro, empurrava tudo que era porta e janela. Acho que ele não sabia bem o que queria. Fiquei o tempo todo espiando pelo buraco da fechadura; a língua fininha dele entrava no meu olho. O senhor não sabe aquela bananeira que nós vimos lá em cima, perto da caixa d'água? pois parecia que estava pegando fogo. Acho que ela sofreu um bocado."

O interrogado fez aqui uma pausa.

"--Estou-me esforçando, Sr. Juiz, por conservar o jeito especial de o garoto falar, mas vejo que não é possível, perco o que havia de mais saboroso na sua linguagem.

"O segundo encontro foi na estrada do Cruzeiro. Alimentei a conversa:

"--Ontem eu vi quando ele se escondeu na grota, disse-me o menino enquanto subíamos.

"--Com certeza pernoitou lá.

"--Com certeza o quê? perguntou, fazendo uma careta.

"--Pernoitou lá, repeti.

"--O que é que é isso, pernoitou lá, pernoitou... pernoitou?

"--Passou a noite, expliquei.

"--Ah, que palavra gozada!

"--Olha lá... as nuvens, eu disse. Todas na mesma direção e frisadinhas. Quer dizer que o vento está correndo muito alto, você está vendo?

"--Estou, mas eu gosto é quando[10] ele passa baixinho e vem brincar no capim.

"--Com certeza está indo para o mar.

"--Pro[11] mar! Como é que sabe?

"--Porque a costa atlântica é para aqueles lados...

"--Costa o quê?[12]

"--A costa que dá para o oceano chamado Atlântico, nunca ouviu falar?

"--Ah, agora tô[13] me lembrando, a professora falava nesse nome... O vento que corre para o mar é diferente, não é?

"--Conforme. Às vezes vai com grande velocidade, sessenta, setenta, noventa quilômetros a hora...

"--Como é que sabe?

"--A gente pode tomar a velocidade, há aparelhos para isso.

"--Pois sim, vou acreditar!--respondeu em tom de zombaria. A gente toma a velocidade do vento e nas árvores e na roupa dos varais. E o que é que o vento vai fazer no mar?

"Respondi que não sabia, mas achei melhor dizer qualquer coisa, dar largas à imaginação do meu interlocutor.

"--Ajudar os veleiros, respondi. Animar as águas, preparar os temporais. Você já viu o mar?

"Sua testa franziu-se. Era, creio, a segunda vez que lhe
fazia tal pergunta e ele desconversava. Passou a cismar. Depois, em tom de justificativa:--O maquinista prometeu me levar escondido na máquina, mas mamãe disse que me bate, que
se eu for, ela não vai mais querer saber de mim.

"Parou a cismar.

"--Lá o vento corre à vontade, não é? Não tem parede, não
tem morro, não tem nada para atrapalhar... Assim, é fácil...

"--Lá ele vira ventania, lembrei.

"--Aqui também nós temos ventania, uai! O mês passado
houve uma na hora mesmo da procissão. Atrapalhou tudo, nós
corremos, o padre ia na frente, o andor caiu, foi uma coisa
danada! Pergunta à Espiga de Milho! O vento faz cada uma![14]

"--Quem é Espiga de Milho?

"--Minha namorada. Mas é escondido, ouviu? mamãe não
sabe.

"Com o correr dos dias, comecei a me apaixonar por esse
jogo. Dei ao menino algumas noções elementares sobre des-
locamento de massas quentes e frias da atmosfera. Não acre-
ditou; desconfiava que eu estivesse dizendo bobagens. Falamos sobre diversos tipos de vento. Eu levava comigo um es-
boço de classificação para o qual me servira dos dados que
ele mesmo me fornecera. Escrevera as notas durante a noite,
no quarto do hotel. Pode parecer pueril, mas eu o fazia tanto
para a recreação do menino como para a minha própria.

"Assim, segundo a nossa classificação, havia ventos malicio-
sos e ventos desordeiros, ventos calados e ventos que cantavam,
ventos compridos, de grande velocidade, e ventos miudinhos,
desses que começam a correr sobre a grama e logo desanimam
aos pés do primeiro arbusto. Confessou que apreciava muito
esse tipo de vento, chamado brisa, filhote do grande, que
movimenta as nuvens; é, dizia ele, uma viração "que não dá
nem para suspender as saias das moças mas serve para levantar
os gravetos do caminho e os papèizinhos da calçada". "As
grandes árvores nem se mexem, pois não dão confiança a essa
brisa, mas as plantinhas miúdas ficam felizes."

"Fizemos outras hipóteses e nos despedimos depois de acer-
tarmos umas tantas idéias sobre o assunto.

"Animado com a conversa, trouxe-me no dia seguinte uma
hipótese nova. Disse que esteve pensando muito durante a
noite: aquele negócio de massas frias e massas quentes, de
que lhe falara na véspera, achava que era bobagem. O vento--
afirmou--é soprado por gigantes enormes escondidos atrás da
cordilheira; se é muito forte, chama-se ventania; quando fica
escuro, chama-se furacão, pior ainda do que a ventania.

"--Se o vento não tem cor, interrompi, por que diz que o
furacão é escuro?

"--Porque é escuro mesmo, respondeu. Eu acho que ele é
assim porque passa com as lanternas apagadas. E continuou:
"Ventania é danada pra virar canoa e destelhar casa.

Desarruma tudo. O pessoal fica aflito quando ela vem, e eu fico só gozando...

"--E os outros ventos?

"--Ah, sim, tem o ventinho de todo o dia, respondeu. E apontando com o queixo:--Este que está passando aí, por exemplo... Muito bom para refrescar a pele e empinar papagaio... Parece que não vale nada, não é? Mas depois que chega é uma festa... Olha lá os bambuais como ficam! Olha o milharal!...

"--E a brisa? perguntei.

"--Ah! essa sai da boca dos filhotes do gigante. Gosta muito de apostar corrida com o rio.

"Só para excitá-lo, procurei qualquer definição especial para a brisa e disse:--É um vento que ainda não cresceu.

"Olhou para mim, reflexivo:--Isso mesmo!

"Sem querer, liguei no meu espírito a invenção do menino às coisas da mitologia, de que vagamente me lembrava. Na expressão do meu rosto teria ele notado o efeito de sua descoberta. Parecia orgulhoso. Deixei ficar.

"A nossa intimidade, Sr. Juiz, foi assim crescendo à base de vento. Encontrávamo-nos sempre. Um dia, eu subia a estrada que leva à colina de onde se avista a cidade e a ala esquerda do hotel. Sobre as casas pairava a faixa de fumaça deixada pela locomotiva. Eu caminhava devagar. Mais devagar vinha descendo o garoto. Pela primeira vez aparecia penteado. Ia com certeza encontrar-se com Espiga de Milho. Falou-me:-- Pensei que o senhor tivesse ido embora.

"Olhou entristecido para a cidade e depois para a paisagem:

"--Ele hoje não veio...

"--Mais tarde, com certeza, respondi.

"--O mundo fica sem graça, não é? Tudo parece fotografia.

"Circunvaguei a vista. Tudo parecia mesmo fotografia. Ar parado, árvores imóveis, inalterável ainda a faixa de fumaça. Pensei comigo:

"--Este garoto está hoje diferente... Fora de seu natural. É preciso ventar para que ele comece a viver.

"Corria nesse momento um ventinho de ensaio, as árvores maiores nem se mexiam. O garoto observou, apontando para alguém:--Olhe que gozado o ventinho nas barbas daquele velho!...

"Atirou com o bodoque uma pedrinha ao chão, disse até logo, e continuou a descer. Já se achava longe, quando gritou: --Olha, olha, lá nos bambuais!...

"Não olhei para os bambuais. Olhei para o menino que voltava correndo. Sua cabeleira estava desfeita, ele mesmo todo diferente, subitamente transformado em personagem do vento. Mas este foi logo diminuindo e cessou. Zeca da Curva assumiu um ar escabriado. Sem jeito, virou-se para os lados do vale:

"--Daqui a um pouquinho ele volta. Quer apostar?

"Alguns segundos depois as janelas começaram a bater, as roupas arrancaram-se dos varais, desfez-se a plumagem de fumo. Apareceu uma menina ruiva com uma garrafa de leite.
"--Vem, Espiga de Milho! Vamos aproveitar!
"Ela atendeu. De mãos dadas, sumiram-se os dois na curva. Fiquei de longe, a ver se repontavam mais adiante. Mas o céu começou a enfarruscar. Entrou outro tipo de vento, o vento de chuva, diferente do que nos interessava. Nós não gostávamos da chuva que atrasa a corrida do vento, sempre aflito por desembaraçar-se de suas malhas.
"Alguns dias depois encontrei Zeca da Curva chorando. Estava indignado.
"--Mamãe me bateu.
"--Vai ver que você fez alguma arte.
"Confessou, amuado, queixando-se:
"--O vento levanta a saia das moças, e a gente é que leva a culpa, ora essa! Só porque fiquei espiando...
"Pensei logo em Espiga de Milho com as pernas descobertas e os sinais da puberdade se arredondando debaixo da blusa. E para fazê-lo esquecer a mágoa, apressei-me em voltar ao tema do vento. Inventei que nele correm também meninos invisíveis, os mensageiros. Sabia que essa idéia ia excitá-lo.
"--Os quê? inquiriu logo.
"--Mensageiros, repeti.
"--Ah! mensageiros, mens...
"--São alados, completei.
"--Que negócio é esse, alados?
"--Que tem asas.
"--É verdade?
"Senti um frêmito perpassar-lhe o corpo.
"--Sim, é verdade.
"--Bem que eu desconfiava...
"Fez uma pausa:
"--E no furacão? tem crianças também?
"--No furacão passam os guerreiros terríveis, inventei.
"--Por isso é que ele faz tanto barulho, não é?
"--Exatamente, respondi.
"--Quando venta muito forte, eu sempre desconfio que está acontecendo muita coisa que ninguém sabe...
"--Onde? perguntei.
"--Aî por este mundo... O vento é muito importante, não é?
"--Então? Não sabe que ele ajudou a descobrir o Brasil?
"--O vento?!
"--Sim, o vento.
"--Puxa!
"Já havia esquecido a coça materna. Fazia inspeções pelo céu.
"--Está vendo aquelas nuvens lá?
"--Estou.
"--Pois amanheceram na mesma posição de ontem. Ficaram encalhadas. Ontem o vento andava mais devagar do que o rio.

"Bateu na testa, lembrando-se de qualquer coisa:--Espera
aí... Está na hora da chegada do trem.
"Partiu voando para a Estação. Ia pegar as malas, fazer o
seu biscate.
"Esqueci-o por algum tempo; voltei às minhas leituras.
Quando pensava nele, era para duvidar de sua sinceridade.
Cheguei a supor que, talvez para me ser agradável, talvez para
chamar a atenção sobre si, ele forçava o assunto e simulava
atitudes. Não estaria exagerando? Ou apenas se divertia?
Ou procurava mesmo impor-se à amizade do turista para
merecer-lhe favores?
"Achei pouco provável a suposição, tão extraordinário e
espontâneo me parecia ele. Eu mesmo lutava comigo para não
me deixar arrastar por uma ilusão.
"A dona do hotel me perguntava se eu tinha esquecido o
garoto. Não respondi.
"Na verdade, espacei os nossos encontros e já começava a
duvidar da sua paixão pelo vento. Certa manhã, no início de
um temporal, cheguei à janela levado pela curiosidade de saber
como se comportava o menino diante daquelas lufadas. Se era
sincero fora de minha presença. Minha janela abria-se para
os barracos da colina, onde ele morava. Meti o binóculo, o
seu casebre se aproximou. Logo avistei Zeca da Curva no
terreno, a pular. Tirara a roupa, ficara nu no meio do vento.
Correndo de um lado para o outro, esbarrou numa lata e rolou
pelo barranco. De repente, ei-lo de braços abertos e olhos
fechados, gozando, aspirando o espaço. Assim permaneceu
alguns minutos, imóvel, feliz.
"Agora, pensei comigo, já não tenho dúvida: ele é mesmo
o enfeitiçado do vento. Acertei melhor as lentes e percebi, Sr.
Juiz, claramente percebi o que o menino fazia: mijava! Com
o perdão da palavra, ele mijava, Sr. Juiz! Gritei. Não me
atendeu. Nem podia, tamanha era a barulheira. A urina
diluía-se em gotas cristalinas. Misturando ao ar um líquido de
seu organismo, tive a impressão de que procurava sentir-se
mais ligado aos elementos."
Aqui, o denunciado perdeu o impulso com que vinha falando.
Cochichos da assistência e uma troca de sorrisos entre o promotor e o escrivão tê-lo-iam devolvido a um plano em que lhe
seria impossível continuar com a mesma fluência e candura.
Olhou para a Juiz, como que o consultando. Este lhe fez com
a mão um aceno favorável. Que prosseguisse. Encorajado,
continuou:
--"É possível, Seu Juiz, que o que estou contando não tenha
relação real com o processo. Mas tem com a verdade. Muitas
vezes se chega à verdade pelos caminhos mais absurdos. Desde
o momento em que verifiquei como procedia Zeca da Curva
quando se viu só com o seu vento, comecei a acreditar mais
nesse menino. Imaginei-o incompreendido entre os compa-
nheiros; incompreendido e calado, para não ser objeto de zombaria. O pequeno maltrapilho era o meu mestre de vento, o

verdadeiro iniciado. E eu, o discípulo, não me vexo de confessá-lo. Daí por diante, só o compreendia dentro mesmo do vento. De tal maneira que, sem a sua companhia, eu me tornava indiferente a qualquer viração. Mas evitava que ele percebesse o meu estado de espírito, e dentro de mim mesmo lutava contra as imagens delirantes, lembrando-me da advertência de meus pais.

"Os hóspedes do hotel deviam achar-me cada vez mais esquisito. Minhas férias estavam a terminar, eu já pensava em arrumar as malas.

"Certa manhã, acordei com a pancada seca de um objeto no espelho. Era uma goiaba atirada da rua. Cheguei à janela. Reconheci o menino embaixo:--Isso é modo de despertar alguém?

"--Hoje vai ter! gritou-me ele.

"--Como é que sabe?

"--Uai! a gente sabe sem querer... O corpo avisa. Os meninos já estão passando...

"--Que meninos?

"--Isso que o senhor falou outro dia... Os meninos do vento! Já estão bulindo nas folhas...

"--Ah! sim... os mensageiros... respondi sorrindo. Mas é para já?

"--Não. Vai ser de tarde, disse consultando o céu e mordendo uma goiaba. Olha as árvores grandes... por enquanto estão quietas, mas o senhor vai ver mais logo.

"A camaradagem entre mim e o garoto crescera até o ponto de que dava idéia esse episódio do projetil no espelho. Por volta de três horas, subimos a colina, lugar habitual de nossos encontros. Lá em cima, ele me foi indicando a pista do vento. E apontando para o horizonte:--Olhe aqui, ele vai partir de lá, quer apostar? e correr nesta direção.

"Com o dedo ia traçando a direção provável do vento no espaço.

"Ficamos esperando algum tempo. O céu era de uma cor neutra, meio amarelada, tonalidade que para nós indicava lufada iminente. O garoto parecia desassossegado, com medo de ser desmentido. Afinal o vento começou. Não ainda na plenitude de sua força, mas já amplo e gostoso.

"--Depois vai ficar melhor, disse o garoto; por enquanto, são as primeiras amostras.

"Mas já vinha com o cheiro de mato e de rebanho. Ganhasse um pouco mais de espessura e o agarraríamos com a mão. Era como um animal invisível, mas perto. Ficamos mudos, a sentir o perpassar de sua cauda interminável.

"--Este de hoje está bom! exclamou, deliciado.

"Mantinha os braços abertos e os olhos fechados. Seus cabelos assanhados prolongavam a animação das frondes e pastagens.

"Fixei-lhe a fisionomia, curioso de verificar-lhe as mutações. Tanto vale dizer que larguei o vento pelo menino. Mas, tomado também pela força da correnteza, dentro em pouco

éramos dois a experimentar a mesma embriaguez. No meio da
polifonia, ouvia-se um som de lata velha. E uma mulher, espécie de bruxa desgrenhada, do alto da cafua chamava o garoto
para a janta.

"Bruscamente afastado de seu vento, o menino seguiu contra-
riado. Mas logo a corrente aumentava de velocidade; e se
transformava em ventania, categoria mais alta segundo a nossa
classificação. Devia vir da floresta, sua matriz longínqua.
Com certeza recebera no trajeto afluentes que a enriqueceram,
virações de campina, brisas de lagoa. Para mim, era naquele
céu, por cima das montanhas, que se operava a combinação de
sopros múltiplos, emanação da terra, extrato de paisagens
percorridas.

"Retido pela velha, o menino ia perder aquele momento.
Sem a presença dele, o espetáculo não seria o mesmo. Sentindo
porém a atração do vento, não resistiu e voltou.

"Eu me agarrara ao tronco de uma árvore para não ser
levado. Zeca da Curva parecia embriagado. Arrancou a
camisa, estendeu os braços. Permanecia imóvel, tenso. De
repente, ouvi-lhe a exclamação:--Com este eu vou!

"Abalou-se pela rampa, saltou o valado, atravessou uma sebe,
ganhou a várzea, diluiu-se na bruma... E reapareceu dimi-
nuído, lá para os lados de uma macega, correndo, correndo
sempre, até sumir-se no longe. Fiquei só no meio do turbilhão.
Com a sensação de que ele me abandonara.

"Pudesse eu fazer aquilo![15] Faltava-me a força e a pureza
do menino. Fui tomado de um sentimento estranho: senti-me
rebaixado perante mim mesmo.

"--Ele tem doze anos! disse comigo, tentando anular meu
despeito.

"As rajadas aumentavam empurrando-me para o espaço,
como que me desafiando a imitar a proeza do pequeno companheiro. Não. Eu, não! Sou engenheiro, não sou criança!
Construo pontes, tenho os pés fincados na terra... Loucura,
querer emular-me com o garoto, disputar com ele os mesmos
direitos perante o vento. Tratei de sair dali. Amanhã, pensei,
amanhã saberei onde o largou a ventania.

"Já então, Sr. Juiz, só restava do vento a cauda leve e comprida. Passara o turbilhão, o lugarejo reapareceu calmo, la-
vado. Acendiam-se as lâmpadas. Uma a uma as vidraças se
abriram. Fui descendo a ladeira. Na portaria do hotel, mal
fechei a porta, a dona espantou-se:--Mas o senhor lá fora, com
um tempo destes!

"Eu disse que gostava de tempo assim.--Sempre com o menino, não é?...

"Não respondi à pergunta reticente. No dia seguinte, voltei
para o Rio sem maiores apreensões. Porque estava certo de
que o menino tornaria. E já o supunha reintegrado em sua
cidade e no seu vento, quando vim a saber por uma carta
anônima que me acusavam de seu desaparecimento e de prá-
ticas infamantes.

"E foi tudo, Sr. Juiz, o que se passou entre mim e Zeca da Curva!...

"Estes, os fatos. São simples demais para serem acreditados. Minha amizade com a malograda criança foi, como disse, unicamente na base do vento, assim como o meu encontro com ele foi o vento que propiciou. Encontro que será também com a desgraça, se Vossa Excelência, senhor Juiz, não quiser admitir que, além dos fatos habituais de nossa vida cotidiana, outros há, íntimos, que ocupam a parte maior de nosso ser; mas que temos vergonha de confessar para não parecermos infantis ou loucos. São justamente os mais secretos, e o senso comum se recusa a considerá-los."

Nova pausa do engenheiro. O olhar aflito da assistência parecia implorar-lhe que prosseguisse.

"Há de parecer tolice o que contei; mas sei que não é crime. Não pode ser crime dividir com quem quer que seja um entusiasmo maior pela chuva, pelo fogo ou pelas plantas...

"No tipo de intimidade que mantive com o desaparecido entrou muito de nossa imaginação e, de minha parte, certa vontade de espairecer-me. Envergonho-me de ter sido obrigado a contar num ambiente impróprio para que me acreditem coisas que parecem inverossímeis, e que não poderiam constar de processo algum. Um crime é um crime, e impõe respeito; mas a narrativa em juízo de uma aventura com o vento há de parecer coisa inventada e absurda. Eis por que falei tanto no vento. V. Ex.ª me desculpe. Se algum culpado houve, Sr. Juiz, no caso, foi mesmo o vento. Eu quero esclarecer que me refiro a um que sopra quase todos os dias e neste momento mesmo já começa a agitar as palmeiras lá fora."

Toda a assistência, menos o Juiz, voltou os olhos para a praça. As árvores principiavam a balançar.

...."é um vento especial, morno, de um teor diferente, rico de qualidades... eu ia dizer de intenções."

O juiz voltou-se pela primeira vez para o interrogado. Fixou-o com expressão desconhecida. Sua aparente indiferença sofreu alteração visível. Disse com certa dificuldade:

--O denunciado não precisa voltar a falar do vento. Queira limitar-se aos fatos.

...."eu queria com isso, Sr. Juiz, explicar a influência exagerada que ele exerceu em mim e no menino. Não nego certa conivência da minha parte. Fizemos dele um emprego abusivo, confesso. O que começou em brincadeira acabou em revelação. Eu não podia prever tal desfecho."

Enquanto o acusado parecia chegar ao fim, o vento forçava as janelas. Vinha com aquela impaciência com que se comporta ante os obstáculos de vidro. Depois mudou de rumo e conseguiu uma brecha. Entrava às lufadas pela vidraça lateral, a que se havia partido de manhã. E por essa fresta, logo ampliada, invadiu o prédio. Levantava os papéis, fazia bater as portas. Dava a impressão de que queria participar do final do interrogatório. Impressão que vinha da natureza da narrativa

e do ambiente que se criara. O promotor ficara todo o tempo embevecido numa cisma remota. Ouvia-se um barulho na escada. E ainda as últimas palavras do engenheiro:
--"E quem pode afirmar com segurança, Sr. Juiz, que Zeca da Curva esteja morto? Por que não admitir que ele tenha vindo com este vento e já esteja subindo pela escada?" Houve um *suspense*.

A interrogação traduzia um começo de alucinação que contaminava a assistência. Todos olhavam em direção à escada. Ouvia-se um sussurro aumentado pelo vozerio lá embaixo, no saguão. Deu o juiz por terminada a audiência. Pouco a pouco a sala recuperou a atmosfera forense. O promotor descruzou as mãos sob o queixo, e voltou à realidade.

Foi quando se fez ouvir a voz do escrivão. Queria saber se era para tomar por termo tudo aquilo e como. Mal pôde disfarçar um travo de ironia nessa pergunta. Ao que o magistrado respondeu que nao era necessário, e que lhe fizesse subir o processo.

A sala foi se esvaziando. Duas moças deixaram-se ficar sentadas ao fundo. O Oficial de Justiça veio pedir-lhes que se retirassem, ia fechar as portas. Perguntaram se no dia seguinte ia ter mais. Mostraram-se contrariadas ao saber que não. Era como se tivessem interrompido a contragosto a leitura de um romance.

Ganhando a praça, o engenheiro respirou livre. O peso na nuca, o peso que parecia querer guilhotiná-lo, desapareceu. Que a máquina da Justiça viesse a fabricar-lhe a condenação, já não se importava, sentia-se livre.

Chegou o ônibus da tarde com os jornais do Rio. Esperava-se o noticiário do escândalo, tal como o redigira o próprio escrivão a pedido do correspondente. O denunciado comprou uma das folhas, verificou, ele mesmo, o que pressentira. Não se abateu nem se revoltou; apenas sentiu a vontade de abandonar depressa aquele lugar.

Populares deixavam-se ficar nas imediações do Foro. Era porém impossível trocarem impressões. O vento não deixava.

Começou arrancando o jornal das mãos do promotor; depois, o chapéu de alguns. Aumentando de velocidade e enrolando-se em redemoinhos poeirentos, derrubou a prateleira do engraxate. Folhas de revistas espalhavam-se pelo chão e desintegravam-se no ar, enquanto as mulheres prendiam fortemente as saias.

Ninguém conseguia ler a notícia até o fim: ou a ventania carregava de novo o jornal ou a poeira turvava a vista dos leitores.

Das sacadas altas do Foro descia uma nuvem de escrituras, certidões e editais. Pairavam no ar antes de virem pousar nas frondes. Era o arquivo que se desmanchava.

A praça assumiu um ar festivo. Os moleques se atropelavam na disputa dos papéis. Não longe, a caminho do hotel, o engenheiro contemplava aquilo e se emocionava. Queria resistir, manter-se impassível. Lembrou-se da recomendação paterna ("não se perder em devaneios", "tratar só com a realidade"). Como porém recusar a evidência do que estava acontecendo?

Não precisava que o vento viesse assim tão estabanado, pensou. Mas que maravilha! Será que ninguém percebia? Era de um tipo novo, menos descarnado e musical. Com algo de rebelde e desordeiro. Pena que ali não estivesse o Zeca da Curva. O engenheiro tinha certeza de que ele continuava vivo. Voltaria escondido, para uma busca naquelas grotas de montanha. Ou será que ia encontrá-lo expatriado do seu vento, vagando triste pelas ruas da Capital?

Eis agora o vento nas pernas do Meritíssimo!... Oh, vento, respeita o varão austero. Por que empurrá-lo assim, por que atirar-lhe ao chão o chapéu? Um juiz-juiz não pode, não deve correr... Nem olhar para trás, nem apanhar o que caiu... Um juiz de verdade só caminha de cabeça erguida, a passos firmes como quem vai de bracos com a Justiça.

O pretinho veio correndo pela ladeira para dizer que no Bela Vista a dona estava chorando, trancada no quarto. E o escrivão? Lá embaixo, no bar, sem querer conversar. Seus amigos compreendem-lhe o silêncio. Um deles ameaça:

--Aquele tipo não há de botar mais os pés aqui.

O outro:--Só serviu para virar a cabeça do povo.

O escrivão olha para fora, põe-se a cismar. Vê o engenheiro, de mala na mão, tomar o ônibus da tarde. Sente-se derrotado, confuso. Então aquilo era maneira de se defender? As árvores começam a sossegar.

--Para mim, vento é vento e nada mais... concluiu com melancolia o escrivão, acenando com a cabeça.

A dona do hotel nunca mais se apresentara a seus hóspedes. Nem acolhera o escrivão. Dizia-se que depois da meia-noite seu piano tocava em surdina. Eram tantos os quartos vazios que não havia quase ninguém para ouvir. O juiz não mais compareceu às audiências. Nem despachou processo algum.

Qualquer coisa havia mudado na fisionomia moral da cidade. O vento começou a existir. Descobriram-lhe um sentido novo.

Algo de estranho passara-se na consciência do magistrado. Transferido ou aposentado, desapareceu da comarca dias depois, sem nada dizer, sem se despedir de ninguém.

A última vez que fora visto, vagava pela colina de onde Zeca da Curva partira para sempre. Notaram que sobraçava o calhamaço de um processo. E que falava sozinho.

Qual fosse esse processo ninguém sabia. Sabia-se apenas que o vento soprava no calhamaço com força desconhecida e, uma a uma, arrancava-lhe todas as folhas...

NOTES

1. *João Cabral de Melo Neto*: the leading and most significant Brazilian poet of his generation (b. 1920).

2. *Lançada que fosse a notícia aos quatro ventos:* Once the news would be flung in all directions.

3. *Antes assim:* it was preferable that way.

4. *como que = como.*

5. *de tão habituadas:* as a result of being so accustomed.

6. *é só:* the only thing you have to do is.

7. *Morra o criminoso!:* Death to the criminal!

8. *qualquer coisa:* something or other.

9. *Veja só:* Just look.

10. *eu gosto é quando:* what I enjoy is when.

11. *Pro:* see note 12, p. 23.

12. *Costa o quê?:* what coast?

13. *tô = estou.*

14. *cada uma!:* all sorts of things, pranks, etc.

15. *Pudesse eu fazer aquilo!:* If only I could do that!

TEMÁRIO

1. O vento como símbolo e como personagem do conto.
2. O mútuo enriquecimento espiritual na camaradagem entre o engenheiro e o menino.
3. O efeito da narração do engenheiro sobre o juiz, o escrivão, o promotor, as moças do público, o público em geral, a dona do hotel, o engenheiro mesmo.
4. O comportamento do juiz--e o vento--depois do processo: tentativa de explicação.
5. A significação do título deste conto.

JOÃO GUIMARÃES ROSA

João Guimarães Rosa (1908-1967) is the outstanding figure in
contemporary Brazilian literature, the writer whom posterity
may well consider the most original and influential creator of
literature since Machado de Assis. He was born in Cordisburgo,
Minas Gerais, and there received his primary education. He
continued his studies in Belo Horizonte, receiving his medical
degree in 1930. After a few years' practice of his profession
in the interior of his native state, he won appointment to the
Brazilian Diplomatic Corps, rising to ambassadorial rank in
1958. He served in several foreign countries, including Ger-
many, where he was interned during the Second World War.
Though his dedicated study of languages and literature began
early in life, he did not publish any significant work until
1946, the year *Sagarana* appeared. This first collection of
short stories revealed his vigorous understanding of the people
and life of the region he had known during his years as an
itinerant physician. The book went through two editions in
one year, and was quickly acclaimed as one of the most important contemporary works of fiction in Brazil. Ten years
later (1956), having meanwhile returned to his native soil as
frequently as his diplomatic duties allowed, he published two
definitive works: *Corpo de Baile,* a second, more artistically
wrought collection of stories; and his only novel, *Grande
Sertão: Veredas,* an epic of life, love, and death in the back-
lands of his native state, which is taking its place among the
classics of contemporary world literature. Guimarães Rosa
published two more collections, the last to appear during his
lifetime: *Primeiras Estórias* (1962) and *Tutaméia. Terceiras
Estórias* (1967). In these very short stories, he achieved the
highest degree of conciseness in the qualities which had both
disconcerted and illuminated the reading public, and which
have since become the hallmark of his literary style. The
rest of his prose fiction appeared in two posthumous works,
Estas Estórias (1969) and *Ave, Palavra* (1970). He died on

November 19, 1967, barely three days after receiving his
country's highest literary accolade, admission to the Brazilian
Academy of Letters.

The difficulty encountered in a first reading of Guimarães
Rosa's fiction--especially if the reader unwisely chooses *Grande
Sertão: Veredas* for his "initiation"--derives, primarily, from
two striking circumstances: on the one hand, the "strange-
ness" of the characters, the physical environment, and the
psychological atmosphere; on the other, the unique peculiari-
ties of linguistic style, which force the reader to pause, and
subsequently to surrender to a second, more attentive perusal
of the printed page. This inevitable "double take", which the
successful reader soon finds fused into a single act of linguistic perception, is the beginning of the "revelational" literary
experience that Guimarães Rosa consistently offers. The extremely rustic or otherwise strange people of his fictional universe soon begin to acquire the familiar human proportions of
friends, acquaintances, and enemies, and to light up the
hidden facets of our own varied selves. Occasionally, they
grow before our very eyes into archetypical figures that bear
comparison with the greatest characterizations in Western literature: Ulysses, Faust, Hamlet, Don Juan, Segismundo, Don
Quixote, and many others. More frequently, they point up the
disarticulated state of modern morality and the contemporary
psyche, poignantly inferring the need for love, joy, and courage in the act of living.

The spectacular characterizations achieved by Guimarães Rosa
are inextricably dependent upon his revolutionary use of language. He alters the conventional form, function, and order
of words--in themselves, and in their relationship with other
words--thereby "freeing" and enriching meaning. He creates
new words in spontaneous structural harmony with the inherent
nature of the Portuguese language. He reproduces, with or
without variations, the oral rhetoric of the rustic teller of
tales. He exploits the semantic and esthetic potentialities of
sounds; his ingenious use of punctuation marks makes them
speak as articulately as any word, phrase, or paragraph. All
this linguistic creativity leads to a radical reduction of the
distance between literature and reality, to the liberation of the
human voice from the centuries-old shackles of hackneyed
idiom and the resulting limitation of thought itself. It is
Rosa's most eloquent protest against the loss of individual
essence, self-understanding, and dialogue among men, women,
and children. In the purest and most powerful sense,
Guimarães Rosa is a literary reformer of life on earth.

The "short stories" given here are from *Primeiras Estórias*.
They are two of the most concise, artistic, and ethical expressions of the author's contribution to the literature of Brazil.
In more marked degree than any of the other *contos* included
in the present collection, they illustrate the essential impossi-
bility of translation from one language to another, and perhaps

help to explain why the international literary world has been slow in recognizing the artistic stature of Guimarães Rosa, despite the numerous translations of his works into several languages. It almost goes without saying, therefore, that the beginning reader should concentrate his attention upon the direct perception of the literary offering before him.

SOROCO, SUA MÃE, SUA FILHA

Aquele carro parara na linha de resguardo, desde a véspera,
tinha vindo com o expresso do Rio, e estava lá, no desvio de
dentro, na esplanada da estação. Não era um vagão comum de
passageiros, de primeira, só que mais vistoso, todo novo. A
gente reparando, notava as diferenças. Assim repartido em
dois, num dos cômodos as janelas sendo de grades, feito as de
cadeia, para os presos. A gente sabia que, com pouco, ele ia
rodar de volta, atrelado ao expresso daí de baixo, fazendo
parte da composição. Ia servir para levar duas mulheres, para
longe, para sempre. O trem do sertão passava às 12h45m.
As muitas pessoas já estavam de ajuntamento, em beira do
carro, para esperar. As pessoas não queriam poder ficar se
entristecendo, conversavam, cada um porfiando no falar com
sensatez, como sabendo mais do que os outros a prática do
acontecer das coisas. Sempre chegava mais povo--o movimento.
Aquilo quase no fim da esplanada, do lado do curral de em-
barque de bois, antes da guarita do guarda-chaves, perto dos
empilhados de lenha. Soroco ia trazer as duas, conforme. A
mãe de Soroco era de idade, com para mais de uns setenta. A
filha, ele só tinha aquela. Soroco era viúvo. Afora essas,
não se conhecia dele o parente nenhum.[1]
A hora era de muito sol--o povo caçava jeito de ficarem
debaixo da sombra das árvores de cedro. O carro lembrava
um canoão no seco, navio. A gente olhava: nas reluzências
do ar, parecia que ele estava torto, que nas pontas se
empinava. O borco bojudo[2] do telhadilho dele alumiava em
preto. Parecia coisa de invento de muita distância, sem
piedade nenhuma, e que a gente não pudesse imaginar direito
nem se acostumar de ver, e não sendo de ninguém. Para
onde ia, no levar as mulheres, era para um lugar chamado
Barbacena,[3] longe. Para o pobre, os lugares são mais longe.
O Agente da estação apareceu, fardado de amarelo, com o
livro de capa preta e as bandeirinhas verde e vermelha debaixo
do braco.--"Vai ver se botaram água fresca no carro..."--ele
mandou. Depois, o guarda-freios andou mexendo nas

mangueiras de engate. Alguém deu aviso:--"*Eles vêm!*..."
Apontavam, da Rua de Baixo, onde morava Soroco. Ele era
um homenzão, brutalhudo de corpo, com a cara grande, uma
barba, fiosa, encardida em amarelo, e uns pés, com alpercatas:
as crianças tomavam medo dele; mais, da voz, que era quase
pouca, grossa, que em seguida se afinava. Vinham vindo,
com o trazer de comitiva.

Aí, paravam. A filha--a moça--tinha pegado a cantar, levantando os braços, a cantiga não vigorava certa, nem no tom nem
no se-dizer das palavras--o nenhum. A moça punha os olhos
no alto, que nem[4] os santos e os espantados, vinha enfeitada
de disparates, num aspecto de admiração. Assim com panos e
papéis, de diversas cores, uma carapuça em cima dos espalhados
cabelos, e enfunada em tantas roupas ainda de mais misturas,
tiras e faixas, dependuradas--virundangas:[5] matéria de
maluco. A velha só estava de preto, com um fichu preto, ela
batia com a cabeça, nos docementes. Sem tanto que diferentes,
elas se assemelhavam.

Soroco estava dando o braço a elas, uma de cada lado. Em
mentira, parecia entrada em igreja, num casório. Era uma
tristeza. Parecia enterro. Todos ficavam de parte, a chusma
de gente não querendo afirmar as vistas, por causa daqueles
trasmodos e despropósitos, de fazer risos, e por conta de
Soroco--para não parecer pouco caso. Ele hoje estava calçado
de botinas, e de paletó, com chapéu grande, botara sua roupa
melhor, os maltrapos. E estava reportado e atalhado, humildoso.
Todos diziam a ele seus respeitos, de dó. Ele respondia:--
"*Deus vos pague essa despesa...*"

O que os outros se diziam: que Soroco tinha tido muita
paciência. Sendo que não ia sentir falta dessas transtornadas
pobrezinhas, era até um alívio. Isso não tinha cura, elas não
iam voltar, nunca mais. De antes, Soroco agüentara de
repassar tantas desgraças, de morar com as duas, pelejava.
Daí, com os anos, elas pioraram, ele não dava mais conta, teve
de chamar ajuda, que foi preciso. Tiveram que olhar em
socorro dele, determinar de dar as providências, de mercê.
Quem pagava tudo era o Governo, que tinha mandado o carro.
Por forma que, por força disso, agora iam remir com as duas,
em hospícios. O se seguir.

De repente, a velha se desapareceu do braço de Soroco, foi
se sentar no degrau da escadinha do carro.--"*Ela não faz nada,
seo Agente...*"--a voz de Soroco estava muito branda:--"*Ela
não acode, quando a gente chama...*" A moça, aí, tornou a
cantar, virada para o povo, o ao ar, a cara dela era um
repouso estatelado, não queria dar-se em espetáculo, mas
representava de outroras grandezas, impossíveis. Mas a gente
viu a velha olhar para ela, com um encanto de pressentimento
muito antigo--um amor extremoso. E, principiando baixinho,
mas depois puxando pela voz, ela pegou a cantar, também,
tomando o exemplo, a cantiga mesma da outra, que ninguém não
entendia. Agora elas cantavam junto, nao paravam de cantar.

Aí que já estava chegando a horinha do trem, tinham de dar
fim aos aprestes, fazer as duas entrar para o carro de janelas
enxequetadas de grades. Assim, num consumiço, sem despedida
nenhuma, que elas nem haviam de poder entender. Nessa dili-
gência, os que iam com elas, por bem-fazer, na viagem comprida,
eram o Nenego, despachado e animoso, e o José Abençoado,
pessoa de muita cautela, estes serviam para ter mão nelas, em
toda juntura. E subiam também no carro uns rapazinhos,
carregando as trouxas e malas, e as coisas de comer, muitas,
que não iam fazer míngua, os embrulhos de pão. Por derra-
deiro, o Nenego ainda se apareceu na plataforma, para os
gestos de que tudo ia em ordem. Elas não haviam de dar
trabalhos.

Agora, mesmo, a gente só escutava era o acorçôo do canto,
das duas, aquela chirimia,[7] que avocava: que era um constado
de enormes diversidades desta vida, que podiam doer na gente,
sem jurisprudência de motivo nem lugar, nenhum, mas pelo
antes, pelo depois.

Soroco.

Tomara aquilo se acabasse. O trem chegando, a máquina
manobrando sozinha para vir pegar o carro. O trem apitou,
e passou, se foi, o de sempre.

Soroco não esperou tudo se sumir. Nem olhou. Só ficou de
chapéu na mão, mais de barba quadrada, surdo--o que nele
mais espantava. O triste do homem, lá decretado, embargando-
se de poder falar algumas suas palavras. Ao sofrer o assim
das coisas, ele, no oco sem beiras, debaixo do peso, sem queixa,
exemploso. E lhe falaram:--"O mundo está dessa forma..."
Todos, no arregalado respeito, tinham as vistas neblinadas.
De repente, todos gostavam demais de Soroco.

Ele se sacudiu, de um jeito arrebentado, desacontecido, e
virou, pra ir-s'embora.[8] Estava voltando para casa, como se
estivesse indo para longe, fora de conta.

Mas, parou. Em tanto que se esquisitou, parecia que ia
perder o de si, parar de ser. Assim num excesso de espírito,
fora de sentido. E foi o que não se podia prevenir: quem ia
fazer siso naquilo? Num rompido--ele começou a cantar, alteado,
forte, mas sozinho para si--e era a cantiga, mesma, de desatino,
que as duas tanto tinham cantado. Cantava continuando.

A gente se esfriou, se afundou--um instantâneo. A gente...
E foi sem combinação, nem ninguém entendia o que se fizesse:
todos, de uma vez, de dó do Soroco, principiaram também a
acompanhar aquele canto sem razão. E com as vozes tão altas!
Todos caminhando, com ele, Soroco, e canta que cantando,[9]
atrás dele, os mais de detrás quase que corriam, ninguém
deixasse de cantar. Foi o de não sair mais da memória. Foi
um caso sem comparação.

A gente estava levando agora o Soroco para a casa dele, de
verdade. A gente, com ele, ia até aonde que ia aquela cantiga.

NOTES

1. *o parente nenhum:* The use of the article *o* gives *parente nenhum* the force of an abstract noun, thereby intensifying its meaning--in this case, the utter aloneness of Soroco. This is one of many examples to be found in the *contos* of Guimarães Rosa of his creative enhancement of expression in the Portuguese language.

2. *borco bojudo:* "upside-down potbelly" is a close approximation of the meaning intended.

3. *Barbacena:* a city in Minas Gerais.

4. *que nem:* just like, even more so than.

5. *virundangas:* a word created by Guimarães Rosa. It suggests the gyrating movement signified by the verb *virar* and, distantly, the *balangandã*, an ornamental silver buckle, with amulets and trinkets attached, worn on feast days by women in Bahia.

6. *Aí que:* And now.

7. *Chirimia:* a regional corruption of *chorumela*, a word meaning "a provincial band of musicians."

8. *pra ir-s'embora = para ir-se embora.*

9. *canta que cantando:* singing and singing.

TEMÁRIO

1. A mensagem ética do conto.
2. Escolher algumas peculiaridades lingüísticas e comentar-
lhes o valor significativo.

A TERCEIRA MARGEM DO RIO

Nosso Pai era homem cumpridor, ordeiro, positivo; e sido
assim desde mocinho e menino, pelo que testemunharam as
diversas sensatas pessoas, quando indaguei a informação. Do
que eu mesmo me alembro, ele não figurava mais estúrdio nem
mais triste do que os outros, conhecidos nossos. Só quieto.
Nossa mãe era quem regia, e que ralhava no diário com a
gente--minha irmã, meu irmao e eu. Mas se deu que, certo
dia, nosso pai mandou fazer para si uma canoa.
   Era a sério. Encomendou a canoa especial, de pau de
vinhático, pequena, mal com a tabuinha da popa, como para
caber justo o remador. Mas teve de ser toda fabricada,
escolhida forte e arqueada em rijo, própria para dever durar
na água por uns vinte ou trinta anos. Nossa mãe jurou muito
contra a idéia. Seria que, ele, que nessas artes não vadiava,
se ia propor agora para pescarias e caçadas? Nosso pai nada
não dizia. Nossa casa, no tempo, ainda era mais próxima do
rio, obra de nem quarto de légua: o rio por aí se estendendo
grande, fundo, calado que sempre. Largo, de não se poder
ver a forma da outra beira. E esquecer nao posso, do dia em
que a canoa ficou pronta.
   Sem alegria nem cuidado, nosso pai encalcou o chapéu e
decidiu um adeus para a gente. Nem falou outras palavras,
não pegou matula e trouxa, não fez a alguma recomendação.
Nossa mãe, a gente achou que ela ia esbravejar, mas persistiu
somente alva de pálida, mascou o beiço e bramou:--"Ce vai,
ocê fique, você nunca volte!" Nosso pai suspendeu a resposta.
Espiou manso para mim, me acenando de vir também, por uns
passos. Temi a ira de nossa mãe, mas obedeci, de vez de jeito.
O rumo daquilo me animava, chega que um propósito perguntei:
--"Pai, o senhor me leva junto, nessa sua canoa?" Éle só
retornou o olhar em mim, e me botou a bênção, com gesto me
mandando para trás. Fiz que vim, mas ainda virei, na grota
do mato, para saber. Nosso pai entrou na canoa e desamarrou,
pelo remar. E a canoa saiu se indo--a sombra dela por igual,
feito um jacaré, comprida longa.

61

Nosso pai não voltou. Ele não tinha ido a nenhuma parte.
Só executava a invenção de se permanecer naqueles espaços
do rio, de meio a meio, sempre dentro da canoa, para dela
não saltar, nunca mais. A estranheza dessa verdade deu para
estarrecer de todo a gente. Aquilo que não havia, acontecia.
Os parentes, vizinhos e conhecidos nossos, se reuniram,
tomaram juntamente conselho.

Nossa mãe, vergonhosa, se portou com muita cordura; por
isso, todos pensaram de nosso pai a razão em que não queriam
falar: doideira. Só uns achavam o entanto de poder também
ser pagamento de promessa; ou que, nosso pai, quem sabe,
por escrúpulo de estar com alguma feia doença, que seja, a
lepra, se desertava para outra sina de existir, perto e longe
de sua família dele. As vozes das notícias se dando pelas
certas pessoas--passadores, moradores das beiras, até do
afastado da outra banda--descrevendo que nosso pai nunca se
surgia a tomar terra, em ponto nem canto, de dia nem de
noite, da forma como cursava no rio, solto solitariamente.
Então, pois, nossa mãe e os aparentados nossos, assentaram:
que o mantimento que tivesse, ocultado na canoa, se gastava;
e, ele, ou desembarcava e viajava s'embora, para jamais, o
que ao menos se condizia mais correto, ou se arrependia, por
uma vez, para casa.

No que num engano. Eu mesmo cumpria de trazer para ele,
cada dia, um tanto de comida furtada: a idéia que senti, logo
na primeira noite, quando o pessoal nosso experimentou de
acender fogueiras em beirada do rio, enquanto que, no
alumiado delas, se rezava e se chamava. Depois, no seguinte,
apareci, com rapadura, broa de pão, cacho de bananas.
Enxerguei nosso pai, no enfim de uma hora, tão custosa para
sobrevir: só assim, ele no ao-longe, sentado no fundo da
canoa, suspendida no liso do rio. Me viu, não remou para cá,
não fez sinal. Mostrei o de comer, depositei num oco de pedra
do barranco, a salvo de bicho mexer e a seco de chuva e
orvalho. Isso, que fiz, e refiz, sempre, tempos a fora.
Surpresa que mais tarde tive: que nossa mãe sabia desse meu
encargo, só se encobrindo de não saber; ela mesma deixava,
facilitado, sobra de coisas, para o meu conseguir. Nossa mãe
muito não se demonstrava.

Mandou vir o tio nosso, irmão dela, para auxiliar na fazenda
e nos negócios. Mandou vir o mestre, para nós, os meninos.
Incumbiu ao padre que um dia se revestisse, em praia de
margem, para esconjurar e clamar a nosso pai o dever de
desistir da tristonha teima. De outra, por arranjo dela, para
medo, vieram os dois soldados. Tudo o que não valeu de
nada. Nosso pai passava ao largo, avistado ou diluso, cruzando
na canoa, sem deixar ninguém se chegar à pega ou à fala.
Mesmo quando foi, não faz muito, dos homens do jornal, que
trouxeram a lancha e tencionavam tirar retrato dele, não
venceram: nosso pai se desaparecia para a outra banda,

aproava a canoa no brejão, de léguas, que há, por entre
juncos e mato, e só ele conhecesse, a palmos, a escuridão
daquele.
A gente teve de se acostumar com aquilo. Às penas, que,
com aquilo, a gente mesmo nunca se acostumou, em si, na
verdade. Tiro por mim, que, no que queria, e no que não
queria, só com nosso pai me achava: assunto que jogava para
trás meus pensamentos. O severo que era, de não se entender,
de maneira nenhuma, como ele agüentava. De dia e de noite,
com sol ou aguaceiros, calor, sereno, e nas friagens terríveis
de meio-do-ano, sem arrumo, só com o chapéu velho na cabeça,
por todas as semanas, e meses, e os anos--sem fazer conta do
se-ir do viver. Não pojava em nenhuma das duas beiras, nem
nas ilhas e croas do rio, não pisou mais em chão nem capim.
Por certo, ao menos, que, para dormir seu tanto, ele fizesse
amarração da canoa, em alguma ponta-de-ilha, no esconso.
Mas não armava um foguinho em praia, nem dispunha de sua
luz feita, nunca mais riscou um fósforo. O que consumia de
comer, era só um quase;[1] mesmo do que a gente depositava, no
entre as raízes da gameleira, ou na lapinha de pedra do
barranco, ele recolhia pouco, nem o bastável. Não adoecia?
E a constante força dos braços, para ter tento na canoa,
resistido, mesmo na demasia das enchentes, no subimento, aí
quando no lanço da correnteza enorme do rio tudo rola o
perigoso, aqueles corpos de bichos mortos e paus-de-árvore
descendo--de espanto de esbarro. E nunca falou mais palavra,
com pessoa alguma. Nós, também, não falávamos mais nele.
Só se pensava. Não, de nosso pai não se podia ter esquecimento; e, se, por um pouco, a gente fazia que esquecia, era
só para se despertar de novo, de repente, com a memória, no
passo de outros sobressaltos.
Minha irmã se casou; nossa mãe não quis festa. A gente
imaginava nele, quando se comia uma comida mais gostosa;
assim como, no gasalhado da noite, no desamparo dessas noites
de muita chuva, fria, forte, nosso pai só com a mão e uma
cabaça para ir esvaziando a canoa da água do temporal. Às
vezes, algum conhecido nosso achava que eu ia ficando mais
parecido com nosso pai. Mas eu sabia que ele agora virara
cabeludo, barbudo, de unhas grandes, mal e magro, ficado
preto de sol e dos pelos, com o aspecto de bicho, conforme
quase nu, mesmo dispondo das peças de roupas que a gente
de tempos em tempos fornecia.
Nem queria saber de nós; não tinha afeto? Mas, por afeto
mesmo, de respeito, sempre que às vezes me louvavam, por
causa de algum meu bom procedimento, eu falava:--"Foi pai
que um dia me ensinou a fazer assim...";￼ o que não era o
certo, exato; mas, que era mentira por verdade. Sendo que,
se ele não se lembrava mais, nem queria saber da gente, por
que, então, não subia ou descia o rio, para outras paragens,
longe, no não-encontrável? Só ele soubesse.[2] Mas minha
irmã teve menino, ela mesma entestou que queria mostrar para

ele o neto. Viemos, todos, no barranço, foi num dia bonito, minha irmã de vestido branco, que tinha sido o do casamento, ela erguia nos braços a criancinha, o marido dela segurou, para defender os dois, o guarda-sol. A gente chamou, esperou. Nosso pai não apareceu. Minha irmã chorou, nós todos aí choramos, abraçados.

Minha irmã se mudou, com o marido, para longe daqui. Meu irmão resolveu e se foi, para uma cidade. Os tempos mudavam, no devagar depressa dos tempos. Nossa mãe terminou indo também, de uma vez, residir com minha irmã, ela estava envelhecida. Eu fiquei aqui, de resto. Eu nunca podia querer me casar. Eu permaneci, com as bagagens da vida. Nosso pai carecia de mim, eu sei--na vagação, no rio no ermo--sem dar razão de seu feito. Seja que,³ quando eu quis mesmo saber, e firme indaguei, me diz-que-disseram: que constava que nosso pai, alguma vez, tivesse revelado a explicação, ao homem que para ele aprontara a canoa. Mas, agora, esse homem já tinha morrido, ninguém soubesse, fizesse recordação, de nada, mais. Só as falsas conversas, sem senso, como por ocasião, no começo, na vinda das primeiras cheias do rio, com chuvas que não estiavam, todos temeram o fim-do-mundo, diziam: que nosso pai fosse o avisado que nem Noé, que, por tanto, a canoa ele tinha antecipado; pois agora me entrelembro. Meu pai, eu não podia malsinar. E apontavam já em mim uns primeiros cabelos brancos.

Sou homem de tristes palavras. De que era que eu tinha tanta, tanta culpa? Se o meu pai, sempre fazendo ausência: e o rio-rio-rio, o rio--pondo perpétuo. Eu sofria já o começo de velhice--esta vida era só o demoramento. Eu mesmo tinha achaques, ânsias, cá de baixo, cansaços, perrenguice de reumatismo.⁴ E ele? Por quê? Devia de padecer demais. De tão idoso, não ia, mais dia menos dia, fraquejar do vigor, deixar que a canoa emborcasse, ou que bubuiasse sem pulso, na levada do rio, para se despenhar horas abaixo, em tororoma e no tombo da cachoeira, brava, com o fervimento e morte. Apertava o coração. Ele estava lá, sem a minha tranqüilidade. Sou o culpado do que nem sei, de dor em aberto, no meu foro. Soubesse--se as coisas fossem outras. E fui tomando idéia.

Sem fazer véspera. Sou doido? Não. Na nossa casa, a palavra doido não se falava, nunca mais se falou, os anos todos, não se condenava ninguém de doido. Ninguém é doido. Ou, então, todos. Só fiz, que fui lá. Com um lenço, para o aceno ser mais. Eu estava muito no meu sentido. Esperei. Ao por fim, ele apareceu, aí e lá, o vulto. Estava ali, sentado à popa. Estava ali, de grito. Chamei, umas quantas vezes. E falei, o que me urgia, jurado e declarado, tive que reforçar a voz:--"Pai, o senhor está velho, já fez o seu tanto... Agora, o senhor vem, não carece mais... O senhor vem, e eu, agora mesmo, quando que seja, a ambas vontades, eu tomo o seu lugar, do senhor, na canoa!..." E, assim dizendo, meu coração bateu no compasso do mais certo.

Ele me escutou. Ficou em pé. Manejou remo n'água, proava
para cá, concordado. E eu tremi, profundo, de repente:
porque, antes, ele tinha levantado o braço e feito um saudar
de gesto--o primeiro, depois de tamanhos anos decorridos! E
eu não podia... Por pavor, arrepiados os cabelos, corri, fugi,
me tirei de lá, num procedimento desatinado. Porquanto que
ele me pareceu vir: da parte de além. E estou pedindo,
pedindo, pedindo um perdão.

Sofri o grave frio dos medos, adoeci. Sei que ninguém
soube mais dele. Sou homem, depois desse falimento? Sou o
que não foi, o que vai ficar calado. Sei que agora é tarde,
e temo abreviar com a vida, nos rasos do mundo. Mas, então,
ao menos, que, no artigo da morte, peguem em mim, e me
depositem também numa canoinha de nada, nessa água, que não
pára, de longas beiras: e, eu, rio abaixo, rio a fora, rio a
dentro--o rio.

NOTES

1. *quase:* the word is here used as a noun.
2. *soubesse:* suggested here is the ellipsis of the adverb
talvez (= "perhaps"), which is normally followed by the subjunctive.
3. *Seja que = Digamos que.*
4. *perrenguice de reumatismo:* attacks of rheumatism.

O

1. O significado do título do conto.
2. A luta dentro da alma do narrador para seguir a vida do pai.
3. Modos contemporâneos de melhorar a vida fugindo do mundo.

5

DINAH SILVEIRA DE QUEIROZ

The most prominent member of a family of writers, Dinah
Silveira de Queiroz (1910) was born and educated in São Paulo.
Her first novel (*Floradas na Serra*, 1939) was an emotionally
conceived work dealing with life in the tuberculosis sanitariums
of nearby Campos de Jordão. It has enjoyed a wide and last-
ing success, as is evidenced by its numerous editions and its
adaptation to the screen. Her second novel (*Margarida
LaRoque*, 1950) was an admirable treatment of human anguish
and degradation brought on by loneliness and jealousy, set in
the period of the great discoveries. She subsequently turned
to the fictionalization of her country's history (*A Muralha*,
1954; *Os Invasores*, 1965), and to the creation of science fiction, of which she virtually was the initiator in Brazil (*Eles
Herdarão a Terra*, 1960). Meanwhile, her collection of *contos*,
As Noites do Morro do Encanto (1957), served to enhance the
status she had already achieved as a writer of short fiction
by the publication of *A Sereia Verde* (1940). All this was in
addition to her charming stories for children, *As Aventuras do
Homem Vegetal* (1951) and *Era Uma Vez Uma Princesa...*
(1960). She has also written for the theatre, and has further
enlarged her literary scope by two important series of *crônicas*
sent to the Brazilian press from the Soviet Union (1962-1964)
and Italy (1966-1968), where she accompanied her husband on
his diplomatic assignments. In *Verão de Infiéis* (1968), a
novel having the tragic 1966 inundation of Rio de Janeiro as
background, she has revealed a new mastery of the genre by
her penetrating objectivity and her direct, concise style.

The literary production of Senhora Queiroz has been awarded
the *Prêmio Machado de Assis* by the Brazilian Academy of
Letters, among several other prizes.

"Nosso Amor" was first published in the Luso-Brazilian
literary periodical *Atlântico*. It is a poignantly refreshing
example of post-romantic fictional writing in our time.

NOSSO AMOR

Não foi por espirito de abnegação que me dispus a ir para casa de Jandira. Meus dezoito anos não me traziam as chaves de um mundo perturbador e maravilhoso. O que eu tinha diante de mim eram as rusgas entre uma familia empobrecida e a miserável vida num hotelzinho do interior. Havia o eterno ruido dos trens, a eterna sujeira dos hóspedes e o eterno murmurar de minha mãe--rebaixada da sua condição social por desgraças sucessivas. No meio delas avultava, aos olhos de minha gente, o caso de Jandira, única irmã de meu pai, como uma grande catástrofe.

Jandira, que, ao contrário do irmão, fora prudente com a herança recebida--que não era pequena--e mantinha em relação ao irmão empobrecido uma certa atitude solícita para as suas maiores dificuldades, Jandira, a plácida, a organizada, a então prudente solteirona--enamorara-se perdidamente numa viagem a Santos.[1]

Cansei-me de ouvir falar no ridículo namoro, na vergonha que representava para nós o casamento de Jandira, vinte anos mais velha que o marido. Meu pai escrevera, então, cartas, onde repontava o grande ódio ao eleito do coração da irmã. O resultado foi que Jandira rompeu com a família e casou sem maiores satisfações. Mudou-se para S. Paulo[2] e nunca mais--havia dois anos que casara--demonstrou interesse por nós. Mas, um dia minha mãe recebe uma carta de Malvina, velha empregada de Jandira, com uma espécie de pedido de socorro:

"A patroa estava muito doente, à morte, mesmo, segundo diziam os médicos, e se sentia muito só, pois o patrão estava em Santos havia meses, e não se sabia quando voltaria..."

--Ah, eu estava prevendo, gritou meu Pai ao receber a notícia.--Eu sabia!--Aquele patife!... Aquele miserável!...

Enquanto duravam as explosões, formei meus planos. Não me custaria trocar a minha casa, que não era para mim propriamente um lar, por um pouco de companhia à velha. Talvez ela não durasse muito, mesmo. Talvez... e rapidamente imaginei uma cena em que interviria um tabelião...

Cheguei à tarde e encontrei minha tia deitada numa
espreguiçadeira, no terraço. A casa era um pequeno e
florido bungalow, meticulosamente cuidado e enfeitado, que
refletia bem o gosto da dona. Jandira deixara de ser a criatura neutra, de gostos neutros, e, com a chegada tardia do
amor, fizera-se terrivelmente faceira. Mal reconheci minha tia
naquela mulher exangue e pintada, naquela pobre velha
ingenuamente mascarada, que saía, como uma criatura de vida
duvidosa, de um montão de gazes e de rendas.

Jandira ficou comovida com a minha chegada.

--Sente-se, Laurinha, deixe-me olhar bem para você...
Como você está bonita. É uma moça... uma mulher...

--A senhora, disse desajeitada, também está... bem disposta.

--Não, minha filha. Eu sei que estou abatida. A operação
quase me matou.--E como uma adolescente que não pode passar
cinco minutos sem dizer uma palavra sobre seu amor:--E a
falta de Jorge também... A falta dele me põe quase louca...
Olha, meu bem, você decerto está preparada contra ele, mas...

Vi Jandira chorar. Causava-me pena, de repente. De longe
o seu caso amoroso se me afigurava mais uma farsa. Mas agora,
sentia naquela pobre faceirice, naquela atroz luta contra a
destruição, um desses sentimentos tão sérios e profundos que
vão além do ridículo.

--Jorge não é mau, disse-me ela por fim. É genioso. Nós
todos da nossa família somos incapazes de compreender
naturezas como as dele... Ele é um artista, minha filha. Só
vê a beleza, só quer da vida o que a vida tem de belo...

E Jandira levou a mão manchada de escuro, de unhas
vermelhas e longas, cheias de anéis, à altura do estômago.
Mordeu a boca murcha, escarlate, e ia continuar a falar sobre
Jorge quando eu lhe pedi que parasse. Ia piorar, disse-lhe.
Tivesse cuidado.

Ela ficou silenciosa uns segundos, como se estivesse,
subitamente, esquecida de mim, flutuando num sonho. Depois
puxou uma medalha de esmalte pendente de uma correntinha de
platina e pérolas. Havia um retrato de homem, ali. Ela viu
que eu o examinava com curiosidade e me olhou, de súbito,
com um olhar de que nunca me esquecerei. Revelava orgulho,
revelava...

Quando Jandira começou a cochilar Malvina chamou-me para
tomar café e conversar. Estava ansiosa por um desabafo.
Enxugando, para esconder a emoção, com grande energia, uma
terrina de louça há muito já completamente seca, ela me disse:

--Estava doida para que chegasse alguém da família. O
doutor disse que o que ela tem... é um (lá nela) tumor...
Abriram e fecharam só, quando fizeram a operação. Ela não
fica boa nunca mais...

A criada fungou, vermelha e decidida na limpeza da terrina.

--Porque você não chama o Jorge?

--Deus me livre que a Dona Jandira saiba que eu contei:
Mas eu já escrevi muitas vezes. E ela também, coitada, não
merece a sorte que tem. Ela escreve cade carta[3] de cortar o
coração da gente... O patrão ficou zangado por causa de um
negócio... Olhe eu não sei, direito, não. Mas eu acho que
era questão de dívidas... ele tinha uma dívida e a patroa não
queria... que ele pagasse... A senhora é capaz de pensar
mal dele... O Dr. Jorge é bonzinho, mesmo. Mas dói na
gente ver a Dona Jandira esperar o marido todo o dia... A
senhora não reparou como ela está bem vestida?
    --Reparei, Malvina, reparei...
    Passei uns dias tranqüilos antes de Jandira começar a ter
dores violentas. Gostava da casinha tão confortável e limpa,
dos livros que Jorge deixara na estante anotados--nervosa-
mente--da tranqüilidade da rua, do jardinzinho florido.
Gostava de tudo, até de minha tia. Era uma doente romântica,
cheia de confidências, muito perfumada e que não levantava a
voz nem exigia coisa alguma. Compreendia o irmão e ma fazia
sentir isso. Estava inclinada a uma atitude de esquecimento em
relação a todos. Às vezes eu tinha a impressão de que Jorge
era, realmente, a única criatura no mundo para ela. Que as
próprias confidências que me fazia não exprimiam senão o seu
imenso e incontido amor por ele, e não uma ternura especial
por mim.
    Tratei de conquistar minha tia. Junto à idéia da herança
surgia agora um novo interesse por essa pobre abandonada,
sentimento que eu mesma não sabia traduzir. Enquanto
Jandira repousava num divã da sala, tocava para ela todas as
músicas que Jorge deixara. E ela, invariavelmente, intervinha
na execução:
    --Toque mais devagar, agora... Ele aí tocava mais devagar...
    De manhã levava-lhe--preparava-lhe essa alegria aconselhada
por Malvina--ramos de flores frescas de orvalho para o seu
quarto. E a todo o momento falava em Jorge, para seu prazer.

    Uma vez--já havia um mês que estava com Jandira--ela
chamou-me com certa gravidade desconhecida.
    --Laurinha, você... que idéia você fazia... que idéia você
faz... do meu casamento?
    Balbuciei qualquer coisa e ela compreendeu o meu enleio.
    --Minha filha, disse-me com calma. Creio que não darei a
seu pai o prazer que ele tanto espera. Não me arrependi do
meu casamento e nunca me arrependerei... nem que Jorge não
volte mais. Laurinha--se tiver um dia um amor na vida--
agarre-o, agarre-o bem. Você então ficará sabendo o que é
alegria.--Sua fala, cansada, tinha pequenas pausas--E triste
que eu tenha ficado...--riu, e a face magríssima encolheu-se
toda--como uma «bela adormecida» até... tão tarde. Mas...
se dormi muito, muito lucrei ao acordar...
    Jandira fechou os olhos cansada. Reabriu-os.

--...Acordei justamente quando vi aquele rapaz tão
desarvorado... tão só... querendo morrer, falando em
morrer...
--Foi em Santos, não foi?
--Foi. Ele estava passando por uma crise terrível. Tinha
um emprego que lhe dava o estritamente necessário para viver.
Um emprego que não era para ele. Passava as noites traba-
lhando em jornais e ganhava uma miséria. Tinha talento.
Conhecia tudo. Música, literatura, teatro... Coitadinho.
Precisava de alguém que o ajudasse... O dinheiro não o
atraía--isso é difícil de explicar--mas a vulgaridade da vida
no meio da pobreza o matava... Ele que ama tanto a beleza...
Pensei em mim de repente. Eu também...
--...Ajudei-o. Ele ficou outro. Largou aquelas misérias.
Ficou alegre... Queria que você visse como ele é alegre agora.
Uma noite eu estava tocando uma sonata--já dentro do *estilo*
de Jorge--quando Jandira, que se recostava no divã, fez sinal
para que eu parasse. Mudara subitamente de expressão.
Empalidecera por baixo da pintura.
--Chame o médico, disse. Não posso mais. [4]
E começou a gemer baixinho. Depois, enquanto eu atordoada
telefonava ao médico, a doente começou a gritar.
Parece que ainda tenho os seus gritos nos meus ouvidos. A
sua dor devia ser monstruosa, dilacerante.
O médico veio, aplicou morfina. Foi o primeiro dia...

As crises se amiudavam. As injecções sedativas agora eram
usadas freqüentemente. Começaram os sonhos delirantes,
começou a fase da euforia--da lua de mel com a morfina.
--Jorge... Jorge... Jorge...
Eram os sonhos de amor mais exaltados, a loucura ardente
do amor, os beijos mais apaixonados, os mais vibrantes
momentos... "Jorge, meu querido... Jorge... vem com a sua
Dira... Vem, meu amor. Eu vou ficar boa e nós dois vamos
voltar para Santos... Aquele quarto... Jorge... Eu dou
o que você quiser... Eu não posso. Eu quero você... Não
saia de perto, meu amor..."
Segurava-me os braços com força surpreendente nos dedos
descarnados. Olhava-me envolta numa sombria, morna e
impetuosa onda de carinho, que parecia extravasar sobre mim.
Quando me libertava desses fascinantes e trágicos momentos,
corria, trancava-me na sala. Mas já não me acudiam à
memória as músicas que costumava tocar em casa. Tocava as
músicas favoritas de Jorge e, qualquer que fosse a melodia,
parece que subia dela, aos meus ouvidos, o chamado de amor:
Jorge... Jorge... Jorge...

Decidi-me, por fim, a escrever. Fiz e refiz várias cartas.
Acabei resumindo tudo numa em que eu dizia apenas isto:
"Sua mulher está muito doente. Tão doente, que, se vier,
seu sacrifício será breve..."

Mas não tinha esperanças na vinda de Jorge.
Um dia acordei pensando em encaminhar o assunto para
certo ponto. Falar na necessidade que todos têm, mesmo os
que estão com saúde, em, depois de certa idade, fazer um
testamento.
Quando entrei no quarto, ela me perguntou pelas flores--
que eu esquecera naquela manhã.
Fiquei subitamente envergonhada do meu propósito. Fui ao
jardim, juntei alguns cravos vermelhos, levei-os para a doente.

Uma tarde, quando Malvina entrava no quarto com a bandeja
de chá, vi Jandira, com uma súbita energia, semi-erguida do
leito:
--Ele, dizia, meio engasgada, ele...
Percebi que alguém assobiava, no jardim, a sonata que
Jandira mais amava.
--Pelo amor de Deus, não deixe... que ele me veja... assim.
Olhe... como eu estou... amarela...
--Vá receber o Dr. Jorge, disse eu com voz trémula a
Malvina.
Tranquei a porta. Mudei na doente uma camisola de seda,
fiz-lhe o penteado, arrumei-a da melhor maneira.
--Baixe a cortina, disse Jandira. Estou tão pálida que se
vê até com a pintura...
Flutuava no ar um cheiro de água de colônia misturado com
outro, activo, nauseante.
Abri a porta. Jorge entrava.

Ele era, mesmo, alegre. Alegre como são as crianças, mesmo
diante da doença, mesmo nos momentos mais graves.
Foi carinhoso com Jandira, beijou-lhe as mãos, a testa.
Dizia que ela iria ficar boa e que iriam fazer muitos passeios.
Falou-lhe de mil coisas. Ia escrever um romance. Compusera
uma música, em Santos. O romance seria a sua vida. A vida
dele.
--Como você... vai falar de mim?
--Como você é. Boa, carinhosa...
--Quem é esta pequena? Uma das suas sobrinhas?
A doente disse, cansada, algumas palavras amáveis a meu
respeito.
Jorge fingiu ignorar a minha carta.
--Bem, disse por fim. Estou louco de saudade de Malvina.
E foi para a cozinha encomendar o jantar.
Jantámos sozinhos. Antes de jantar eu aplicara uma
injecção na doente. Jandira dormia, encolhidinha, na cama.
Era uma pobre, mirrada, menina-velha. Seu sono era calmo.
Agradeci a Jorge por ter vindo.
--Ora, disse ele. Eu vinha mesmo.
E não disse mais nada. Não se desculpou por não ter vindo
antes.
Foi até ao piano, abriu-o, tocou qualquer coisa. [5]

Fechei a porta, para não acordar Jandira.

--Que vestido engraçado, disse ele. Menina, você não tem nenhuma intuição artística. Fique sabendo que as magras não devem vestir fazenda listada.

Quis ver os meus vestidos, com um interesse engraçado. Abri meu armário. Achou todos sem gosto. E falou com naturalidade. Tinha a impressão que ele reduzia a vida a uma pilhéria.

Foi, nas pontas dos pés, ao quarto de Jandira. Veio com um vestido no braço.

--Vista este, amanhã.

Eu não queria aceitar.

--Deixe... Vista. Eu falo com ela. Que bobagem! Que é que tem isso? Ela não vai mesmo vestir mais...

Saiu depois, e voltou muito tarde, assobiando. Esperei-o no corredor.

--Jorge, por que você fez isso?

--Que é que tem? Ela não estava dormindo? E mudando seu tom alegre:

--Olhe, menina, eu não gosto de perguntas. Jandira sabe.

Jandira piorava. Pedia o escuro,--para que Jorge não a visse. Ficávamos três vozes, três sombras. Era a voz quebrada da doente, o seu queixume, as palavras de amor abafadas pelos gemidos, a voz de Jorge, poderosa e serena, e a minha voz neutra, às vezes um pouco trêmula. A sombra branca do leito da doente. As nossas sombras movediças. A de Jorge passeando pelo quarto. A minha ...

Ai... Levantava-me, sentava-me, e pensava fantasiando: Ele vem. Senta-se a meu lado, no escuro, toma-me a mão...

--Jorge, dizia a voz amorosa, muito baixinho. Jorge, você está aí?

--Estou, querida.

Sentia meu coração doer de esperança. Uma esperança perversa, que subia da miséria daquela cena, para muito alto, muito alto.

Uma noite toquei as músicas dele, como ele *sabia* tocar. Jorge aproximou-se, louvou-me a execução. Depois senti-me levada por uma espécie de delírio. Eu estava intoxicada de amor, eu estava mergulhada naquele carinho que se espalhava como um último e vivo clarão de uma fogueira a meu redor.

Toquei à minha maneira, fantasticamente, desabridamente, numa espécie de desnudamento de alma.

Jorge, quando terminei, estava-me olhando com dureza.

--Você deve sair um pouco desta casa. Você também está ficando mórbida.

Disse com naturalidade. Mandou que Malvina ficasse ao lado da doente. A criada olhava-nos com assombro. Tomou meu braço, imperiosamente, e descemos, pelo jardim, rumo à cidade.

Jorge... devia dizer uma voz no escuro...

Desejei francamente, claramente, que tudo se resolvesse.
Parecia-me que *eu* sofrera, que eu o desejara também, o
chamara seguidamente.
Descíamos, numa noite embranquecida de neblina, para as
luzes que se amontoavam lá em baixo.
Fomos a um cinema. Fomos andando depois. Eu não queria
que o passeio acabasse mais. Existia um mistério naquele
homem e eu o haveria de descobrir. Como me parecia distante
a imagem do vulgar aproveitador!
--A gente faz porque faz, disse ele, respondendo às minhas
perguntas.
Achei que devia casar com Jandira. Casei. Arrependi-me.
Está acabado. A coitada nunca se sentiu velha a meu lado.
Dou-lhe esta grande felicidade.
Era uma explicação? Não, não era.
Não me beijou, como eu esperava, nessa noite.

Amamo-nos, depois, avidamente, com uma loucura impossível
de esconder. Jorge fazia tudo natural. Éramos moços, a vida
estava diante de nós. Malvina substituía-nos cada vez mais,
ao lado da doente.
Uma vez, enquanto Malvina fazia o jantar, sentei-me no divã.
Quanto tempo duraria aquele sofrimento? Quanto tempo Jandira
ainda tinha de vida?
Jorge veio, tomou-me a mão no escuro, beijou-a. Depois,
trémulo, procurou puxar-me para si e seus lábios alcançaram
meu pescoço.
--Jorge... disse um fio de voz. ...Vem aqui. Aqui perto.
Você também, Laurinha...
Levantamo-nos perturbados.
--Hoje quero ver vocês. Acenda a luz, Laurinha.
Acendi.
Era uma múmia que nos fixava. Uma coisa raquítica,
diminuída, retorcida, como uma folha de papel queimado. Uma
velha, muito velha criatura, que, encarquilhando os olhos, nos
examinava... nos examinava...

Tudo parecia um sonho. Vivíamos livres, dentro de casa,
para o nosso amor, enquanto Jandira minguava e morria
lentamente.
Não posso dizer que Jorge me tenha seduzido, que me tenha
envolvido numa trama habilmente engendrada. Era eu que me
lançava em seus braços--como se a paixão de Jandira me tivesse
dado um direito, um passado de amor com ele.
A casa tinha, nos fundos do jardim, um pequeno escritório--
mais um verdadeiro carramanchão florido--onde Jandira depen-
durara coloridas gravuras. Era ali que ficava a mesa de
Jorge, atulhada de papéis e de rascunhos. Havia uma vitrola
--uma velha mas ótima vitrola--com uma esplêndida coleção de
discos. Havia também um grande sofá de fazenda estampada e
cortinas de cassa azul nas janelas difíceis de serem abertas

porque galhos obstinados de trepadeira teimavam em cerrá-las.
Galhos que Jandira não queria ver mutilados.
Vivíamos ali os nossos melhores momentos. Momentos de
febre, que eram como de agonia amorosa para a qual não me
sentia preparada. Felicidade suprema e gloriosa atingida no
ponto mais alto que dá vertigens, justamente porque depois
dela só é possível a descida.
Às vezes, reclinada sobre as almofadas de gosto rococó,
cheias de fitas, saía do meu êxtase e uma voz--que eu mesma
não reconhecia--fazia inúteis e tolas perguntas entrecortadas.
Jorge abraçava-me, então, com firmeza, com doce e ao mesmo
tempo máscula segurança e dizia coisas assim:
--Nós é que estamos certos, Laurinha. Não tenha remorsos.
Nada é mais belo do que isso, nada é mais certo do que isso.--
Nós dois aqui juntos, como estamos agora. E baixava o tom:
...Não se esqueça de que a outra situação é que foi sempre
errada... por culpa minha... mas... embora... sempre foi
errada.
Era verdade. Morresse Jandira, apodrecesse,[6] como estava
apodrecendo, no meio de seus perfumes. Nós devíamos viver.
E em minha boca repontavam palavras de carinho, que, reconhe-
cidas por Jorge, o deixavam, às vezes, liberto daquele estranho
fascínio.

O primeiro "caso" com Malvina foi a propósito de uma bandeja
de chá que Jorge mandou vir para nós no escritório e que a
empregada se recusou a levar.
Depois Malvina negou-se a conversar conosco. Vivia às
voltas com a patroa, dormia a seu lado num tapete, e seus olhos
insones e vermelhos olhavam com desprezo para nós.
Eu passara a servir-me, instigada por Jorge, de quase toda
a roupa de Jandira.
Uma vez, saindo Malvina de seu propósito de não interferir,
quando eu tirava do armário de Jandira uma blusa, arrebatou-a
de minha mão com muda violência.
A doente, que parecia dormitar, balbuciou:
--Deixe... Não faz mal... Esta doença não pega...

Jandira não nos reclamava. Penso que passara a esse estado,
tão vizinho da morte, que o tempo não conta mais. Eu atribuía
isso a que nem ela mesma se apercebesse das nossas ausências,
sempre mais freqüentes.
Certa manhã, fechada na sala com Jorge que corrigia ao piano
uma sua composição, ouvi o grito de Malvina e abri a porta.
Jandira levantara-se em delírio e caminhava para nós. Não
sei se sorria, se a música a estava atraindo, ou se, ao contrário,
vinha a nosso encontro com um esgar de ódio no rosto esca-
veirado. Era impossível saber. Naquela face magríssima
confundia-se toda a expressão, num horroroso encolher de
pele.

Ela chegou, parecia flutuar--ela que não deixava a cama havia tanto tempo...--Ergueu os braços esqueléticos e negros para Jorge--gesto que podia ser de quem se quer lançar num último abraço, como de quem fazer uma derradeira censura, e caiu bamba, fofa, com suas rendas, no meio do chão.

Malvina fez tudo sozinha. Trancou-se com a morta, vestiu-a, ficou velando ao lado dela num mutismo absoluto. Largara quase o serviço da casa e encolhia os ombros para mim num gesto de quem se sente superior. Vieram poucas pessoas ao enterro. Apenas alguns vizinhos e o médico.

O enterro foi pela manhã, à hora em que, antes da chegada de Jorge, eu costumava levar flores à doente. Pensei em fazê-lo, uma última vez. Depois mudei de idéia. Tolhia-me a presença de Malvina com os seus insones, acusadores, olhos vermelhos.

Jorge recebeu pêsames, naturalmente. Estava em atitude discreta, de cabeça baixa.

Pensei que Malvina se fosse, logo depois, mas a criada permanecia em casa em serviços aparentemente inúteis, arrumando velhos papéis, velhos objetos, dando ordem em gavetas, sem que Jorge interviesse.

Havia ainda restos da morta pelo ambiente. Havia o cheiro dos remédios, os perfumes violentos que permaneciam no quarto. Havia ainda o hálito de podridão que resistia a toda a limpeza, ao sol que eu fizera entrar pela janela escancarada.

No meu quarto, as cortinas feitas por Jandira, um *peignoir* dela que eu usava, continuavam a presença da morta. Contava a Jorge a minha vida mesquinha e escura. Sentia-me entorpecida, não pensava no futuro. Achava natural dispor de tudo que fora de Jandira. Amava o homem como a casa, os objetos.

Tivemos--logo a seguir--noites cheias de trovoadas, noites muito quentes, que se abatiam como espessos mantos sobre nós. Várias vezes acordei assustada, tremendo, sem entender aquele pavor. Sentia-me horrivelmente em desamparo.

Mas quando Jorge me beijava, como um milagre, levava-me a sua sólida, real presença para uma região de sonhos exaltados, onde contava muito pouco o homem que estava a meu lado, onde era maior, imensa, a visão que nele estava superposta.

Alguns dias depois, quando saía do banho, ouvi um tamborilar da chuva numa sombrinha e passos rápidos e decididos no jardim.

Corri, de roupão, até a porta da entrada e vi, plantada em minha frente, a figura severa de minha Mãe.

Procurei abraçá-la, mas Mamãe esquivou-se.

--Recebi uma carta de Malvina, disse. E não acrescentou mais nada, nem siquer fez menção de tirar o chapéu e as luvas.

Compreendi que Mamãe me viera buscar. Senti-me subita-
mente diminuída, envergonhada. Agora, na presença de
Mamãe, tudo ficava tão diferente. Como explicar?
Minha Mãe olhou rápida em torno, certificando-se que
estávamos sós.
--De toda essa história... Ao menos... Ao menos você se
garantiu?
Não entendi. Caía um véu branco sobre o meu pensamento.
Mas Mamãe foi inexorável.
--Houve testamento? Sua tia... deixou alguma coisa...
--Não, disse.--E sentia, obscuramente, que teria sido
preferível Mamãe precipitar-se sobre mim raivosa, a dizer
aquilo.
--Estúpida! murmurou entre dentes. Vir para cá,
comprometer-se dessa maneira, a ponto de uma criada dizer o
que disse de você... E nem siquer procurar garantir-se.
Que vergonha! Que vergonha... Cria-se uma filha e é o que
se recebe! Mas não pense que as coisas ficam assim, ah,
não...
Jorge entrou na sala. Devia ter ouvido tudo.
--Que é que há? disse com um tom zombeteiro.
--Há que isso é uma miséria... Que há de pagar por todo
esse mal que nos fez...
--Calma, disse Jorge. Sou viúvo, ela é solteira. Deve
haver um remédio para isso. Gosto de sua filha. Quero casar
com ela... Depois... agora sobram-me recursos.
Minha Mãe repentinamente mudou de tom.
--Ah, eu não sabia... que o senhor...
E entrou a sorrir, sorriso que se transformou num riso de
quem se sente bem, de quem foi aliviada de enorme peso, de
enorme susto.
Jorge riu também. Entraram os dois numa conversa íntima,
risonha e natural, que eu não podia acompanhar... Que eu
estranhava. E no entanto o desfecho nada tinha de irreal.
--Fique, ao menos para almoçar com a gente... disse Jorge
depois de alguns minutos. Que é que nós vamos ter, para o
almoço, heim, Laurinha?
E Jorge me acariciava os ombros, junto de minha Mãe.
Mamãe não ficou. Dir-se-ia que tinha empenho em voltar
correndo para junto de Papai. Levaria a boa-nova. O
casamento resolvia tudo. Era uma situação maravilhosa para
eles... Adeus os maus tempos. Tudo se recomporia. Em
breve, nem mesmo eu me lembraria de Jandira, que errara uma
vez para que todos acertassem.
Jorge entrou para o banheiro e, enquanto eu arrumava a
casa, fazia a barba assoviando a sonata predileta de Jandira.
A chuva deixara de cair. Abrira um sol vivíssimo, que
entrava cruamente, varando a sala toda.
Era, era assim que acabava? Era assim. Devia ser assim.
Todos ficavam contentes. Jandira vivera, amara, sofrera nesta
casa. E que tem isso? Tudo passara. Estava acabado.

Agora era a minha vez. Mas porque esse aperto de coração enquanto atravessava os meus ouvidos o despreocupado assoviar de Jorge?! Por quê? Que é que eu desejava, afinal?

Penso na morta. Talvez ela não me tenha deixado apenas este lar, este homem que a esqueceu.

Talvez comigo, com suas roupas, com todas as suas coisas queridas tenha ficado também alguma coisa mais. Alguma coisa que eu descobri em mim, agora, de repente. Talvez eu tenha, estranhamente, herdado uma alma, a sua alma de velha, a sua grave, romântica alma, que Jorge tanto fez sofrer.

É engraçado como, subitamente, tudo se torna claro para mim. Jorge é uma criança, será sempre uma criança, que há de ferir a mim, como feriu a outra, quando chegar o momento. Não importa que tenha muitos anos mais do que eu, que me ame, como diz amar. Não importa. E um menino para mim. Sinto vertigens, pensando no mal que ele me pode fazer, inconscientemente. Tenho medo. Medo de um dia achar-me suplicando: Jorge... Jorge...

Tenho medo da sua naturalidade, da sua inconseqüência diante da vida. Tenho medo... Desde que sei que vou continuar o caminho de Jandira, desde que vi a felicidade fácil demais.

É um pânico que desce sobre mim. Imagino a expressão de prazer de meu pai ao saber da notícia. E me revolto.

Sinto náuseas. Tenho horror a ficar. Corro a meu quarto. Arrumo depressa a minha pobre bagagem. Visto-me correndo.

Não sei decerto, com muita clareza, como faço e por que o faço. Mas devo fazê-lo. Dói nos meus ouvidos a aguda música que Jandira amava. Saio como uma sombra carregando a maleta.

--É você, Laurinha?

Ouço sua fala perguntar, distinta, clara, mal bulo na porta.

--Vou apanhar flores, digo-lhe para não despertar suspeitas.

Saio para o dia faiscante, para a luz vivíssima.

As lágrimas correm, livremente, por minhas faces.

Mas há um vulto junto ao portão... Malvina... Vai-me denunciar?... Não. Seu rosto espelha triunfo. Deixa-me passar, silenciosa.

Caminho um pouco às cegas. Vou descendo a ladeira. Sei que um dia esse dilacerante sofrimento há de passar. Um dia-- quando o amor de Jandira--nosso pobre e grave amor--tiver passado.

Caminho com uma espécie de heroísmo obscuro. Sei que há de ser longe, naquele miserável hotelzinho, cheio de tumultos, de brigas, que eu hei de encontrar minha alma verdadeira.

Não importa que todos digam que eu faço mal, que estou errada, que sou louca...

As lágrimas correm contra mim mesma. Porque eu me sinto forte e corro, não como uma fugitiva, mas como alguém acudindo a um apelo querido...

NOTES

1. *Santos:* the famous coffee-exporting port of the State of São Paulo.
2. *S. Paulo:* the city of São Paulo, capital of the state of the same name.
3. *cada carta* = *tais cartas.*
4. *Não posso mais:* I can't go on.
5. *qualquer coisa:* something or other.
6. *Morresse Jandira, apodrecesse:* Jandira could (should) die, she should (could) rot.

TEMA

1. O amor de Laurinha: descrição, explicação e crítica.

LEON ELIACHAR

Leon Eliachar (1922), the well-known Brazilian humorist, arrived in his adopted country at a tender young age from Egypt, where he was born. He began his journalistic career when he was 19, and has since extended his artistic talents to the fields of radio, television, and the cinema. His most visible recent activity has been in the form of a weekly column in the influential "last page" of *Manchete*, Brazil's most important magazine (similar to the American magazine *Life*). All of this has established him as one of the most important Brazilian *cronistas* of our time.

The basis of Leon Eliachar's humor, as he himself has told us, is the human being—not as the center of the universe, but as an integral element of society. Humorist and philosopher of the absurd, he was awarded the coveted "Gold Palm" in the Ninth Exposition of International Humor held in Bordighera, Italy in 1956. He has published four eminently successful books, all of them works of humor, and rich in verbal and visual imagination: *O Homem Ao Quadrado, O Homem Ao Cubo, A Mulher em Flagrante*, and *O Homem Ao Zero*, from the fourth edition (1968) of which "O Homem de Marte" is taken. Most recently, he has been occupied with completing a fifth book, *O Homem Ao Mundo*, the result of a six-month journey through Europe.

O HOMEM DE MARTE

Ontem, no psicanalista, encontrei um Homem de Marte.
Estava deitado no divã, com muita dificuldade, as antenas
quase batendo no teto da sala, acendendo e apagando uma
luzinha vermelha no ouvido esquerdo, como se fosse dobrar
uma esquina. O psicanalista me fez sinal pra não me aproximar,
o Homem de Marte tinha complexo de inferioridade e se sentia
completamente deslocado aqui na Terra. Pior, não sabia como
veio parar aqui nem como voltar, pois perdera um parafuso
durante a viagem--fato que o psicanalista verificou logo de
saída,[1] pois só é procurado por quem tem um parafuso a
menos.[2] Fiquei atrás da cortina e vi quando o psicanalista lhe
pediu que relembrasse a sua infância. O Homem de Marte
sorriu e disse que lá era ao contrário: as pessoas nasciam
velhas e depois é que iam ficando pequenas, até desaparecer--
o que era muito mais lógico, pois resolvia o problema chato de
enterrar os mortos. Em Marte--explicou--as pessoas não
morrem: nascem e desnascem.[3] Aquele pobre desajustado
disse então que estava com menos 180 anos de idade--e nem
sequer parecia uma criança. O médico lhe pediu que relembrasse sua velhice e ele respondeu, com muito bom senso, que
não se lembrava de nada, pois naquela época era muito velho
e não tinha memória. Percebi, rapidamente, que era outro
bom senso dos marcianos, pois evitam pensar no passado e no
futuro, uma vez que o futuro é o que vem pra trás. Havia
outras vantagens que ele foi explicando: todos têm vontade
de fazer aniversário, porque "ficam um ano mais moços" e isso
justifica até as comemorações, pois não há vantagem alguma
em se ficar um ano mais velho. Além disso, há a experiência
que o homem tem de ser filho depois de já ter sido pai,
poupando um monte de vexames. Mas a grande vantagem é
que todos se casam com balzacas,[4] que aos poucos vão ficando
brotinhos, evitando aventuras nem sempre bem sucedidas.
O único perigo é se transformar em criança gagá, mas mesmo
assim é melhor que ser velho gagá. Sua noção de bom senso
era tanta que quase me atrevi a perguntar se lá eles já tinham
inventado também o Volkswagen--mas o psicanalista poderia ficar

furioso com a intromissão inteiramente fora de propósito de um
comercial ao vivo pra interromper a sua consulta. Foi então
que pensei nos sapatos. Não ficariam grandes os sapatos dos
marcianos para os seus pés que naturalmente iriam ficando
pequenos? Foi quando o marciano se levantou e agarrou no
colo a televisão portátil que havia na mesinha ao lado e começou
a embalá-la nos braços, como se fosse um filho. O psicanalista
ficou um pouco perturbado e não teve outro remédio senão
pedir à enfermeira uma mamadeira--o pior veio depois: a
televisão tomou tudinho, até a última gota. Não sei por que
canal, uma vez que todos eles mamam[5] muito bem. Só sei que
no fim a televisão deu um arroto tão estranho que o psicanalista
decidiu chamar um técnico e só não conseguiu porque foi
demovido da idéia pelo marciano que, com nova demonstração
de bom senso, disse que as televisões de Marte liquidaram
todos os técnicos--ao contrário do que acontece aqui na Terra,
onde os técnicos destroem as televisões. Lembro-me perfeitamente que eram 11 e 15 em ponto quando este fato se deu,
pois nenhum relógio conferiu com o do outro--detalhe tanto
mais importante quando verifiquei que nenhum de nós tinha
relógio. Contei a outro psicanalista tudo o que se passou
comigo, ele disse que só podia ser um pesadelo. Ora tratando-
se de um psicanalista da mais absoluta confiança, fui correndo
pra casa pra conferir e, de fato, os lençóis estavam remexidos,
mas eu não estava na cama--nem sequer havia dormido em casa
naquela noite. Não é por nada, mas desconfio que tanto o
primeiro como o segundo psicanalistas estão ficando loucos.
Senão não havia motivo algum pra me receberem pendurados
no lustre do consultório.

NOTES

1. *logo de saida:* immediately.
2. *tem um parafuso a menos:* has a screw loose.
3. *desnascem:* become "unborn".
4. *balzacas:* women in the prime of life.
5. *mamam:* a play on the word *mamar*, which means 'to
drink a mother's milk' and, here, 'to swindle'.

TEMA

A crítica social de "O Homem de Marte".

LUIZ VILELA

Luiz Vilela (1943), the youngest star, and clearly one of the
brightest, in the constellation of contemporary Brazilian
contistas, was born in Ituiutaba, Minas Gerais. When he was
15 years old, he went to Belo Horizonte, where he completed
his university studies. By this time he had already begun to
write (at 13), and had published some of his stories in the
newspapers of his native city. At the age of 21, and with
the collaboration of other young *mineiro* writers, he founded
and edited *Estória*, a magazine devoted exclusively to the short
story, and *Texto*, an avant-garde literary journal. He achieved
nationwide literary fame in 1967, when he was awarded the
Prêmio Nacional de Ficção for his *Tremor de Terra*, in a con-
test which included the works of 250 writers--several of them
nationally established figures in the world of fiction. In 1968,
Vilela moved to São Paulo, where he wrote for the *Jornal da
Tarde*, being one of the winners, in the same year, in the
first Concurso Nacional de Contos in Paraná. In 1968, also,
his work appeared in translation in a West German anthology,
Moderne Brasilianische Erzähler, side by side with the world-
famous João Guimarães Rosa and Carlos Drummond de Andrade.
At the end of the same year, he was invited to participate in
the International Writing Program in Iowa City. After a nine-
month stay in the United States, he traveled to various Euro-
pean countries, spending some time in Spain. In 1969, he was
again among the winners in Paraná, in the second Concurso
Nacional de Contos. Since then, he has divided his time between large and small cities in Brazil, having published, to
date--in addition to two new editions of his prize-winning *Tremor
de Terra* (1967, 1972)--four collections of short stories and a
novel: *No Bar* (1968), *Tarde da Noite* (1970), *O Fim de Tudo*
(1973), *Contos Escolhidos* (1978); *Os Novos* (1971).
Vilela's contribution to the short story form consists primarily
of his uncanny mastery of dialogue; it is indeed difficult to

recall any other contemporary Brazilian writer who has employed this technique so effectively in the fictional art of characterization. With it, and within a literary framework devoid of artificiality, he has been capturing a gamut of dramatic moments and events which normally occur--or can occur --in the lives of children and adults of all ages and circumstance.

"As Neves de Outrora" is from *O Fim de Tudo*; "Tarde da Noite" is taken from the earlier collection of the same name.

AS NEVES DE OUTRORA

"Vamos e venhamos",[1] disse minha tia: "que benefícios
trouxe para nós essa porcaria da televisão?"
Embora ela seja uma senhora bastante recatada, às vezes se
deixa levar pela emoção e solta um pouco a língua. Quem a
visse falando assim pensaria em arteriosclerose e talvez tivesse
alguma razão. Mas para mim é exatamente essa uma de suas
melhores qualidades: Tia Natália quando gosta ou não gosta
de alguma coisa não faz segredo disso, ela fala mesmo. E ela
sabia que ao criticar a televisão estava não só indo contra a
maioria das pessoas, e com isso correndo o risco de ser de certo
modo marginalizada, o que na sua idade teria consequências
penosas, mas também o de ser olhada como obscurantista, sau-
dosista e outros adjetivos parecidos que no seu caso não seriam
de modo algum justos: todos sabem que ela foi sempre grande
defensora do progresso, bastando lembrar que foi a primeira
mulher na cidade a possuir e a dirigir automóvel, o que segundo
contam era causa de profundo escândalo. Além disso, foi através
de sua influência que nossa cidade conheceu pela primeira vez o
avião. E assim outras coisas. Acontece apenas que na televisão ela não via nenhum benefício. É evidente que ela exagerava,
e até eu que só ligo televisão para ver futebol, e portanto não
me sinta muito inclinado a defender esse meio de comunicação,
respondi àquela hora que também não era assim, que havia
alguns benefícios.
"Que benefícios?", ela perguntou.
A resposta que estava na minha boca era: "futebol, por
exemplo"--mas pensei que ao invés de contrariar seu ponto-de-
vista essa resposta iria certamente favorecê-lo. Gosto muito de
futebol e acho-o mesmo da maior importância, mas se uma
pessoa--ainda mais uma senhora de certa idade--que detesta
televisão vem e me pergunta que benefícios ela trouxe para a
cidade e eu falo em futebol--vamos e venhamos, como diz minha
tia, não é lá uma resposta muito convincente.
Por isso preferi enrolar qualquer coisa e tornar a dizer que
havia sim alguns benefícios, e aí teci algumas considerações

sobre o tema "o progresso é uma faca de dois gumes",[2] lembrando inclusive que Tio Alarico morrera num desastre de automóvel. Essa alusão, para quem não conhece minha tia, poderia parecer um ato de indelicadeza. Mas não era, o fato já esfriara, já passara à história da família, e a própria Tia Natália, quando se refere a ele o faz sem emoção, pelo menos emoção visível.

E depois, vamos ser justos: se falei em coisas que admiro na minha tia, vou falar agora numa coisa que não admiro: Tia Natália escuta muito mal as pessoas; não por surdez, mas por um defeito de personalidade que o tempo foi cada vez mais agravando. Ela só escuta ela mesma, e o diálogo com ele raramente chega a existir. Daí que minhas considerações sobre o progresso cairam no vácuo de sua inatenção. Mas inatenção não é bem a palavra, pois o curioso é o seguinte: enquanto a gente fala, ela fica em silêncio e quem não a conhece julga que ela está escutando tudo, cada palavra; mas de repente na primeira brecha, ou antes de qualquer brecha, cortando a fala do outro, ela entra com uma frase que nada mais é do que a sequência ou repetição do que ela já falara, e aí a pessoa descobre que todos aqueles minutos ela estivera inteiramente alheia, sem escutar nada.

Tia Natália é assim. Isso é um defeito que me irrita bastante. Desde rapazinho eu notava isso nela, e às vezes, para me divertir, e de certo modo me vingar, no meio da conversa eu falava uma frase que não tinha nada a ver com o assunto, como: "era uma vez um gato pedrês que caiu num buraco e virou três", ou: "glub strock duk lak?"[3]

Isso provocava no máximo um "como?" ou "hem?", ao que eu respondia: "nada não", e o monólogo prosseguia. Confesso meio envergonhado que é uma coisa que mesmo hoje, aos trinta anos e com todo o respeito e carinho que tenho por minha velha tia, de vez em quando torno a fazer; é por causa da irritação que eu falei.

Se não há, como disse, possibilidade de um verdadeiro diálogo, por outro lado, inteligente e observadora como é minha tia, a gente sempre ganha muito em ouvi-la, mesmo na sua idade. Aliás, seu espírito parece não dar a menor bola para o corpo; se esse está cada vez mais sumido, o espírito parece estar cada vez mais vivo, cada vez mais irrequieto. Assim que, naquela visita que lhe fiz--eu estivera alguns anos fora e voltara à minha cidade para passar uns dias--escutei dela muita coisa interessante. Conversamos principalmente sobre as transformações ocorridas na cidade, e como a televisão era com certeza a mais profunda, foi dela que nós mais falamos.

O assunto começou quando contei a Tia Natália uma experiência que eu tivera aqueles dias. Era meu costume, quando chegava à cidade, dar uma voltinha pela rua; encontrava então conhecidos dando também sua volta ou parados à porta de casa "tomando a fresca"--expressão que sem dúvida daqui a uns anos ninguém mais usará, se é que ainda a usam. Mas

dessa vez foi diferente: depois de andar um pouco, comecei
a perceber que eu era o único caminhante naquelas ruas a que
a recente iluminação de acrílico dava um ar de solidão e
irrealidade. Essa observação foi logo seguida de outra: a de
que as pessoas estavam todas em casa--vendo televisão. Depois que percebi isso, prolonguei minha caminhada por outras
ruas, todas praticamente desertas, e ia olhando os interiores
das casas: era a mesma coisa em todas, mal batia o olho e via
o reflexo da televisão. Voltei para casa impressionado.
Mais impressionado ainda fiquei no dia seguinte quando, ao
comemtar com um amigo minha caminhada, ele me olhou muito
sério e disse: "Tome cuidado, hem; está perigoso andar de
noite na rua." Eu respondi que era cedo e por isso não tinha
perigo. Ele: "Você está por fora; esses dias mataram um
sujeito ali na praça e não eram nem nove horas ainda; e só
foram descobrir bem mais tarde." Puxa, pensei, eu sabia que
aquelas coisas existiam em cidades como Nova York, Londres,
Tóquio, mas ali, na minha cidade, naquela mesma praça em que
eu menino ficava correndo com os outros meninos por entre as
árvores e os bancos com namorados, naquelas mesmas ruas
que eu percorria interminavelmente nos meus tormentos e
exaltações da adolescência. "É", eu disse para meu amigo,
"acabou tudo..." "Tudo o quê"?, ele perguntou, não percebendo de que quê eu falava.
Mas minha tia percebeu, porque ela também estava vendo e
sentindo as mesmas coisas. E ficamos os dois a lamentar:
"As pessoas já não fazem mais visitas", disse ela.
"Já não ha mais gente nas ruas e nas praças", eu disse.
"Onde estão aquelas rodas de família e aquelas longas
conversas de antigamente?"
"Où sont les neiges d'antan?"[4]
"Como?"
"As neves de outrora."
"Aquelas conversas em que a gente ficava até tarde e comia
biscoito com café..."
"Aqueles biscoitos de grude", eu disse, "aqueles grandões
que a gente quebrava e comia fazendo barulho; leite com
açúcar queimado; deitar na grama da calçada, os bichinhos
batendo na luz do poste, e a gente conversando sobre doidos
e assombrações; o cheiro de magnólias no jardim, o éu com
tantas estrelas e a lua, a lua..."

NOTES

1. *"Vamos e venhamos"*: "Let's face it."
2. *uma faca de dois gumes*: a double-edged sword.
3. *"glub strock duk lak?"*: a non-sensical expression, of
course.
4. *"Où sont les neiges d'antan?"*: "Where are the snows of
yesteryear?" (A famous quotation from a poem by François
Villon (1431-1463?).)

TEMA

A televisão como progresso e perigo de vários pontos de vista (técnico, sociológico, espiritual, etc.).

TARDE DA NOITE

Um telefone tocava com insistência no sonho--o homem abriu os olhos: não era no sonho. A mulher também acordou, e os dois se olharam.

"Quem será?...", falou a mulher.

"A essa hora..."

O homem virou-se na cama e estendeu o braço para o telefone, na mesinha ao lado. "Alô." Não houve resposta--mas o telefone estava ligado. "Alô", repetiu.

"Pronto", respondeu uma voz de mulher.

"Quem está falando?..."

"Uma mulher." Isso já ficara evidente. "Uma moça", a voz esclareceu melhor.

"Com quem a senhorita deseja falar?...", ele perguntou, e em seguida deu o número de seu telefone.

"O número não importa", falou a voz, "agora eu já disquei. Nem o nome; um nome é apenas um nome."

"Como?..."

"Quem é", perguntou a esposa do homem, erguendo-se nos cotovelos; ele, virando o rosto de lado, falou baixinho para que a voz não saisse no fone: "Sei lá; é uma mulher; uma moça."

"Alô", chamou a voz.

"Pronto."

"Lamento muito, meu senhor, mas você foi o escolhido; a sorte caiu em você."

O homem contraiu o rosto: a sorte?

"A sorte?"

Pensou rapidamente em algum bilhete de loteria ou rifa que tivesse comprado ou alguma aposta que tivesse feito, mas não se lembrou de nada, sua cabeça girou confusa. Pensou: é um trote.

"Deu o seu número", falou a voz.

O homem pensou de novo em loteria mas sua memória foi rápida e precisa: há mais de um ano que não comprava bilhete de loteria ou de qualquer rifa.

"Você deve estar enganada, senhorita; eu não comprei nenhum bilhete de rifa." Repetiu o número do telefone e o seu nome. "Bilhete?...", a voz pareceu rir. "Quem falou em bilhete?... Ou talvez, quem sabe, seja bilhete para mim: talvez eu esteja prestes a tirar a sorte grande..."
O homem acendeu a luz. Fez uma cara de não estar entendendo nada.
"Quem é, bem", a esposa insistiu. Ele tampou o fone com a mão e virou-se para ela: "Não sei, é uma moça, está falando em sorte e não sei mais o quê: não estou entendendo nada."
"Pergunte com quem ela quer falar, com que pessoa."
"Já perguntei." Atendeu o telefone: "Estou sim; estou..." Cansado da posição incômoda em que estava e percebendo que aquilo ainda ia durar mais tempo, sentou-se na cama, sem tirar o lençol, girando sobre o assento: seus pés, muito brancos, pousaram sobre o tapete--um tapete barato, comprado numa loja qualquer. "Como? não entendi..."
"Estou dizendo que certamente interrompi o senhor..."
"Interrompeu? interrompeu como?...", ele estranhou.
A voz não respondeu; ficou um instante em silêncio. Depois, como se começasse a falar de outra coisa: "Lamento, mas foi pura sorte sua; ou azar. Eu abri o catálogo, de olhos fechados, corri o dedo, ainda de olhos fechados, parei num telefone, e então abri os olhos: era o seu. Vê como foi pura sorte? Meu medo era de que caísse no Exército de Salvação ou então nas Testemunhas de Jeová."
A esposa tinha levantado e vindo sentar-se ao lado do marido. Estava de camisola, os cabelos desarranjados. Ficou um pouco em silêncio, e uma hora que o marido encarou-a, ela aproveitou e mostrou as horas no despertador, falando em voz baixa, como se também daquela distância sua voz pudesse ser ouvida no fone; assim mesmo ele ainda cobriu-o com a mão: fez um aceno com os olhos de quê-que-é? Ela repetiu: "as horas; dá um jeito, fala com ela quê que ela quer, diz que você tem de dormir, que isso não é hora de conversar pelo telefone: duas horas da madrugada, vê se isso é hora de telefonar."
"Senhorita", disse o homem num tom enérgico e ao mesmo tempo de formal delicadeza: "a senhorita está sabendo do adiantado das horas?[1] Já são duas da madrugada. Não acha que é um pouco tarde para se conversar?"
"O senhor acha que há hora certa para salvar uma vida?"
"Salvar uma vida? A senhorita está pensando que aqui é o Pronto-Socorro?"
"Pronto-Socorro?...", a voz pareceu rir. "Gostei da ironia..."
"Não é ironia, senhorita", falou, no tom enérgico e delicado. "É sério que eu estou falando. Há algum mal-entendido. Acho que a senhorita está equivocada. Ou então isso é uma brincadeira de mau-gosto."
A voz não respondeu logo, mas depois falou, parecendo que vinha de muito longe: "Esteja certo de que não é uma brincadeira."

O homem fez uma cara de irritação, perplexidade e desânimo --tudo ao mesmo tempo. A esposa não soube o que dizer e repetiu a expressão dele.

"Por quê", falou o homem mudando repentinamente a fisionomia para melhor--"alô..."

"Pronto", respondeu a voz naquele mesmo tom longínquo.

"Por que a senhorita não me telefona amanhã--ou melhor", olhou para o despertador: "hoje, de manhã, mais tarde; eu estarei em casa e assim nós poderemos conversar à vontade", falou num tom muito amável. "A senhorita compreende: é tarde da noite, tenho de dormir, e acredito que a senhorita deseje fazer o mesmo", acrescentou num tom que não podia ser mais polido.

"Sim, talvez é isso que eu farei..." Muito longe a voz, quase apagada. "Dormir... dormir... Nunca mais acordar..."

O homem contraiu o rosto de novo. Estava agora em silêncio, olhando para o chão, os olhos apertados, muito imóvel, como se ainda continuasse ouvindo aquela voz longe, mas ela agora também havia silenciado.

"Alô", ele falou, e como não atendesse, repetiu: "alô." Havia algo de preocupado em sua voz.

"Pronto", disse a voz num tom frio, neutro; parecia mais perto agora.

O homem não soube o que ia falar. Era tudo muito esquisito e ele percebeu como estava confuso, pensando uma porção de coisas ao mesmo tempo. Como a voz parecesse estar esperando, ele falou: "Não entendi direito o que a senhorita falou..."

"Não entendeu o quê?..."

"O que a senhorita falou."

"O que eu falei? Eu não falei nada..."

"Estou dizendo há pouco. Quando falei que a senhorita devia dormir, quer dizer"--melhorou: "Quando falei que achava que seria bom que eu e a senhorita fôssemos dormir. Quer dizer"--atrapalhou-se com a frase.

"Até que seria bom... Seria talvez uma boa idéia essa...", falou a voz gracejando num tom entre divertido e irônico. [2]

O homem ruborizou e a esposa notou. "Quê que foi, Mário", ela perguntou. Ele abanou a cabeça para mostrar que já estava estourando com aquilo, já estava no ponto de mandar às favas.

"O senhor, pela voz, parece ser um homem bonito..."

Ele ruborizou de novo.

"Senhorita", falou--mas não soube como continuar.

"Não se zangue com isso", falou a foz; "por favor; foi só uma brincadeira..."

O homem ficou calado. E viu em sua imaginação a confusa imagem de uma moça delicada e bonita, extremamente simpática e inteligente.

"Mário", falou a esposa na voz baixa de não ser ouvida no fone: "come é?"--fez um gesto de impaciência e protesto com os braços: ele observou-a e achou aquele gesto feio, grosseiro, masculinizado. Observou-lhe também o rosto, lambuzado de

creme e pensou que aquela era a sua mulher--e sentiu-se
profundamente irritado. Acenou como para dizer que bem que
ele queria acabar logo com aquilo, desligar, mas como que ia
fazer? não havia jeito, a pessoa não dava oportunidade, não
iria desligar assim sem mais nem menos, bancar o grosseirão,
e além disso--pensou, contente com essa lembrança que lhe
dava razão para o que estava explicando mudamente à mulher--
já tinha dado o número do telefone, a moça tinha o número, e
se não sabia o nome dele (dissera não se importar com isso)
poderia, no caso dele ser grosseiro, interessar-se por saber
quem era aquele malcriado, aquele imbecil, e isso não ficaria
nada bem para ele. A mulher baixou a cabeça desanimada, e
ficou olhando para os chinelos.

"Alô", falou a voz. O homem respondeu. "Está escutando?
Quis dizer para o senhor não me levar a mal, falei aquilo só
por brincadeira."

"Não levei a mal", ele falou.

"O senhor deve ser um homem casado..."

"Sou", disse com uma voz neutra.

"Penso que deve ser com a sua esposa que o senhor está
falando, de vez em quando..."

"A senhorita ouviu alguma coisa?...", ele perguntou numa
voz curiosa e meio divertida.

"Ouvi. Ouvi? O quê?... Ah; não, estou deduzindo por
que o senhor de vez em quando dá umas paradinhas, e pensei
que deve ser para falar com ela, com sua esposa."

"É sim", ele sorriu, acrescentando: "A senhorita é
inteligente..." Olhou sem querer na direção da esposa e
passou do sorriso a uma careta de desânimo: está difícil. A
esposa não falou nada; estava com uma cara azeda de raiva.

"Como é o senhor?... Fisicamente... Eu o imagino de tez
clara, olhos castanhos... Os cabelos são anelados..."

O homem quis dizer que os cabelos ela errara, eram lisos:
mas os olhos eram sim, castanhos, e a tez clara.

"Nem alto, nem baixo", falou a voz como se a moça estivesse
à sua frente, descrevendo-o. Ele olhou com uma cara meio
irritada para a esposa, que arrancava o esmalte das unhas, e
desejou que ela fosse dormir, que ela se cansasse de esperar
e fosse dormir.

"Quê que³ ela está falando?...", perguntou a esposa com a
cara azeda de raiva.

Ele tampou o fone e repetiu à cara da esposa: "É um caso
complicado; se eu fosse você ia dormir, é um troço longo, um
desses casos, dessas moças cheias de problemas; não fica bem
desligar."

"Dá um prazo", falou a esposa. Éle concordou com a cabeça.
"Se até duas e meia ela não parar, você desliga, pede desculpas,
fala que amanhã ela telefona de novo; do contrário, se você
deixar é bem capaz de isso ir a noite inteira." O homem fez
uma cara boa e concordou sacudindo a cabeça, a mão ainda

tampando o fone. A mulher bocejou abrindo toda a boca e os braços, levantou e foi para o outro lado da cama.
"Acertei alguma coisa?", perguntou a voz.
"Quase tudo", disse o homem. "Exceto"--exceto os cabelos e o bigode, ia dizer, mas se calou a tempo; voltou-se e viu a mulher que já estava deitada, o lençol cobrindo até a cabeça: aquele modo esquisito de dormir cobrindo a cabeça.
"Exceto o quê?", perguntou a voz.
A esposa pos a cabeça de fora do lençol e torceu o pescoço virando-se para ele: "Podia apagar e luz..." Ele olhou para o lustre no centro do teto e de repente achou que era uma idéia muito boa; ótima idéia; apagou-a. A mulher virou-se e cobriu a cabeça de novo.
"Alô", falou o homem.
"Pronto."
"Eu estava..."
"Falando com sua esposa, já sei. Percebo quando é."
"Agora ela"--ele se deteve: ia dizer "agora ela já foi dormir" --mas pensou rapidamente que havia outro jeito de dizer isso: "Estou falando de minha esposa; ela estava aqui também ao meu lado; agora foi dormir; estava com muito sono. Ela queria saber o que era, quem estava falando."
A voz ficou calada: tinha percebido o tom forçado do homem e a situação toda.
"Alô," ele falou.
"Eu estou ouvindo."
"Ela já foi dormir", falou ainda no mesmo forçado tom impessoal. Olhou para trás, para ver se a mulher já estava dormindo: mas sua cabeça estava coberta. A respiração estava muito lenta: era capaz de já estar dormindo. Dormia depressa. E além disso estava com muito sono. Sempre tinha muito sono. E então ouviu com satisfação um pequeno e súbito ronco. E teve vontade de dizer: "ela já está dormindo; está até ron-cando."
"Agora sou eu que vou tentar adivinhar", falou, percebendo que seu coração batia com força.
"Como?", perguntou a voz. "Não ouvi..."
Ele ia repetir, mas de repente achou que era muito arriscado. Remediou: "A senhorita é uma boa adivinha..."
A moça não falou nada.
"Mas, voltando ao início da conversa, posso saber agora por que a senhorita telefonou, logo a mim?" E de repente pensou perguntando: "Ou a senhorita me conhece e está brincando, fingindo que não conhece?"
"Não", disse a voz, "não o conheço. Nunca o vi mais gordo."⁴
O homem sorriu. "Mas então", continuou, "por que a senhorita telefonou logo a mim?..."
"Foi como eu disse: na sorte, na pura sorte."
"Mas sorte pra quê, como?... Não estou entendendo..."
"Eu ia suicidar-me", falou a moça.

"Suicidar?", falou alto, e olhou para trás pensando que poderia ter acordado a mulher.

"Ia tomar dois vidros de bolinhas: quarenta bolinhas, dispostas de cinco em cinco aqui na mesa, formando dois quadrados parecendo daqueles joguinhos de passar os números, de ordenar de um a quinze, sem tirar as peças do tabuleiro."

"Mas por quê?"

"Por quê? O suicídio? Oh...", a voz pareceu rir, mas um riso esquisito, um riso que não era riso. "Talvez amanhã o senhor saiba pelos jornais."

O homem estava apreensivo, mas pensou rápido e achou que a última frase fora dita num tom muito novelesco: a coisa não devia ser tão séria como parecia; era uma moça, uma dessas meninas complicadas, algum problema sentimental passageiro, uma crise; mostraria que não estava levando-a tão a sério.

"E por que você mudou de idéia?"

"Quem disse que eu mudei de idéia?"

"Você disse que *ia* suicidar..."

"Ia, e talvez vá ainda. As bolinhas estão aqui na minha frente, na mesa; não guardei elas; se não fosse mais eu guardava elas no vidro, era a primeira coisa que eu fazia."

O homem ficou apreensivo de novo. Pensou em algum estratagema--mas não sabia direito para quê o estratagema.

"Se eu fosse você não fazia isso...", falou, convencido de que tinha é de ficar falando, não deixar ela pensar muito tempo, prendê-la às suas palavras, e então ir convencendo-a lentamente --se aquilo fosse mesmo sério, e agora já estava achando de novo que era: do contrário ela guardaria mesmo as bolinhas, seria a primeira coisa que faria. Mas quem disse que tinha mesmo bolinhas? Como podia estar certo disso?

"Se eu fosse você esperava até amanhã--ou seja", tornou a lembrar-se: "até hoje mais tarde." Eram duas e meia no relógio: lembrou-se da sugestão da esposa e olhou para ela, que dormia num sono largado, ressonando. "Se eu fosse você, primeiro dormia; dormia bastante; depois, ao levantar, tomava um banho frio, e só então pensava de novo no assunto: se vale a pena ou não o que você quer fazer."

"Vale a pena o suicídio?--título de uma reportagem. Ou então o título de um livro: "Ainda há tempo para morrer". Não há um livro com o título de "Ainda há tempo para viver"? Pois é, vou escrever esse outro: "Ainda há tempo para morrer". Mas se for escrevê-lo não terei tempo para suicidar-me."

"Como?"

"Humor negro."

"Humor o quê?"

"Negro", falou a foz mais alto e com uma certa irritação. "Não sabe o que é isso? Humor negro?"

"Sei", ele falou, meio sem-graça diante daquela súbita irritação.

"Então quê⁵ que é", perguntou a voz com ar de quem desconfiava que ele não soubesse.

"Humor negro é um humor macabro, é... um humor
pessimista..."
"Que humor não é pessimista?"
"Como?"
"Estou perguntando: existe humor que não seja pessimista?"
O homem pensou um pouco: "Existe. Existe um humor
sadio."
"Sadio? Quer dizer que sadio é o que não é pessimista, e
pessimista o que não é sadio?"
"Acredito que sim."
"O senhor é protestante? ou rosacruz?"
"Não, senhorita", falou o homem no tom de quem percebera
estar sendo ironizado, e ofendido se contraía para se proteger
e talvez atacar. "Não sou protestante, nem rosacruz. Sou
católico."
"Apostólico?"
"Católico", falou mais forte.
"Pois é: católico apostólico."
"Sim senhora."
"Romano também?"
"Também."
"Pensei que o senhor fosse brasileiro."
Não vou perder a esportiva, pensou; vou levar na
brincadeira também.
"Mas o senhor não disse o que é humor negro."
"Não disse? Disse sim: falei que era uma espécie de humor
macabro, pessimista, sombrio--um humor pelo negativo somente."
Ficou satisfeito de ter achado essa expressão: humor pelo
negativo somente.
"Não é não", falou a moça.
"Não? E você pode me dizer, por gentileza, o que é? Pode
ter essa grata fineza de me dizer o que é humor negro?"
"É o humor que se faz na África."
"Na África", ele repetiu, no tom de quem prossegue a
brincadeira--e de repente é que percebeu o trocadilho, e então
fez um "ah..." e sorriu, imaginando de novo que era uma moça
muito inteligente e simpática e bonita.
"Agora é que eu percebi", falou.
"O senhor demora a perceber", ela falou num tom que teria
irritado qualquer um e só não o irritou porque ele ainda estava
embevecido em imaginar como ela era.
"Demoro mas percebo", falou ainda sorrindo, e de um jeito
que parecia que a moça estava ali mesmo na sua frente, vendo-o.
"Deus tarda mas não falta", ela falou.
"Isso."
"O senhor acredita nele?"
"Em Deus?"
"É."
"Acredito."
"Vê-se logo..."
"Por que vê-se logo?", irritou-se.

"Se o senhor fala nessa altura o senhor acorda sua esposa--
ela não está dormindo? Ou não está? Ou não é sua esposa?..."
"A senhorita está insinuando alguma coisa?", perguntou, com
uma vontade súbita de desligar o telefone, a mesma que tivera
no começo. "Olha, senhorita, sabe que eu estou quase
desligando o telefone?"
"Pode desligar. A responsabilidade é sua."
"Responsabilidade por quê?", falou irritado.
"Porque minha vida está em suas mãos."
"Ah é né?"
"Sério. Não estou brincando. O senhor não percebeu isso
ainda? Que minha vida está em suas mãos?"
"Pois olha:[6] estou pouco ligando[7] para isso."
"Não parece."
"Não parece o quê?"
"Que o senhor está pouco ligando; do contrário já teria
desligado."
"É o que eu estou pensando em fazer."
"Pode fazer então."
"E você acha que eu não desligo? Desligo sim. Quê que eu
tenho com a senhorita? Não tenho nada. Nem sei quem é a
senhorita, nunca a vi. Não tenho nenhuma obrigação com a
senhorita."
A voz havia calado.
"Alô."
"Pronto."
"Está escutando o que eu estou falando?"
"Estou. Estou esperando."
"Esperando o quê?"
"O senhor desligar."
O homem coçou a cabeça com força.
"Senhorita..."
"Não precisa se irritar", disse a voz calmamente. "Eu sei.
Compreendo como é. Claro; o senhor não tem nada comigo,
nao tem nenhuma obrigação. É evidente. O senhor não me
conhece, nem eu o conheço. O senhor foi só um número de
telefone tirado ao acaso; nem seu nome eu olhei--não sei o seu
nome; e mesmo o número já não sei mais: fechei o catálogo, e
se eu tivesse de discar de novo o número eu não saberia mais
qual é, não poderia fazê-lo; só se tirasse a sorte de novo e de
novo desse o seu número, mas também aí já seria azar demais.
O senhor para mim é apenas uma voz, essa voz que eu estou
escutando, assim como eu sou apenas uma voz para o senhor,
essa que o senhor está escutando; duas vozes em diálogo
através de um fio de telefone, é tudo o que nós somos agora
nesse momento; mais nada. Tudo o que o senhor é e tudo o
que eu sou está nesse momento reduzido a isso: duas vozes
em diálogo através de um fio de telefone. Basta o senhor
apertar o dedo no aparelho e tudo isso acabará, terá
desaparecido. Não há aquele perigo de que eu falei: dar seu
número de novo. Não vou discar de novo. Seria apenas uma

vez: essa. Não haverá outra. Portanto, está tudo muito
fácil: é só um gesto, só o senhor apertar o dedo no aparelho.
Não há nada impedindo-o de fazer isso. Nenhuma coisa.
Nada." A voz se calou.
O homem coçou a cabeça com força de novo.
"Senhorita, compreenda", começou num tom arrastado. "Eu
... alô..."
"Pronto. Estou escutando."
"Veja a situação, quero que a senhorita compreenda bem a
situação: eu estou tranqüilamente dormindo, é alta madrugada,
a senhorita me telefona e eu atendo com a maior boa vontade,
depois a senhorita faz piadas comigo, faz uma insinuação des-
agradável..."
"Insinuação? O que eu falei há pouco? Eu estava apenas
querendo saber a verdade; saber se sua esposa estava mesmo
aí..."
"Mas por que a senhorita queria saber?..."
"Por quê? Bem; seria desagradável que ela estivesse
escutando essa conversa, não acha não?..."
"Desagradável por quê?", perguntou, interessado em ver
aonde é que ia dar aquilo.
"O senhor faz perguntas, hem?"
"Ou é a senhorita?"
"Eu o quê?"
"Que faz."
"Faz?"
"Perguntas."
"Ah. É. Então somos nós dois."
"Então somos: nós dois", repetiu ele gostando das palavras
"nós dois", e no escuro teve um ligeiro sorriso. Depois
continuou: "É minha esposa sim. No civil e no religioso",
acrescentou num tom de brincadeira, esperando ouvir a moça
dar algum sorriso ou fazer algum comentário no mesmo tom dele
--mas não veio nada. "Há nove anos que estamos casados.
Não é muita coisa? Às vezes fico pensando: nove anos...
nove anos que vejo essa mulher todo dia, nove anos que como
com ela, que falo com ela, que deito com ela, que vejo a cara
dela, que..." Parou um pouco.
"Estou escutando", disse a voz.
"Que... Tudo isso. Nove anos. Tem dia que não agüento
nem..." Ele parou de novo.
"Ela está aí ao lado?", perguntou a voz.
"Está. Está dormindo, não tem perigo dela escutar.
Quando ela está dormindo ela não escuta nada. Ela dorme
feito um... feito um animal. É a coisa que ela mais gosta de
fazer na vida: dormir."
"Então ela deve ser gorda..."
"Gorda? Ela é uma bola. E está cada dia mais gorda."
Pegou o embalo: [8] "E você? Você como é: gorda? magra?
Chegou a minha vez de adivinhar..."

"Para quê? Amanhã o senhor lê o jornal e saberá."

"Escuta: você está falando isso a sério mesmo?"

"Isso o quê?"

"O...", evitou a palavra: "essa história das bolinhas; de você..."

"O senhor achou que eu estava brincando?..."

"Achei sim. Eu achei. Uma moça como você, inteligente, simpática, bonita, pensar em suicídio..."

"Como o senhor sabe que eu sou bonita?"

"Não é não?", ele perguntou um pouco apreensivo.

A voz demorou a responder, mas respondeu: "Sou." Apenas isso: sou. E o coração dele começou a bater depressa de novo. "Você me acha simpática?...", perguntou a moça, num tom diferente, meio divertido.

"Muito. Muito simpática. E inteligente."

"Inteligente eu sei que sou mesma. É o mal."

"Mal por quê?"

"É uma história longa, não vale a pena contar. Se eu fosse burra e feia, uma hora dessas eu não estava aqui acordada, com essas bolinhas na frente, falando com uma pessoa que eu nunca vi na minha vida e talvez nunca verei."

"Não", disse o homem sentindo um aperto no coração. "Não deve ser assim."

"Assim como?...", falou a voz: de novo parecia estar muito longe.

"Não nos vermos."

"Que importância tem isso?"

"Muita; muita importância", falou com a voz meio engasgada. "Já decidi mesmo."

"Decidiu o quê?"

"O que vou fazer."

"Quê que você vai fazer?"

"Adivinha", falou a voz num tom que lhe pareceu terrível. Foi então que percebeu como suas mãos estavam suadas.

"Não", ele falou, e tentava conter sua aflição, não deixá-la transparecer na voz: "não seja idiota"--acentuou bem o "idiota" esperando que tivesse o efeito de um tapa no rosto de uma pessoa acometida de histerismo.

Mas ela respondeu num tom quase suave: "Idiota..." A voz estava tão longe que parecia que ia sumir a qualquer momento.

"Não seja boba, você não tem motivo nenhum para suicidar, você é jovem, inteligente, bonita", falava depressa tentando convencê-la.

"Nenhum motivo...", repetiu a voz, no mesmo tom suave e triste.

"Você tem? Tem algum motivo?"

"Se eu estiver com câncer, por exemplo..."

"Você está?"

A voz não respondeu logo. Insistiu: "está?"

"Não. Pelo menos que eu saiba..."

"É algum problema de doença? Posso saber?..."
"Saber? Para quê?... Pode sim; não, não é nenhum
problema de doença."
"Quê que é então?"
"É que... É inútil, a tristeza jamais me deixaria."
"Como?..."
"É uma frase de Van Gogh, a frase que ele disse para o
irmão, antes de morrer..." Fez uma pausa. "O senhor é
meu irmão..."
O coração do homem batia com toda a força e ele sentia
dificuldade em falar, sua cabeça latejava. "Você está bancando
a boba", falou numa voz opressa, "você não está agindo bem,
não seja precipitada, deixe o... deixe essa decisão para
amanhã, tem muito tempo, você vai fazer uma besteira, não
percebe? escuta,[9] por que você não me dá seu nome, ou por
que você não me telefona amanha de novo, hoje, mais tarde;
não faça nada agora, vai dormir, você..." De repente parou:
teve a angustiosa sensação de que não estava sendo mais
ouvido, que ela não estava mais ouvindo-o. "Alô", falou. Não
houve resposta. "Alô", repetiu, "alô." Esperou um pouco. O
telefone foi desligado. Ficou um instante imóvel; depois
curvou a cabeça, apertando-a com desespero contra a mão que
segurava o fone. Ficou assim durante algum tempo, esperando
que o telefone ainda tocasse. Depois, já calmo, passou a outra
mão pelos cabelos. Colocou o fone no gancho. Então deitou,
por cima do lençol, e suspirou profundamente. Sentia-se
aniquilado.
De mãos cruzadas sob a cabeça, olhos abertos, de vez em
quando virava o rosto na direção do telefone, mas ele continuava
mudo. Ao seu lado a mulher ressonava. A inspiração lhe
parecia excessivamente prolongada, aflitiva: ia até um limite
em que dava a impressão de que ia estourar; depois de um
segundo, em que parecia parar, baixava num prolongado ronco.
Dava-lhe aflição.
Então o telefone tocou. Num salto ele sentou na cama e
atendeu. Mas ninguém respondeu, embora o telefone estivesse
ligado. Foi desligado. Olhou para suas mãos e mesmo no
escuro pôde ver o suor brilhando.
De novo o telefone. "Alô", disse. Ninguém atendeu. "Alô",
insistiu. O telefone estava ligado mas ninguém atendia. "Alô,
alô", repetia aflito, "alô, alô, alô!"
"Acorda",[10] falou a esposa, "você está sonhando?"
Acabou de abrir os olhos. Por um segundo pensou que o
resto também tinha sido sonho--"tudo foi apenas um pesadelo".
Mas não; fora real, muito real.
O quarto estava claro, de persiana levantada. Em pé,
diante do espelho do guarda-roupa, a mulher acabava de se
aprontar para sair.
"Quê que ficou resolvido?", ela perguntou. "Quê que virou
o telefonema..."
"Dei uns conselhos pra ela."

"Afinal quê que era o problema?"

Ele olhou para a janela: fora parecia estar um dia muito claro.

"O problema?... É um caso complicado; uma história longa ..."

"Essas moças de hoje, são todas assim", disse a mulher com desprezo e melancólica resignação. "Nosso mundo está perdido."

NOTES

1. *a senhorita está sabendo do adiantado das horas?:* Do you know how late it is?

2. *num tom entre divertido e irônico:* in a half-amused, half-ironic tone.

3. *Quê que = Que é que.* The irregular use of the circumflex accent emphasizes the pronominal force of the first *que*.

4. *Nunca o vi mais gordo:* I've never seen you in my life.

5. *quê:* see note 3.

6. *olha:* The third person of the present indicative (in place of the present subjunctive) is being used ever more frequently to express (and soften) a command.

7. *estou pouco ligando:* There is a play here on the word *ligar*, which means "to listen to", and "to connect" (as, for example, a telephone) or "to turn on" (as, for example, a radio or TV set). A good translation would be "I really couldn't care less".

8. *Pegou o embalo:* He picked up the theme, he let himself be lulled.

9. *escuta:* see note 6.

10. *Acorda:* see note 6.

TEMA

Comentar as palavras da esposa ao fim do conto: "Essas moças de hoje, são todas assim. Nosso mundo está perdido."

MURILO RUBIÃO

Murilo Rubião (1916) was born in Carmo de Minas, a town in
the state of Minas Gerais formerly called "Nossa Senhora do
Carmo de Rio Verde". His formal education was acquired in
Belo Horizonte, and included a degree in law. He has spent
many years in government service, including the directorship
of his country's commercial office in Madrid and an adminis-
trative post in the government press in Belo Horizonte. He
also was for a time the director of a radio station in his home
state. Most significantly for literature, he has been an editor
of the literary supplement of *Minas Gerais*, the newspaper he
founded, and has served as its first secretary. His literary
publications comprise five collections of short stories: *O Ex-
Mágico* (1947), *A Estrela Vermelha* (1953), *Os Dragões e Outros
Contos* (1965), *O Pirotécnico Zacarias* (1974), and *A Casa do
Girassol Vermelho* (1978), in addition to other narrative pieces
published in literary supplements. To a greater extent than
the work of most authors of short fiction, his several collections are re-editions and/or reworkings of previously published
stories, indicating his sensitivity to the possibilities of con-
tinuous redefinition of the writer's art.

The short stories of Murilo Rubião stand out as the first
frank and consistent cultivation, in Brazil, of a form of literature that has come to be known as "magic realism". He is
fascinated by the latent reality of supernatural phenomena, of
magic, mystery, and dreams, and is, moreover, steeped in the
Bible--and in its allegorical, archetypal, and surrealistic sug-
gestiveness. All of this has led his creative fantasy to trans-
gress conventional conceptions of causality, time, space, and
identity, in order to capture the underlying aspirations of the
human spirit, and to reveal and philosophize upon the enigma,
the humor, and the tragic absurdity of life (and death) in indi-
viduals and their relations with society. In its highest

moments, Rubião's narrative art, cast in the simplest expository style, attains degrees of poignancy which are rare in the literature of our time.

Fortunately for the English-reading public, his best-known collection of short stories (*O Ex-Mágico*) has recently (1979) been translated, with the title *The Ex-Magician and Other Stories.*

For readily apparent reasons, "O Ex-Mágico da Taberna Minhota" has become the best known of his *contos*. It is, however, but a partial indicator of the scope of his art, imagination, and parabolic message.

O EX-MÁGICO DA TABERNA MINHOTA

"Inclina, Senhor,
o teu ouvido, e ouve-me;
porque eu sou desvalido e
pobre."—Salmos, LXXXV, 1.

Hoje sou funcionário público e este não é o meu desconsolo maior.

Na verdade, eu não estava preparado para o sofrimento. Todo homem, ao atingir certa idade, pode perfeitamente enfrentar a avalanche do tédio e da amargura, pois desde a meninice acostumou-se às vicissitudes, através de um processo lento e gradativo de dissabores.

Tal não aconteceu comigo. Fui atirado à vida sem pais, infância ou juventude.

Um dia dei com os meus cabelos ligeiramente grisalhos, no espelho da Taberna Minhota. A descoberta não me espantou e tampouco me surpreendi ao retirar do bolso o dono do restaurante. Ele sim, perplexo, me perguntou como podia ter feito aquilo.

O que poderia responder, nessa situação, uma pessoa que não encontrava a menor explicação para sua presença no mundo? Disse-lhe que estava cansado. Nascera cansado e entediado.

Sem meditar na resposta, ou fazer outras perguntas, ofereceu-me emprego e passei daquele momento em diante a divertir a freguesia da casa com os meus passes mágicos.

O homem, entretanto, não gostou da minha prática de oferecer aos espectadores almoços gratuitos, que eu extraía misteriosamente de dentro do paletó. Considerando não ser dos melhores negócios aumentar o número de fregueses sem o consequente acréscimo nos lucros, apresentou-me ao empresário do Circo-Parque Andaluz que, posto a par das minhas habilidades, propôs contratar-me. Antes, porém, aconselhou-o que se previnisse contra os meus truques, pois ninguém estranharia se me ocorresse a idéia de distribuir ingressos graciosos para os espetáculos.

Contrariando as previsões pessimistas do primeiro patrão, o meu comportamento foi exemplar. As minhas apresentações em público não só empolgaram multidões, como deram fabulosos lucros aos donos da companhia. A platéia, em geral, me recebia com frieza, talvez por não me exibir de casaca e cartola. Mas quando, sem querer, começava a extrair do chapéu coelhos, cobras, lagartos, os assistentes vibravam. Sobretudo no último número em que eu fazia surgir, por entre os dedos, um jacaré. Em seguida, comprimindo o animal pelas extremidades, transformava-o numa sanfona. E encerrava o espetáculo tocando o Hino Nacional da Cochinchina.[1] Os aplausos estrugiam de todos os lados, sob o meu olhar distante.

O gerente do circo, a me espreitar de longe, danava-se com a minha indiferença pelas palmas da assistência. Notadamente se elas partiam das criancinhas que me iam aplaudir nas matinês de domingo. Por que me emocionar, se não me causavam pena aqueles rostos inocentes, destinados a passar pelos sofrimentos que acompanham o amadurecimento do homem? Muito menos me ocorria odiá-las por terem tudo que ambicionei e não tive: um nascimento e um passado.

Com o crescimento da popularidade a minha vida tornou-se insuportável.

Às vezes, sentado em algum café, a olhar cismativamente o povo desfilando na calçada, arrancava do bolso pombos, gaivotas, maritacas. As pessoas que se encontravam nas imediações, julgando intencional o meu gesto, rompiam em estridentes gargalhadas. Eu olhava melancólico para o chão e resmungava contra o mundo e os pássaros.

Se, distraído, abria as mãos, delas escorregavam esquisitos objetos. A ponto de me surpreender, certa vez, puxando da manga da camisa uma figura, depois outra. Por fim, estava rodeado de figuras estranhas, sem saber que destino lhes dar.

Nada fazia. Olhava para os lados e implorava com os olhos por um socorro que não poderia vir de parte alguma.

Situação cruciante.

Quase sempre, ao tirar o lenço para assoar o nariz, provocava o assombro dos que estavam próximos, sacando um lençol do bolso. Se mexia na gola do paletó, logo aparecia um urubu. Em outras ocasiões, indo amarrar o cordão do sapato, das minhas calças deslizavam cobras. Mulheres e crianças gritavam. Vinham guardas, ajuntavam-se curiosos, um escândalo. Tinha de comparecer à delegacia e ouvir pacientemente da autoridade policial ser proibido soltar serpentes nas vias públicas.

Não protestava. Tímido e humilde mencionava a minha condição de mágico, reafirmando o propósito de não molestar ninguém.

Também, à noite, em meio a um sono tranqüilo, costumava acordar sobressaltado: era um pássaro ruidoso que batera as asas ao sair do meu ouvido.

Numa dessas vezes, irritado, disposto a nunca mais fazer mágicas, mutilei as mãos. Não adiantou. Ao primeiro movimento que fiz, elas reapareceram novas e perfeitas nas pontas dos tocos de braço. Acontecimento de desesperar qualquer pessoa, principalmente um mágico enfastiado do ofício.

Urgia encontrar solução para o meu desespero. Pensando bem, concluí que somente a morte poria termo ao meu desconsolo.

Firme no propósito, tirei dos bolsos uma dúzia de leões e, cruzando os braços, aguardei o momento em que seria devorado por eles. Nenhum mal me fizeram. Rodearam-me, farejaram minhas roupas, olharam a paisagem, e se foram.

Na manhã seguinte regressaram e se puseram, acintosos, diante de mim.

--O que desejam, estúpidos animais?!--gritei, indignado.

Sacudiram com tristeza as jubas e imploraram-me que os fizesse desaparecer:

--Este mundo é tremendamente tedioso--concluíram.

Não consegui refrear a raiva. Matei-os todos e me pus a devorá-los. Esperava morrer, vítima de fatal indigestão.

Sofrimento dos sofrimentos! Tive imensa dor de barriga e continuei a viver.

O fracasso da tentativa multiplicou minha frustração. Afastei-me da zona urbana e busquei a serra. Ao alcançar seu ponto mais alto, que dominava escuro abismo, abandonei o corpo ao espaço.

Senti apenas uma leve sensação da vizinhanca da morte: logo me vi amparado por um pára-quedas. Com dificuldade, machucando-me nas pedras, sujo e estropiado, consegui regressar à cidade, onde a minha primeira providência foi adquirir uma pistola.

Em casa, estendido na cama, levei a arma ao ouvido. Puxei o gatilho, à espera do estampido, a dor da bala penetrando na minha cabeça.

Não veio o disparo nem a morte: a mauser se transformara num lápis.

Rolei até o chão, soluçando. Eu, que podia criar outros seres, não encontrava meios de libertar-me da existência.

Uma frase que escutara por acaso, na rua, trouxe-me nova esperança de romper em definitivo com a vida. Ouvira de um homem triste que ser funcionário público era suicidar-se aos poucos.

Não me encontrava em condições de determinar qual a forma de suicídio que melhor me convinha: se lenta ou rápida. Por isso empreguei-me numa Secretaria de Estado.

1930, ano amargo. Foi mais longo que os posteriores à primeira manifestação que tive da minha existência, ante o espelho da Taberna Minhota.

Não morri, conforme esperava. Maiores foram as minhas aflições, maior o meu desconsolo.

Quando era mágico, pouco lidava com os homens--o palco me distanciava deles. Agora, obrigado a constante contato com meus semelhantes, necessitava compreendê-los, disfarçar a náusea que me causavam.

O pior é que, sendo diminuto meu serviço, via-me na contingência de permanecer à toa horas a fio. E o ócio levou-me à revolta contra a falta de um passado. Por que somente eu, entre todos os que viviam sob os meus olhos, não tinha alguma coisa para recordar? Os meus dias flutuavam confusos, mesclados com pobres recordações, pequeno saldo de três anos de vida.

O amor que me veio por uma funcionária, vizinha de mesa de trabalho, distraiu-me um pouco das minhas inquietações.

Distração momentânea. Cedo retornou o desassossego, debatia-me em incertezas. Como me declarar à minha colega? Se nunca fizera uma declaração de amor e não tivera sequer uma experiência sentimental!

1931 entrou triste, com ameaças de demissões coletivas na Secretaria e a recusa da datilógrafa em me aceitar. Ante o risco de ser demitido, procurei acautelar meus interesses. (Não me importava o emprego. Somente temia ficar longe da mulher que me rejeitara, mas cuja presença me era agora indispensável.)

Fui ao chefe da seção e lhe declarei que não podia ser dispensado, pois tendo dez anos de casa, adquirira estabilidade no cargo.[2]

Fitou-me por algum tempo em silêncio. Depois, fechando a cara, disse que estava atônito com meu cinismo. Jamais poderia esperar de alguém, com um ano de trabalho, ter a ousadia de afirmar que tinha dez.

Para lhe provar não ser leviana a minha atitude, procurei nos bolsos os documentos que comprovavam a lisura do meu procedimento. Estupefato, deles retirei apenas um papel amarrotado--fragmento de um poema inspirado nos seios da datilógrafa.

Revolvi, ansioso, todos os bolsos e nada encontrei.

Tive que confessar minha derrota. Confiara demais na faculdade de fazer mágicas e ela fora anulada pela burocracia.

Hoje, sem os antigos e miraculosos dons de mago, não consigo abandonar a pior das ocupações humanas. Falta-me o amor da companheira de trabalho, a presença de amigos, o que me obriga a andar por lugares solitários. Sou visto muitas vezes procurando retirar com os dedos, do interior da roupa, qualquer coisa que ninguém enxerga, por mais que atente a vista.

Pensam que estou louco, principalmente quando atiro ao ar essas pequeninas coisas.

Tenho a impressão de que é uma andorinha a se desvencilhar das minhas mãos. Suspiro alto e fundo.

Não me conforta a ilusão. Serve somente para aumentar o arrependimento de não ter criado todo um mundo mágico.

Por instantes, imagino como seria maravilhoso arrancar do corpo lenços vermelhos, azuis, brancos, verdes. Encher a noite com fogos de artifício. Erguer o rosto para o céu e deixar que pelos meus lábios saísse o arco-íris. Um arco-íris que cobrisse a terra de um extremo a outro. E os aplausos dos homens de cabelos brancos, das meigas criancinhas.

NOTES

1. *Cochinchina:* Cochin China, the former name of the southernmost region of Vietnam, a part of French Indochina.
2. *pois tendo dez anos de casa, adquirira estabilidade no cargo:* According to a Brazilian law of the time, an employee who worked for 10 years or more in the same firm could not be fired.

TEMÁRIO

1. Comentar a mensagem ideológica do conto, e a sua relação com a epígrafe bíblica.
2. Significados possíveis da falta de um passado na vida do ex-mágico.
3. A função da mágica na nossa vida.

JOSÉ J. VEIGA

José J. Veiga (1915) was born in Corumbá, a small town of the Brazilian "far west", in the state of Mato Grosso. He holds a law degree (1941) from the Faculdade Nacional de Direito; he has been a publicist, radio announcer, translator, civil servant, and journalist. From 1945 to 1949, he lived in England, and worked there for the British Broadcasting Corporation. His literary production began to appear when he already was in his forties; it consists of three collections of short stories (*Os Cavalinhos de Platiplanto*, 1959; *A Máquina Extraviada*, 1968; *Os Pecados da Tribo*, 1976), a novella (*A Hora dos Ruminantes*, 1966), and a novel (*Sombras de Reis Barbudos*, 1972). The first-named collection has been translated into Spanish; the second, as well as his novella, into English.

Though his work has been acclaimed by critics, the general reading public has been slow in recognizing its highly skilled artistry. The expository mold of his fiction is traditional enough; the locale of his stories is the undefined but unmistakable hinterland; his characters generally are undistinguished rustics who live simple, limited lives; the events and settings of these lives are presented with pointed objectivity, in plain and straightforward language, and dialogue captures the authenticity of unsophisticated speech. But the literary power of Veiga's stories is overwhelming, and can be gauged by the unsettling impression of wonderment and revelation they produce upon the reader. In a representative number of them, superficially common events are subsumed into allegory and fable, and are often shrouded in suggestions of primordial mystery and oppressiveness. With striking verisimilitude, and without the use of verbal or conceptual gymnastics, concrete reality is subtly tinged with imagination, fantasy, and the dynamics of the dream, in order to portray the unclassical tragedy, the absurdity and aloneness befalling the human condition, thereby lifting the lives of regional characters to significant levels of universality. The resulting fictional mode of José J. Veiga has been compared with that of Kafka, Poe, and the Gothic novel. Veiga's literary animus is further distinguished, however, by a humane and frequently lyrical tenderness, which rounds out a rich and highly original form in the development of contemporary Brazilian prose fiction.

The two *contos* included here represent distinctive facets of Veiga's literary art. "Entre Irmãos" is taken from *Os Cavalinhos de Platiplanto*; the more challenging "Acidente em Sumaúma" appears in *A Máquina Extraviada*.

ENTRE IRMÃOS

O menino sentado à minha frente é meu irmão, assim me
disseram; e bem pode ser verdade, ele regula pelos dezessete
anos, justamente o tempo que eu estive solto no mundo, sem
contato nem notícia. Quanta coisa muda em dezessete anos,
até os nossos sentimentos, e quanta coisa acontece--um menino
nasce, cresce e fica quase homem e de repente nos olha na
cara e temos que abrir lugar para ele em nosso mundo, e com
urgência porque ele não pode mais ficar de fora.
A princípio quero tratá-lo como intruso, mostrar-lhe a minha
hostilidade, não abertamente para não chocá-lo, mas de maneira
a não lhe deixar dúvida, como se lhe perguntasse com todas as
letras: que direito tem você de estar aqui na intimidade de
minha família entrando nos nossos segredos mais íntimos,
dormindo na cama onde eu dormi, lendo meus velhos livros,
talvez surrindo das minhas anotações à margem, tratando meu
pai com intimidade, talvez discutindo a minha conduta, talvez
até criticando-a? Mas depois vou notando que ele não é totalmente estranho, as orelhas muito afastadas da cabeça não
são diferentes das minhas, o seu sorriso tem um traço de
sarcasmo que eu conheço muito bem de olhar-me ao espelho, o
seu jeito de sentar-se de lado e cruzar as pernas tem im-
pressionante semelhança com o do meu pai. De repente fere-
me a idéia de que o intruso talvez seja eu, que ele tenha mais
direito de hostilizar-me do que eu a ele, que ele vive nesta
casa ha dezessete anos, sem a ter pedido ele a aceitou e fez
dela o seu lar, estabeleceu intimidade com o espaço e com os
objetos, amansou o ambiente a seu modo, criou as suas preferências e as suas antipatias, e agora eu caio aí de repente
desarticulando tudo com as minhas vibrações de onda diferente.
O intruso sou eu, não ele.
Ao pensar nisso vem-me o desejo urgente de entendê-lo e de
ficar amigo, de derrubar todas as barreiras, de abrir-lhe o
meu mundo e de entrar no dele. Faço-lhe perguntas e noto a
sua avidez em respondê-las, mas logo vejo a inutilidade de
prosseguir nesse caminho, as perguntas parecem-me formais e

114

as respostas forçadas e complacentes. Há um silêncio in-
cômodo, eu olho os pés dele, noto os sapatos bastante usados,
os solados revirando-se nas beiradas, as rachaduras do couro
como mapa de rios em miniatura, a poeira acumulada nas fendas.
Se não fosse o receio de parecer fútil eu perguntaria se ele
tem outro sapato mais conservado, se gostaria que eu lhe ofere-
cesse um novo, e uma roupa nova para combinar. Mas seria
esse o caminho para chegar a ele? Não seria um caminho
simples demais, e por conseguinte inadequado?

Tenho tanta coisa a dizer, mas não sei como começar, até a
minha voz parece ter perdido a naturalidade, sinto que não a
governo, eu mesmo me aborreço ao ouvi-la. Ele me olha, e
vejo que está me examinando, procurando decidir se devo ser
tratado como irmão ou como estranho, e imagino que as suas
dificuldades não devem ser menores do que as minhas. Ele me
pergunta se eu moro numa casa grande, com muitos quartos, e
antes de responder procuro descobrir o motivo da pergunta.
Por que falar em casa? E qual a importância de muitos quartos?
Causarei inveja nele se responder que sim? Não, não tenho
casa, tá muito tempo que tenho morado em hotel. Ele me olha
parece que fascinado, diz que deve ser bom viver em hotel,
e conta que toda vez que faz reparos à comida mamãe diz que
ele deve ir para um hotel, onde pode reclamar e exigir. De
repente o fascínio se transforma em alarme, e ele observa que
se eu vivo em hotel não posso ter um cão em minha companhia,
o jornal disse uma vez que um homem foi processado por ter
um cão em um quarto de hotel. Não me sinto atingido pela
proibição e exagero a vigilância nos hotéis. Ele suspira e diz
resistiria separarme dele quando tivesse que arrumar as malas,
como estou sempre fazendo; mas devo dizer-lhe isso e pro-
vocar nele uma pena que eu mesmo não sinto? Confirmo a
probição e exagero a vigilância nos hotéis. Ele suspira e diz
que então não viveria num hotel nem de graça.

Ficamos novamente calados e eu procuro imaginar como será
ele quando está com seus amigos, quais os seus assuntos
favoritos, o timbre de sua risada quando ele está feliz e
despreocupado, a fluência de sua voz quando ele pode falar
sem ter que vigiar as palavras. O telefone toca lá dentro e
eu fico desejando que o chamado seja para um de nós, assim
teremos um bom pretexto para interromper a conversa sem ter
que inventar uma desculpa; mas passa-se muito tempo e perco
a esperança, o telefone já deve até ter sido desligado. Ele
também parece interessado no telefone, mas disfarça muito bem
a impaciência.

Agora ele está olhando pela janela, com certeza desejando que
passe algum amigo ou conhecido que o salve do martírio, mas o
sol está muito quente e ninguém quer sair à rua a essa hora do
dia. Em baixo na esquina um homem afia facas, escuto o gemido fino da lâmina no rebolo e sinto mais calor ainda. Quando
eu era menino eu tive uma faca que troquei por um projetor de
cinema feito por mim mesmo--uma caixa de sapato dividida ao

meio, um buraquinho quadrado, uma lente de óculo--e passava
horas à beira do rego afiando a faca, servia para descascar
cana e laranja. Vale a pena dizer-lhe isso ou será muita
infantilidade, considerando que ele está com dezessete anos e
eu tinha uns dez naquele tempo? É melhor não dizer, só o
que é espontâneo interessa, e a simples hesitação já estraga
a espontaneidade.

Uma mulher entra na sala, reconheço nela uma de nossas
vizinhas, entra com o ar de quem vem pedir alguma coisa
urgente. Levanto-me de um pulo para me oferecer; ela diz
que não sabia que estávamos conversando, promete não nos
interromper, pede desculpa e desaparece. Não sei se consegui
disfarçar um suspiro, detesto aquela consideração fora de hora,
e sou capaz de jurar que meu irmão também pensa assim.
Olhamo-nos novamente já em franco desespero, compreendemos
que somos prisioneiros um do outro, mas compreendemos também
que nada podemos fazer para nos libertar. Ele diz qualquer
coisa a respeito do tempo, eu acho a observação tão desne-
cessária--e idiota--que nem me dou ao trabalho de responder.

Francamente já não sei o que fazer, a minha experiência não
me socorre, não sei como fugir daquela sala, dos retratos da
parede, do velho espelho embaciado que reflete uma estampa
do Sagrado Coração, do assoalho de táboas empenadas formando
ondas. Esforço-me com tanta veemência que a consciência do
esforço me amarra cada vez mais àquelas quatro paredes. Só
uma catástrofe nos salvaria, e eu desejo intensamente um
terremoto ou um incêndio, mas infelizmente essas coisas não
acontecem por encomenda. Sinto o suor escorrendo frio por
dentro da camisa e tenho vontade de sair dali correndo, mas
como poderei fazê-lo sem perder para sempre alguma coisa
muito importante, e como explicar depois a minha conduta
quando eu puder examiná-la de longe e ver o quanto fui
inepto? Não, basta de fugas, preciso ficar aqui sentado e
purgar o meu erro.

A porta abre-se abruptamente e a vizinha entra de novo
apertando as mãos no peito, olha alternadamente para um e
outro de nós e diz, numa voz que mal escuto:

--Sua mãe está pedindo um padre.

Levantamos os dois de um pulo, dando graças a Deus--que
ele nos perdoe--pela oportunidade de escaparmos daquela
câmara de suplício.

TEMÁRIO

1. Descreva a índole e os motivos da tensão criada no conto.
2. A justificação artística deste conto em que nada parece "acontecer".

ACIDENTE EM SUMAÚMA

O mascate escolheu um mau dia para bater em Sumaúma[1]...
Também se ele adivinhasse não estaria naquela vida. Ele já
tinha estado ali algumas vezes, e da última jurara nunca mais
voltar. Descer o vale para vender um ou dois cortes de chita
da mais barata, alguns pentes, uns metrinhos de fita, não
pagava o trabalho. Mas naquele dia, com o contratempo do
Ururu--os homens ferrando o gado, as mulheres na correria
de preparar comida para muita gente, ninguém com tempo nem
mão limpa para vir pegar, apalpar, alisar a mercadoria--ele
achou que atrasado por atrasado não custava tentar a sorte em
Sumaúma.

Chegou no começo da tarde, ainda em tempo de seguir
viagem para o Batepaca antes de escurecer.

Sumaúma estava em grande alvoroço, muitos camaradas no
curral, mulheres nas janelas da varanda falando, rindo,
apontando. O mascate chegou sem ser notado nem pelos
cachorros, muito ativos também no meio dos homens. Depois
de aguardar um pouco na porteira ele entrou, deixou o burro
na sombra e foi ver o trabalho que estava ocupando tanta
gente no curral.

Subindo alto na cerca ele conseguiu ver parte do corpo de
um bicho parecendo cachorro amarrado no mourão, os homens
em volta cutucando e espancando com varas e porretes. O
bicho não latia nem rosnava mas soltava uivos compridos
entremeados de bufos secos. Um homem ao lado do mascate
informou de má vontade que o bicho era um lobo. Vendo que
o bicho já estava muito machucado de pancadas e chuçadas e
dos dentes dos cachorros, o mascate perguntou por que não o
matavam logo com um tiro.

--Pra ele morrer depressa? Que graça tinha?--o homem
respondeu perguntando.

O mascate não teve resposta, desceu da cerca e foi afrouxar
o arreio do burro, descarregou os alforges, pendurou-os numa
ponta do cocho e ficou inspecionando o pátio para se distrair
dos gritos do lobo.

Um lobo amarrado numa estaca, atacado por dez, doze homens armados de porrete e vara de ferrão, e mais uns quatro cachorros de costas quentes lembra uma criança entre feras longe da mãe. Amarrado com corda curta ele só podia defender-se rodando em volta da estaca--defesa ilusória porque as pancadas e ferroadas vinham de todos os lados. Quando ele parava os cachorros aproveitavam para mordê-lo na entre-pernas, onde a carne é solta e mole, os dentes perversos trincando, sacudindo e puxando; o lobo desistia do descanso e voltava a girar.

O chão em volta da estaca estava limpo e riscado como varrido com vassoura de graveto, e a madeira da estaca estava lustrosa do sovar da corda. Por fim o lobo deitou-se de lado, a cabeça meio erguida por causa da corda, os olhos avermelhados, a língua estirada, pingando suor, e conseguiu ir agüentando as bordoadas e ferroadas sem se levantar. Alguém veio com um balde d'água e despejou nele, ele fechou os olhos e relaxou um pouco os músculos, sinal de que tinha gostado, mas não jogaram mais água, a idéia não era refrescá-lo. A água escorreu e foi logo chupada pelo chão seco. Ele quis lamber o chão, não alcançou, só conseguiu lamber as patas, levantando-as. Embaixo, nas covas das virilhas, devia ter ficado um pouco de água, mas não havia jeito de levar a língua até lá. Felizmente os cachorros já tinham se desinteressado dele e andavam farejando longe, ou descansando na sombra. Os homens também se cansaram de bater e cutucar e foram saindo para enrolar cigarros, enxugar suor, comer pedaços de rapadura que guardavam no bolso enrolados em palha de milho.

Deitado no chão molhado mas morno de tanto sofrimento, o lobo era a imagem da derrota. Bastava vê-lo de língua de fora, puxando ar com urgência, a cabeça inchada de bordoadas, o corpo sangrando, o sangue endurecendo no pelo, para se compreender que ele estava nas últimas. Um homem chegou a tocá-lo com o pé (conservando o outro bem atrás, naturalmente) e ele nem teve ânimo de rosnar; o inimigo agora era o cansaço, que ia apagando as últimas resistências do corpo. Finalmente ele deixou a cabeça cair, sem se importar mais com o repuxo da corda. Um cachorro que ia passando cheirou-o no pescoço, no focinho, desinteressou-se: achou mais divertido dar susto numa galinha que ciscava perto.

O lobo ainda respirava mas o pelo ia perdendo o lustro e começava a mostrar o sujo escondido entre os fios. Um pouco mais, e até as pulgas estariam desembarcando dele, e então ele ficaria sozinho.

O mascate estava apertando a barrigueira da sela para continuar viagem--Sumaúma não rendia nada, não adiantava insistir--quando um capiauzinho veio dizer que Seu Viriates estava chamando. Ele alagou a orelha do burro, como pedindo licença, e acompanhou o emissário.

Seu Viriates recebeu-o na rede. Não tinha ainda tirado as botas nem o chapéu.

--Sim senhor. Sente aí nesse tamborete. Menino, vai ver um café para nós. Bem quente. Se trouxer frio, leva ele na cara.

O menino saiu chispado, o mascate localizou o tamborete encostado na parede, sentou-se.

--O senhor custou, hein? Estava brigado com a gente?

O mascate assustou-se. Não sabia que tinha feito falta.

--Realmente...--começou ele, procurando uma desculpa que não ofendesse.

Seu Viriates repetiu:

--O senhor demorou muito.

--Eu tenho meus passos traçados, as paradas certas...

--Então por que quebrou caminho hoje?

--Eu trago aí umas coisas novas bonitas, queria mostrar.

Seu Viriates não se interessou pela explicação, ficou olhando pela janela em frente, pensando, ou simplesmente matando tempo, até que veio o café, já nas xícaras. Beberam calados, quando acabaram Seu Viriates limpou a boca com a manga da camisa, tomando cuidado para não desarrumar a barba. De repente falou:

--Perdeu o seu tempo. Minha mulher não precisa de nada, meus empregados já estão me devendo muito e eu não solto mais cobre.

O mascate sentiu-se aliviado com a informação, já estava mesmo querendo uma desculpa para ir embora.

--Então com a sua licença...

Mas o velho já cochilava com a cabeça caída para trás, os braços cruzados no peito.

O mascate levantou-se cautelosamente, saiu pisando leve. Quando punha o pé no estribo para montar, o menino gritou da porta:

--Ei, moço! Não é pra sair agora não. Meu padrinho quer que o senhor jante primeiro.

Ele agradeceu o convite mas explicou que pretendia pousar no Batepaca e não queria chegar muito de noite. De mais, não estava com fome; almoçara tarde no Ururu.

--Adianta não. Ele quer que o senhor jante.

--Agradeço mas não posso. Tenho quatro léguas para engolir. Fica para outra vez.

--Convém sair não. Padrinho disse que é pra jantar primeiro.

O mascate resolveu sair de qualquer maneira, e antes que alguém viesse ajudar o menino na insistência, montou, firmou-se na sela e disse:

--Na outra viagem eu janto. Diz a seu padrinho que fico devendo.

O menino deu de ombros, encostou-se no portal, com um pé descansando em cima do outro e ficou olhando o mascate sair. O burro obedeceu ao puxão da rédea com presteza, parecia que

ele também tinha pressa de deixar aquele lugar tão tristonho,
e esquipou para a porteira; e com a prática de ajudar o dono
a abri-las encostou-se parelelo às tábuas, com a cabeça para o
lado do batente.
Quando inclinou o corpo para puxar o trinco o mascate viu
que a porteira estava fechada com corrente e cadeado. Olhou
para a porta, o menino continuava na mesma posição, fingindo
indiferença.
--Ei, a chave daqui. Traz a chave.
--Posso não. Padrinho guardou.
O mascate pensou um pouco, concluiu que não adiantava
insistir com o menino; aquele ali não ia mover uma palha. De
repente ocorreu-lhe que o menino podia estar brincando,
fazendo maldade por conta própria.
--Eu vou falar com ele--disse o mascate, não com a intenção
de ir; queria apenas ver se o menino se assustava e produzia
a chave.
--Então precisa esperar.
--Espero nada. É agora.
--Agora não pode. Ele está dormindo.
O mascate achou que, tendo lançado um desafio, não convinha parar no meio. Também, um homem de sua idade, com
dois filhos estudando em colégio, não podia ser manejado por
um menino de roça.
Seu Viriates estava na mesma posição, como se alguém de
muita autoridade lhe tivesse dado ordem de não se mexer. Os
únicos movimentos eram o leve balanço natural da rede e a
vibração dos fios da barba em volta da boca, ao compasso da
respiração. O mascate ficou olhando indeciso, já arrependido
do rompante. Se ele não fizesse qualquer coisa o menino ia
pensar que ele era um maria-mingau, o menino já estava parado
na porta, olhando malicioso, aguardando. O mascate avançou
para a rede, estendeu a mão para tocar o joelho do velho,
hesitou, desistiu; rodou uma, duas vezes, saiu pisando duro,
derrotado. Ao passar pelo portal fez um gesto impreciso na
direção do menino, o menino encolheu-se, ninguém sabe do que
é capaz um homem que acaba de fazer papel de bobo.

De uma janela da varanda Seu Viriates viu o mascate no meio
dos camaradas que esperavam o jantar no pátio dos fundos,
mandou chamar.
--O senhor come com a gente aqui na mesa. Faço questão.
O senhor é meu hóspede, ora essa.
Felizmente não se conversou muito à mesa, apenas Seu
Viriates fez uma pergunta a respeito do Ururu, se eles lá
tinham comprado muito; o mascate explicou o desajeito da
visita por causa da ferra, e nada mais foi dito. No meio do
jantar chegaram os dois filhos mais velhos de Seu Viriates,
chegaram suados e barulhentos e foram sentando à mesa sem
nem lavar as mãos.

--Vão mudar essa roupa suada--disse a mãe fazendo menção de se levantar.--Eu vou ver roupa limpa pra vocês.

--Carece não. A fome é muita--disse o que se sentou ao lado do mascate. E ao olhar para ele, perguntou:--Burro lá fora é seu? Quer negociar?

Antes que o mascate desocupasse a boca para responder, o outro irmão intrometeu-se:

--Olhe o exibido! Vai comprar burro com quê, siô?

--Olhe o boiota metendo a colher. Ninguém pediu a sua opinião.

--Boiota é você, que não sabe fazer conta de diminuir. Quem de quinze tira seis, quanto é que fica? Diz depressa.

--Não amola, sanhaço. Eu quero comer.

--Não diz porque não sabe. E quem de trinta tira treze? Depressa.

--Mãe, dá jeito nele senão eu dou.

--Mãe-dá-jeito-nele-senão-eu-dou--fez o outro imitando voz de criança, e mal acabou recebeu uma colherada de farinha no rosto.

Tentativa de agressão por cima da mesa, e na confusão a moringa d'água tombou no prato do mascate, encharcando a comida.

--Olhe aí o que você fez, meu filho--disse a mãe sem nenhuma ênfase, mais para dar uma satisfação ao hóspede do que para censurar o filho.

O mascate estranhou que o pai não se manifestasse, um homem aparentemente tão severo; olhou para a cabeceira da mesa e viu que ele dormia, a cabeça descansando no ombro, a mão esquerda apoiada na beirada do prato, em tempo de virá-lo. Um dos rapazes deu um pontapé num cachorro debaixo da mesa, o bicho ganiu, o velho acordou assustado, quase entornou o prato, deu um murro na mesa e gritou:

--Pega! Pega!

Os dois rapazes se olharam e caíram na risada. O mascate discretamente fingiu que catava um cisco na toalha, não queria participar da zombaria. O velho mastigou em seco, resmungou, fechou os olhos. De repente soltou outro brado:

--Pega! Pega pra capar!

--É com você, Tiago--disse um dos irmãos.

--Comigo os coletes. Você é que está precisando.

--É? Olhe que eu conto o caso da bezerra.

--Olhe mãe aí. Respeite.

--Então não mexa comigo. Se mexer eu conto.

O tal Tiago calou-se, murcho, piscando muito para compensar a falta de ação. De repente levantou-se e disse:

--Você é muito é entojado.

O outro sorriu vitorioso. Quando Tiago deixou a mesa ele disse para o mascate:

--Ele corta um doze comigo.

O mascate sorriu comedido. Não queria envolver-se em pendenga de irmãos, muito menos daqueles.

--Acredita não?--disse o rapaz, insistente.

--O Senhor está dizendo, deve ser.

Não satisfeito, o rapaz pediu o testemunho da mãe, cutucando-a com o cotovelo:

--Diz se não é, mãe.

Ela encolheu-se, esfregando o lugar com a mão.

--Você me machucou--disse.--Parece um cavalo.

O rapaz achou isso muito engraçado e soltou uma gargalhada relinchante. O velho acordou, limpou um fio de baba com as costas da mão, piscou muito, perguntou:

--Morreu? Quem morreu, Zita?

--Ninguém não, cruz-credo. Você sonhou.

Seu Viriates ficou olhando a toalha com um olhar parado, fazendo força para não dormir de novo. Duas garrichas entraram emboladas na varanda, rasparam as asas nas paredes, uma achou logo o rumo da janela, desapareceu por cima das árvores do pátio; a outra pousou na tampa do pote, tomou fôlego, soltou uma borradinha esverdeada, flechou para a janela. O cachorro bocejou debaixo da mesa, um bocejo comprido, chorado. Compreendendo que nada mais tinha a fazer ali, o mascate pediu licença, ninguém tomou conhecimento, ele levantou-se e saiu.

Mas o burro não estava no pátio--nem no curral--nem à vista no cerrado. O mascate rodava por todo lado, esticando o pescoço por cima do muro, das cercas, procurando alguém para pedir notícia. O menino apareceu na porta comendo uma goiaba.

--Cadê seu burro, moço?

--Pois é. Cadê meu burro?

O menino deu outra dentada na goiaba, respondeu mastigando:

--Se bem andou, longe vai.

--Foi pra onde? Quem deu licença?

--Tio Tiago não precisa de licença.

--Mas eu preciso do meu burro. Quero ir embora.

--Vai poder não.

--Só faltava mais essa. Aonde ele foi?

--Sei dizer não senhor. Quer uma manga?

O menino tirou uma manga do bolso, com certa dificuldade porque o bolso era apertado. O mascate nem tomou conhecimento, passava a mão na testa, sacudia a cabeça, aflito, sem idéias.

--Quer não?--perguntou o menino estendendo a manga.--Chupa. É docinha, boa.

O mascate continuou alheio, embrulhado no seu problema.

--Não quer, eu chupo. Só tenho esta--e começou uma preparação meticulosa, demorada.

Primeiro bateu a manga no portal, de leve, girando-a aos poucos para amassá-la toda por igual; depois amassou o bico, depois a parte do talo, essa com mais cuidado porque é aí que a casca costuma rachar; completou o trabalho com os dedos,

delicadamente, técnica de entendido. Quando se deu por
satisfeito ficou acariciando a manga, retardando o momento de
comê-la; e como quem detesta destruir uma obra bem feita,
fechou os olhos e mordeu-a rápido no bico, inclinando o corpo
para a frente para defender a roupa--precaução acertada
porque um pouco do caldo escorreu pelos dedos e pingou no
chão.

A tarde ia acabando depressa. Um ventinho picante de vale
vinha dos matos e grotas de perto, preparando caminho para
a noite. Os homens chegavam-se para a frente da casa com as
mãos nos bolsos, os ombros encolhidos, sentavam-se nos cepos,
nos degraus da calçada. Conversa de curral, de roça, de
campo não induzia o mascate; ele estava pensando no burro,
na maçada de ter de pousar ali--e muita sorte se fosse uma
noite só--no atraso dos negócios, no azar de ter descido em
Sumaúma--e o burro, coitado do burro, bom mas cheio de
manias, agora servindo a um estranho, vai ver que pessoa sem
paciência, capaz de fazer alguma maldade.

Os homens conversaram, tocaram viola, cantaram, até que
Seu Viriates mandou dizer que era hora de dormir; cada um
foi tomando o seu rumo, alguns dormiam na casa dos arreios
ali mesmo no pátio, era só forrar o chão com esteiras,
baixeiros. O mascate aderiu a esses, não queria incomodar os
donos da casa. Cederam-lhe uma carona para deitar em cima,
uma caroça para servir de cobertor, uma sela para travesseiro,
não reparasse, ali faltavam comodidades.

Alguém riscou fósforo, acendeu um rolo de cera, grudou-o
na ponta de um banco. A chama cuspiu, vacilou, firmou-se
numa luzinha fraca, de fumaça rançosa. O pátio ficou mais
escuro, em represália. Os homens foram armando suas redes,
estendendo suas camas para enfrentar a noite e tudo que vem
com ela. O mascate esperou para ver o que sobrava para ele,
não queria desacomodar ninguém; teve que se arranjar no vão
entre duas cangalhas, ficando as beiradas da carona levantadas
em telha.

Um cheiro de couro mal curtido, baixeiros azedos, roupa suja
e suor enchia o quarto. Poderia ele dormir ali no meio daquelas
sombras desinquietas de arreios e ferramentas, criadas pela
trêmula luz do rolo? Os homens já roncavam ou ressonavam,
alheios às preocupações do estranho que não devia estar ali,
não pertencia. Para conjurar as sombras incômodas ele fechou
os olhos e procurou situar-se longe, em algum quarto decente,
uma cama com colchão e roupas limpas, um lavatório no canto,
a baciinha branca, o jarro com água, podendo ter uma
poeirinha em cima pousada durante a noite, o sabão, a toalha,
o cheiro bom de asseio. Que estaria acontecendo no mundo
certo de lá de fora? Dizem que quando é noite aqui, em outras
partes do mundo é dia claro, de sol a pino. Ele veria ainda o
sol?

Quando ele abriu os olhos, estranhou o tamanho do quarto.
Deviam ter retirado os bancos, os arreios, os apetrechos todos,

e isso dava a impressão de que as paredes estavam mais longe. Pessoas caminhavam nas pontas dos pés, cochichavam, deviam estar falando dele. Ele estava muito doente, não podia se mexer nem falar. Uns tipos sisudos chegaram-se bem perto, os rostos prejudicados pela sombra de uma luz vinda de cima. Um ajoelhou-se, apalpou-o na testa--mão áspera, indiferente, logo retirada.

--Tem jeito?--perguntou outro.

--O coração ainda bate. Vocês sabem quem é?

Os outros balançaram a cabeça.

--Identidade desconhecida então.

Ele quis explicar antes que o homem escrevesse, fez força, retesou-se--a voz não saía, nem um grito pelo menos.

--Escutem. Não foi ele?

--Foi, mas não foi pra nós.

--Então já está mandando mensagem.

--É. Já se entregou.

Ficaram os três desconhecidos ali parados, sem ação, só olhando. Por fim um sacudiu a cabeça e disse:

--Coitado. Vir de tão longe...

--É assim mesmo--disse outro.--Eles zanzam, zanzam, um dia param em qualquer lugar.

Os três abanaram novamente a cabeça, como se isso fosse tudo o que pudessem fazer, e foram saindo na ponta dos pés, confundindo-se com as próprias sombras. Quando já iam longe perderam a cerimônia e pisaram forte, os passos ressoando como marteladas.

Era verdade. Ele tinha vindo de longe, andado, zanzado e afinal chegado. Couro velho, paredes sujas, uma esteira no chão frio.

NOTES

1. *Sumaúma:* Like *Ururu* and *Batepaca* (in this same paragraph), this is a fictitious name.

TEMÁRIO

1. Identificar e definir os acontecimentos que contribuem ao ambiente de opressividade psicológica no conto.
2. Comentar a técnica narrativa do autor.

10

DALTON TREVISAN

Dalton Trevisan (1925) is a native and permanent resident of
Curitiba, the capital of the southern state of Paraná, and the
holder of a degree from its School of Law. He first attracted
national attention as the founder and editor of *Joaquim*, one of
the most influential literary reviews of the *neomodernista*
phase of contemporary Brazilian letters. His earliest short
stories appeared in this periodical (21 issues between April,
1946 and December, 1948), and in the form of primitively bound
"chapbooks" published at his own expense. In 1959--and in
Rio de Janeiro, this time--there finally appeared a convention-
ally published collection of his best work up to that time,
Novelas Nada Exemplares. Since then, new collections have
been coming off the presses at an impressive pace: *Cemitério
de Elefantes* (1964), *A Morte na Praça* (1964), *O Vampiro de
Curitiba* (1965), *Desastre do Amor* (1968), *A Guerra Conjugal*
(1969), *O Rei da Terra* (1972), *O Pássaro de Cinco Asas*
(1975), *A Faca no Coração* (1975), *Abismo de Rosas* (1976),
A Trombeta do Anjo Vingador (1977), *Crimes de Paixão* (1978).
Dalton Trevisan has been frequently hailed as the greatest
living *contista* in Brazilian literature. A few dissenting voices
have been raised, criticizing his short stories as pitiless in-
trusions into the private mores of the middle and lower levels
of society; belittling them as trivial, excessively brief, and
repetitious, and condemning them as insistent belaborings of
the role of sex in human behavior. All of this has not pre-
vented the most enlightened literary critics from distinguishing
these concisely structured *contos* as genuine and artistically
agile representations of the banality, frustration, mechanized
routine, and devious pathos in the lives of common humanity.
And the stylistic stature of Trevisan's short stories is seen to
be further enhanced by their esthetically valid fusion of colloquial and literary language, by their subtle touches of tragedy
and lyricism, by their terse exposition of undisguised reality.

The two samplings given here can only serve as a minimal introduction to the compassionately probing *comédie humaine* to be found in the short, short stories of Dalton Trevisan. They are taken from *Cemitério de Elefantes* ("Angústia de Viúvo") and *A Faca no Coração* ("A Faca no Coração").

ANGÚSTIA DE VIÚVO

Ele acorda, tosse e resmunga: "Essa bronquite..." Ainda
na cama, dedo trêmulo, acende o primeiro cigarro e o segundo
enquanto faz a barba. Espirra com o chuveiro frio. Bebe o
café preto servido por dona Angelina, sai sem ver os filhos
adormecidos. São sete horas e entra no emprego às oito. A
rotina de preencher ficha e calcular percentagem.
Volta para o almoço, os filhos estão no colégio. De tarde,
a copiar faturas. Engole cafezinho bem quente--uma de suas
prendas--sem queimar a língua. Sanduíche e copo de leite.
Esconde-se da chuva na biblioteca pública ou vai ao cinema.
Às dez horas sobe no ônibus, o jornal dobrado no bolso.
Caminha três quarteirões até a casa silenciosa, apenas uma
luz na varanda.
Dona Angelina dorme em sossego; não precisa tirar-lhe o
sapato e deitá-lo vestido. Já não é o bêbado que rola na
valeta. No escuro atravessa o corredor e a sala, acende a
luz da cozinha. Pendura o paletó na cadeira. Prende na
cinta a gravata para não respingá-la.
O jantar no armário com tela: um prato fundo coberto por
outro raso. Coloca-o na mesa nua e, antes de sentar-se,
guarda o prato raso úmido de vapor. Come tudo, não acha
gosto e abusa da pimenta. Deita o café na caneca. Engole-o
frio, um resto de pó no fundo. Dispõe na pia o prato e a
caneca, abre a torneira, enche-os de água.
Mais um cigarro e, com a lima no chaveiro, limpa as unhas
amarelas: duas carteiras por dia. No banheiro escova os
dentes, bate três vezes com a escova na beira da pia.
Observa-se no espelho, rancoroso. Exibe a língua, os dentes
manchados de sarro:
--Dia de ficar bêbado.
Já não bebe, repete o desafio. Com a morte da mulher,
entregou os filhos à dona Angelina. Cinco meses morou
sozinho, sem acender o fogo nem arrumar a cama. Desertou
o emprego, não visitava as crianças. Dona Angelina ignorava
se ainda era vivo. Dormia borracho, não no quarto, lá no

puxado da lenha. / Trazia embrulho de pastéis, que mastigava
entre goles de cachaça, frios e pegajosos de gordura.
--Dia de ficar bêbado--anunciava aos seus botões.--Olhar
para as telhas...
E olhava: as telhas encardidas, cobertas de teias. Chovia,
despregavam-se as aranhas de ventre peludo. Cabeça debaixo
do lençol, mordendo os dedos, tremia de pavor.
Transbordou a caixa d'água, inundada a casa, o vizinho deu
alarma. Dona Angelina acudiu e, ao ver no colchão os buracos
da brasa de cigarro, arrastou com ela o filho, cansado demais
para discutir. No antigo quarto de solteiro, olhou-se muito
tempo no espelho, a princípio curioso, depois aborrecido,
enfim com náusea. Naquela hora, sem dores, deixou de beber.
Agora, passado um ano, apagada a luz do banheiro, dirige-
se no escuro ao seu quarto. Detém-se um instante na sala:
o ronco estertoroso da velha encobre a respiração das crianças.
O menor dorme com dona Angelina, a filha na cama de grades.
Bem que o preveniu:
--Está perdendo a festa da vida. Os filhos é que...
Embora a porta aberta, ele se afasta sem voltar o rosto:
uma gaiola o amor dos filhos, dourada quem sabe. Você não
fura o olho do passarinho para que cante mais doce? Outro
cigarro enquanto se despe. Estende a roupa na cadeira; bem
cedo a mãe vem apanhá-la, escova e passa a ferro--o único
terno. Ninguém diria que é o mesmo, não fora um buraco de
cigarro na manga. Domingo ele próprio capricha no vinco da
calça preta.
Afofa os dois travesseiros para ler o jornal, nunca mais
abriu um livro. Uma vez por semana, com repugnância e
método, entrega-se ao prazer solitário--o mísero consolo do
viúvo. Afinal vem o sono, aninha-se nas cobertas e dorme,
o eterno grilo debaixo da janela.
Ali na sala, ao pé do caixão, espanta a mosca no rosto da
falecida. Os outros dão-lhe as costas:
--Olhe bem para a sua vítima. Você que a matou.
Finou-se de leucemia, que a família atribuiu aos beijos do
vampiro sem alma.
As lágrimas secando na face, espera a manhã. Encolhido,
tosse e resmunga: "Essa bronquite..." Dedo trêmulo,
acende o primeiro cigarro ainda na cama e o segundo enquanto
faz a barba. Chuveiro frio. Sai sem ver os filhos. Na
rotina de preencher ficha e calcular percentagem, debaixo
das telhas espiam-no as aranhas de ventre cabeludo.

TEMA

As frustrações e a rotina como formas de vida e de morte.

A FACA NO CORAÇÃO

--Você Rapou o bigode, João. Ficou mais moço.
--Na mesma hora em que ela me deixou. O amor é uma faca
no coração. Cada dia se enterra mais fundo, que não deixe
de sangrar.
--Esse óculo rachado. Não pode enxergar direito.
--Depois que a gente acostuma, não atrapalha tanto.
--Maria, ela não merece você. É bom demais. E os filhos?
--A mais velha me odeia. Dizer que me chamava Paizinho.
--No começo eles tomam o partido da mãe.
--Ao encontrá-la na rua, me virou o rosto: Você é uma filha
ingrata. *Nada de ingrata. Nem considero o senhor meu pai.*
Então a culpada foi sua mãe... Sabe o que ela fez? Quis me
avançar com a unha afiada.
--A outra filhinha?
--Também do lado da mãe.
--E o filho?
--Esse é o maior inimigo.
--Você, João, uma infância tão feliz. Agora sofrendo esse
horror. Dona Cotinha teve a felicidade de não ver.
--Se ela está vendo... Tudo!
--Vendo o quê?
--É espírito forte. Tudo ela vê. Fala comigo em sonho.
Sabe o que repete?
--...
--*Meu filho, sinto uma pena de você!*
--Ó Maria, mal de cada dia.
--Minha cama é só mordida de formiguinha ruiva. Usei tudo
que é veneno. Até lavei o soalho. Mas não adiantou.
--É a famosa insônia de viúvo.
--Três da manhã, lá vem o negro desdentado, entra no
quarto, deixa uma flor na minha testa.
--E quando você acorda, a flor está ali?
--Como é que adivinhou? Flor é do céu, não é? Quem
manda é a velha: *Vá cuidar do meu menino, tão sozinho.*
--Deve arrumar uma companheira.

--Quem é que vai me querer?

--Quanta mulher, João. Uma viúva, uma desquitada infeliz, tanta professora bonitinha.

--*Cada dia*--são palavras da Maria--*é mais difícil gostar de você.*

--Mulher é que não falta.

--Tenho uma em vista. Viúva de trinta anos. Maria praguejou que sozinho não consigo outra.

--Deve mostrar para ela. Pode até escolher.

--*Como é que você dobrou a Maria, assim furiosa?*--perguntou a pobre velha, antes de morrer. Não dobrei a Maria, eu disse, dobrei os joelhos.

--Mudar a lente rachada não custa. Em vez dessa gravata fúnebre uma de bolinha azul.

--Nunca tomei um copo d'água sem dar a metade para ela, que no fim me fugiu. Na cama o cobertor era todo de Maria. Não tinha um fio e uma agulha para este botão?

--Bem sei que fazia pose para você. Logo ela!

--É refinada feiticeira. Coração comido de bichos, ela tem um buraco no peito. Sabe o que, no dia em que me abandonou?

--...

--Só de traidora degolou o casal de garnisés...

--Nem tremeu a mão de unha dourada.

--... estrangulou o canário no arame da gaiola...

--Não me diga, João!

--... e furou o olho do peixinho vermelho.

--Esqueça a ingrata nos braços de outra.

--Não é feia a viúva. Trinta anos mais moça, apetitosa. Só eu não mereço?

--Assim é que se fala, João.

--Não posso ter dó de mim, daí estou perdido. Acho que me engracei pela viuvinha. O amor é uma corruíra no jardim-- de repente ela canta e muda toda a paisagem.

TEMA

Comentar as comparações do amor feitas neste conto com uma faca, primeiro, e depois, com uma corruíra.

11

LYGIA FAGUNDES TELLES

Lygia Fagundes Telles (1923) was born in São Paulo, the capital of the state where she spent most of her childhood. Following a five-year interval in Rio de Janeiro, she returned to her native city, and there continued her formal education, enriching it with voracious, if disorderly reading of literary works, and composing her first short stories. A collection of these, *Porões e Sobrados*, was published in 1938 with such eminent success that she began to be called an "adolescent prodigy". After receiving her diploma in physical education, she went on to a degree in law (1945) while she continued writing (her second collection of short stories, *Praia Viva*, appeared in 1944) and further enlarging her knowledge via a serious immersion in the classics of several literatures. Finding her few years' practice of law to be incompatible with her temperament, she turned her intellectual interests more fully toward literary creativity. She has since traveled widely (France, Portugal, Russia, China, the United States, etc.), and now resides in the city of her birth.

Lygia Fagundes Telles has produced an estimable body of literary works consisting of newspaper articles, short stories, and novels. The aforementioned titles were followed by *O Cacto Vermelho* (1949), *Histórias do Desencontro* (1958), *Histórias Escolhidas* (1964), *O Jardim Selvagem* (1965), *Antes do Baile Verde* (1970), *Seminário dos Ratos* (1977), and *Filhos Pródigos* (1978), all collections of short stories; by a novella, *Gaby* (1964); and by three novels, *Ciranda de Pedra* (1954), *Verão no Aquário* (1963), and her recent best seller (at least seven editions to date), *As Meninas* (1975). Her fictional art has steadily grown in literary quality. She has examined the past, present, and likely future of the craft of fiction, humbly and wisely adapting its most congenial elements to her own creative gifts, and bringing the Brazilian short story up to an admirable level of technical mastery and suggestive power. Her art and her thematic concerns center upon the spiritual frustrations of living in the morally jaded bourgeois society of our time--particularly, the need of woman for the affirmation of her authentic self and the constraints to which she is consequently subjected.

The artistic caliber of her fiction has been confirmed by several of the most coveted literary prizes in and outside Brazil. The first of the two *contos* presented here, "Antes do Baile Verde" (the title, as well, of the collection from which they both are taken), was awarded the "Grand Prize" in the international writing competition for foreign women writers held in Cannes in 1969, winning over a field of 360 entries from more than 20 countries.

ANTES DO BAILE VERDE

O rancho azul e branco desfilava com seus passistas vestidos à Luís XV e sua porta-estandarte de peruca prateada em forma de pirâmide, os cachos desabados na testa, a cauda do vestido de cetim arrastando-se enxovalhada pelo asfalto. O negro do bumbo fez uma profunda reverência diante das duas mulheres debruçadas na janela e prosseguiu com seu chapéu de três bicos, fazendo flutuar a capa encharcada de suor.

--Ele gostou de você--disse a jovem, voltando-se para a mulher que ainda aplaudia.--O cumprimento foi na sua direção, viu que chique?

A preta deu uma risadinha.

--Meu homem é mil vezes mais bonito, pelo menos na minha opinião. E já deve estar chegando, ficou de me pegar às dez na esquina. Se me atraso, ele começa a encher a caveira e pronto, não sai mais nada.

A jovem tomou-a pelo braço e arrastou-a até a mesa de cabeceira. O quarto estava revolvido como se um ladrão tivesse passado por ali e despejado caixas e gavetas.

--Estou atrasadíssima, Lu! Essa fantasia é fogo... Tenha paciência, mas você vai me ajudar um pouqinho.

--Mas você ainda não acabou?

Sentando-se na cama, a jovem abriu sobre os joelhos o saiote verde. Usava biquíni e meias rendadas também verdes.

--Acabei o quê, falta pregar tudo isto ainda, olha ai... Fui inventar um raio de pierrete dificílima!

A preta aproximou-se, alisando com as mãos o quimono de seda brilhante. Espetado na carapinha trazia um crisantemo de papel-crepom vermelho. Sentou-se ao lado da moça.

--O Raimundo já deve estar chegando, ele fica uma onça[1] se me atraso. A gente vai ver os ranchos, hoje quero ver todos.

--Tem tempo, sossega--atalhou a jovem. Afastou os cabelos que lhe caíam nos olhos. Levantou o abajur que tombou na mesinha.--Não sei como fui me atrasar desse jeito.

--Mas não posso perder o desfile, viu, Tatisa? Tudo, menos perder o desfile!

--E quem está dizendo que você vai perder?

A mulher enfiou o dedo no pote de cola e baixou-o de leve nas lantejoulas do pires. Em seguida, levou o dedo até o saiote e ali deixou as lantejoulas formando uma constelação desordenada. Colheu uma lantejoula que escapara e delicadamente tocou com ela na cola. Depositou-a no saiote, fixando-a com pequenos movimentos circulares.

--Mas se tiver que pregar as lantejoulas em todo o saiote...

--Já começou a queixação? Achei que dava tempo e agora não posso largar a coisa pela metade, vê se entende! Você ajudando vai num instante, já me pintei, olha aí, que tal minha cara? Você nem disse nada, sua bruxa! Hein?... Que tal?

A mulher sorriu.

--Ficou bonito, Tatisa. Com o cabelo assim verde, você está parecendo uma alcachofra, tão gozado. Não gosto é desse verde na unha, fica esquisito.

Num movimento brusco, a jovem levantou a cabeça para respirar melhor. Passou o dorso da mão na face afogueada.

--Mas as unhas é que dão a nota, sua tonta. É um baile verde, as fantasias têm que ser verdes, tudo verde. Mas não precisa ficar me olhando, vamos, não pare, pode falar, mas vá trabalhando. Falta mais da metade, Lu!

--Estou sem óculos, não enxergo direito sem os óculos.

--Não faz mal--disse a jovem, limpando no lençol o excesso de cola que lhe escorreu pelo dedo.--Vá grudando de qualquer jeito que lá dentro ninguém vai reparar, vai ter gente à beça.[2] O que está me endoidando é este calor, não agüento mais, tenho a impressão de que estou me derretendo, você não sente? Calor bárbaro!

A mulher tentou prender o crisântemo que resvalara para o pescoço. Franziu a testa e baixou o tom de voz.

--Estive lá.

--E daí?

--Ele está morrendo.

Um carro passou na rua, buzinando freneticamente. Alguns meninos puseram-se a cantar aos gritos, o compasso marcado pelas batidas numa frigideira: *A coroa do rei não é de ouro nem de prata...*

--Parece que estou num forno--gemeu a jovem, dilatando as narinas porejadas de suor.--Se soubesse, teria inventado uma fantasia mais leve.

--Mais leve do que isso? Você está quase nua, Tatisa. Eu is com a minha havaiana, mas só porque aparece um pedaço da coxa o Raimundo implica. Imagine você então...

Com a ponta da unha, Tatisa colheu uma lantejoula que se enredara na renda da meia. Deixou-a cair na pequena constelação que ia armando na barra do saiote e ficou raspando pensativamente um pingo ressequido de cola que lhe caíra no joelho. Vagava o olhar pelos objetos, sem fixar-se em nenhum. Falou num tom sombrio:

--Você acha, Lu?

--Acha o quê?

--Que ele está morrendo?
--Ah, está, sim. Conheço bem isso, já vi um monte de
gente morrer, agora já sei como é. Ele não passa desta noite.
--Mas você já se enganou uma vez, lembra? Disse que ele
ia morrer, que estava nas últimas... E no dia seguinte ele já
pedia leite, radiante.
--Radiante?--espantou-se a empregada. Fechou num muxoxo
os lábios pintados de vermelho-violeta.--E depois, eu não disse
não senhora que ele ia morrer, eu disse que ele estava ruim,
foi o que eu disse. Mas hoje é diferente, Tatisa. Espiei da
porta, nem precisei entrar para ver que ele está morrendo.
--Mas quando fui lá ele estava dormindo tão calmo, Lu.
--Aquilo não é sono. É outra coisa.
Afastando bruscamente o saiote aberto nos joelhos, a jovem
levantou-se Foi até a mesa, pegou a garrafa de uísque e procurou um copo em meio da desordem dos frascos e caixas.
Achou-o debaixo da esponja de arminho. Soprou o fundo cheio
de pó-de-arroz e bebeu em largos goles, apertando os maxilares.
Respirou de boca aberta. Dirigiu-se à preta.
--Quer?
--Tomei muita cerveja, se misturo dá ânsia.
A jovem despejou mais uísque no copo.
--Minha pintura não está derretendo? Veja se o verde dos
olhos não borrou... Nunca transpirei tanto, sinto o sangue
ferver.
--Você está bebendo demais. E nessa correria... Também
não sei por que essa invenção de saiote bordado, as lantejoulas
vão se desgrudar todas no aperto. E o pior é que não posso
caprichar, com o pensamento no Raimundo lá na esquina...
--Você é chata, não, Lu? Mil vezes fica repetindo a mesma
coisa, taque-taque-taque-taque! [3] Esse cara não pode esperar
um pouco?
A mulher não respondeu. Ouvia com expressão deliciada a
música de um bloco que passava já longínquo. Cantarolou em
falsete: *Acabou chorando... acabou chorando...*
--No outro carnaval entrei num bloco de *sujos* [4] e me diverti
à grande. Meu sapato até desmanchou de tanto que dancei.
--E eu na cama, podre de gripe, lembra? Neste quero me
esbaldar.
--E seu pai?
Lentamente a jovem foi limpando no lenço as pontas dos dedos
esbranquiçados de cola. Tomou um gole de uisque. Voltou a
afundar o dedo no pote.
--Você quer que eu fique aqui chorando, não é isso que
você quer? Quer que eu cubra a cabeça com cinza e fique de
joelhos rezando, não é isso que voce está querendo?--Ficou
olhando para a ponta do dedo coberto de lantejoulas. Foi deixando no saiote o dedal cintilante.--Que é que eu posso fazer?
Não sou Deus, sou? Então? Se ele está pior, que culpa tenho
eu?

--Não estou dizendo que você é culpada, Tatisa. Não tenho nada com isso, ele é seu pai, não meu. Faça o que bem entender.

--Mas você começa a dizer que ele está morrendo!

--Pois está mesmo.

--Está nada! Também espiei, ele está dormindo, ninguém morre dormindo daquele jeito.

--Então não está.

A jovem foi até a janela e ofereceu a face ao céu roxo. Na calçada, um bando de meninos brincava com bisnagas de plástico em formato de banana, esguichando água um na cara do outro. Interromperam a brincadeira para vaiar um homem que passou vestido de mulher, pisando para fora nos sapatos de saltos altíssimos. "Minha lindura, vem comigo, minha lindura!" --gritou o moleque maior, correndo atrás do homem. Ela assistia à cena com indiferença. Puxou com força as meias presas aos elásticos do biquíni.

--Estou transpirando feito um cavalo. Juro que, se não tivesse me pintado, metia-me agora num chuveiro, besteira a gente se pintar antes.

--E eu não agüento mais de sede--resmungou a empregada, arregaçando as mangas do quimono.--Ai! uma cerveja bem geladinha. Gosto mesmo é de cerveja, mas o Raimundo prefere cachaça. No ano passado, ele ficou de porre[5] os três dias, fui sozinha no desfile. Tinha um carro que foi o mais bonito de todos, representava um mar. Você precisava ver aquele monte de sereias enroladas em pérolas. Tinha pescador, tinha pirata, tinha polvo, tinha tudo! Bem lá em cima, dentro de uma concha abrindo e fechando, a rainha do mar coberta de jóias...

--Você já se enganou uma vez--atalhou a jovem.--Ele não pode estar morrendo, não pode. Também estive lá antes de você, ele estava dormindo tão sossegado. E hoje cedo até me reconheceu, ficou me olhando, me olhando e depois sorriu. Você está bem, papai?, perguntei e ele não respondeu, mas vi que entendeu perfeitamente o que eu disse.

--Ele se fez de forte, coitado.

--De forte, como?

--Sabe que você tem o seu baile, não quer atrapalhar.

--Ih, como é difícil conversar com gente ignorante--explodiu a jovem, atirando no chão as roupas amontoadas na cama. Revistou os bolsos de uma calça comprida.--Você pegou meu cigarro?

--Tenho minha marca, não preciso dos seus.

--Escuta,[6] Luzinha, escuta--começou ela, ajeitando a flor na carapinha da mulher.--Eu não estou inventando, tenho certeza de que ainda hoje cedo ele me reconheceu. Acho que nessa hora sentiu alguma dor, porque uma lágrima foi escorrendo daquele lado paralisado. Nunca vi ele chorar daquele lado, nunca. Chorou só daquele lado, uma lágrima tão escura...

--Ele estava se despedindo.

--Lá vem você de novo, merda! Pare de bancar o corvo, até parece que você quer que seja hoje. Por que tem que repetir isso, por quê?

--Você mesma pergunta e não quer que eu responda. Não vou mentir, Tatisa.

A jovem espiou debaixo da cama. Puxou um pé de sapato. Agachou-se mais, roçando os cabelos verdes no chão. Levantou-se, olhou em redor. E foi-se ajoelhando devagarinho diante da preta. Apanhou o pote de cola.

--E se você desse um pulo lá só para ver?

--Mas você quer ou não que eu acabe isto?--a mulher gemeu exasperada, abrindo e fechando os dedos ressequidos de cola.

--O Raimundo tem ódio de esperar, hoje ainda apanho!

A jovem levantou-se. Fungou, andando rápida num andar de bicho na jaula. Chutou um sapato que encontrou no caminho.

--Aquele médico miserável. Tudo culpa daquela bicha. Eu bem disse que não podia ficar com ele aqui em casa, eu disse que não sei tratar de doente, não tenho jeito, não posso! Se você fosse boazinha, você me ajudava, mas você não passa de uma egoísta, uma chata que não quer saber de nada. Sua egoísta! [7]

--Mas, Tatisa, ele não é meu pai, não tenho nada com isso, até que tenho ajudado muito, sim senhora, como não? Todos esses meses quem é que tem agüentado o tranco? Não me queixo, porque ele é muito bom, coitado. Mas tenha a santa paciência, hoje não! Até que estou fazendo muito aqui plantada quando devia estar na rua.

Com um gesto fatigado, a jovem abriu a porta do armário. Olhou-se no espelho. Beliscou a cintura.

--Engordei, Lu.

--Você, gorda? Mas você é só osso, menina. Seu namorado não tem onde pegar. Ou tem?

Ela ensaiou com os quadris um movimento lascivo. Riu. Os olhos animaram-se:

--Lu, Lu, pelo amor de Deus, acabe logo, que à meia-noite ele vem me buscar. Mandou fazer um pierrô verde.

--Também já me fantasiei de pierrô. Mas faz tempo.

--Vem num Tufão, [8] viu que chique?

--Que é isso?

--É um carro muito bacana, vermelho. Mas não fique aí me olhando, depressa, Lu, você não vê que...--Passou ansiosamente a mão no pescoço.--Lu, Lu, por que ele não ficou no hospital?! Estava tão bem no hospital...

--Hospital de graça é assim mesmo, Tatisa. Eles não podem ficar a vida inteira com um doente que não resolve, tem doente esperando até na calçada.

--Há meses que venho pensando nesse baile. Ele viveu sessenta e seis anos. Não podia viver mais um dia?

A preta sacudiu o saiote e examinou-o a uma certa distância. Abriu-o de novo no colo e inclinou-se para o pires de lantejoulas.

--Falta só um pedaço.

--Um dia mais...

--Vem me ajudar, Tatisa, nós duas pregando vai num instante.

Agora ambas trabalhavam num ritmo acelerado, as mãos indo e vindo do pote de cola ao pires e do pires ao saiote, curvo como uma asa verde, pesada de lantejoulas.

--Hoje o Raimundo me mata--recomeçou a mulher, grudando as lantejoulas meio ao acaso. Passou o dorso da mão na testa molhada. Ficou com a mão parada no ar.--Você não ouviu?

A jovem demorou para responder.

--O quê?

--Parece que ouvi um gemido.

Ela baixou o olhar.

--Foi na rua.

Inclinaram as cabeças irmanadas sob a luz amarela do abajur.

--Escuta, Lu, se você pudesse ficar hoje, só hoje--começou ela num tom manso. Apressou-se:--Eu te daria meu vestido branco, aquele meu branco, sabe qual é? E também os sapatos, estão novos ainda, você sabe que eles estão novos. Você pode sair amanhã, você pode sair todos os dias, mas pelo amor de Deus, Lu, fica hoje!

A empregada empertigou-se, triunfante.

--Custou, Tatisa, custou. Desde o começo eu já estava esperando. Ah, mas hoje nem que me matasse eu ficava, hoje não.

--O crisântemo caiu enquanto ela sacudia a cabeça. Prendeu-o com um grampo que abriu entre os dentes.--Perder esse desfile? Nunca! Já fiz muito--acrescentou, sacudindo o saiote.

--Pronto, pode vestir. Está um serviço porco, mas ninguém vai reparar.

--Eu podia te dar o casaco azul--murmurou a jovem, limpando os dedos no lençol.

--Nem que fosse para ficar com meu pai eu ficava, ouviu isso, Tatisa? Nem com meu pai, hoje não.

Levantando-se de um salto, a moça foi até a garrafa e bebeu de olhos fechados mais alguns goles. Vestiu o saiote.

--Brrrr! Esse uísque é uma bomba--resmungou, aproximando-se do espelho.--Anda, venha aqui me abotoar, não precisa ficar aí com essa cara. Sua chata.

A mulher tateou os dedos por entre o tule.

--Não acho os colchetes...

A jovem ficou diante do espelho, as pernas abertas, a cabeça levantada. Olhou para a mulher, através do espelho:

--Morrendo coisa nenhuma, Lu. Você estava sem os óculos quando entrou no quarto, não estava? Então não viu direito, ele estava dormindo.

--Pode ser que me enganasse mesmo...

--Claro que se enganou. Ele estava dormindo.

A mulher franziu a testa, enxugando na manga do quimono o suor do queixo. Repetiu como um eco:

--Estava dormindo, sim.

--Depressa, Lu, faz uma hora que você está com esses colchetes!

--Pronto--disse a outra, baixinho, enquanto recuava até a porta.--Você não precisa mais de mim, não é?

--Espera!--ordenou a moça, perfumando-se rapidamente. Retocou os lábios, atirou o pincel ao lado do vidro destapado.

--Já estou pronta, vamos descer juntas.

--Tenho que ir, Tatisa!

--Espera, já disse que estou pronta--repetiu, baixando a voz.--Só vou pegar a bolsa...

--Você vai deixar a luz acesa?

--Melhor, não? A casa fica mais alegre assim.

No topo da escada ficaram mais juntas. Olharam na mesma direção: a porta estava fechada. Imóveis como se tivessem sido petrificadas na fuga, as duas mulheres ficaram ouvindo o relógio da sala. Foi a preta quem primeiro se moveu. A voz era um sopro:

--Quer ir dar uma espiada, Tatisa?

--Vá você, Lu...

Trocaram um rápido olhar. Bagas de suor escorriam pelas têmporas verdes da jovem, um suor turvo como o sumo de uma casca de limão. O som prolongado de uma buzina foi-se fragmentando lá fora. Subiu poderoso o som do relógio. Brandamente a empregada desprendeu-se da mão da jovem. Foi descendo a escada na ponta dos pés. Abriu a porta da rua.

--Lu! Lu!--a jovem chamou num sobressalto. Continha-se para não gritar.--Espera aí, já vou indo...

E, apoiando-se ao corrimão, colada a ele, desceu precipitadamente. Quando bateu a porta atrás de si, rolaram pela escada algumas lantejoulas verdes na mesma direção, como se quisessem alcançá-la.

NOTES

1. *fica uma onça:* becomes furious (*onça* is the name commonly used to refer to any of various wildcats, pumas, or cougars).

2. *à beça:* lots of, many.

3. *taque-taque-taque-taque:* blah-blah-blah.

4. *sujos:* low-class carnival dancers.

5. *ficou de porre:* stayed drunk.

6. *Escuta:* see note 6, p. 102.

7. *Sua egoísta!:* You egotist! (*Sua* is a colloquial form of *senhora*, used here in a denouncing tone.)

8. *Tufão:* Typhoon (an invented word, hypothetically comparable to the graphic nicknames given by North American automobile manufacturers to many of their models: "Mustang", "Impala", "Dart", etc.).

TEMA

A luta de Tatisa entre o sentido do dever e o desejo de
divertir-se.

OLHO DE VIDRO

Trezentos e dezoito, trezentos e dezesseis... É ali. Rua
das Tulipas, trezentos e dezesseis. Sim senhor, que casa!
Ainda desta vez o faro não me enganou. Quando vi ontem o
velhote pensei com meus botões: [1] esse sujeito é podre de rico.
Sei diferenciar fachada de coisa para valer: rico tem cheiro
próprio, pode estar vestido simplesmente, mas tem o cheiro
especial que vem do armário onde guarda a roupa, dos tapetes,
da casa, da comida, do cachorro... Corno e rico eu conheço
pelo cheiro. Ele entrou com ar assim vago de visitante de
museu. Ofereci uma cadeira, mas não quis sentar. Ficou
defronte da mesa, muito empertigado, muito distinto. Então
pensei: todas manhãs faz massagem para tirar a barriga, joga
golfe num clube grã-fino e apesar de ficar de língua de fora
não recusa subir uma ladeira. Era dos tais que deviam andar
com uma tabuleta dependurada no pesoço: Tenha sempre vinte
anos!
Às suas ordens--eu disse. Ele então me encarou. Nunca vi
olhos tão duros, que não combinavam com seu ar de cretino
distraído. "Queria entregar-lhe um caso delicado..."--começou
e interrompeu a frase. Já sei, meu querido, todos os casos
são delicadíssimos, "oh, se tu soubesses como sou tão delicado",
cantarolei lá por dentro. Ofereci-lhe um cigarro. Ele quase
aceitou, mas não gostou da marca. "Os meus são mais fracos"
--disse, tirando um maço do bolso. Não eram mais fracos,
eram ingleses. Ofereci-lhe fósforo. Agora examinava com
interesse exagerado o cartão que afixei com tachas num canto
da mesa. "Esse desenho representa uma esmeralda?"--pergun-
tou. "Não, é um olho"--respondi. "Interessante, tem tantas
facetas... É o símbolo aqui da agência?--E, sem esperar pela
resposta, cravou em mim os olhinhos.--Mas, como ia dizendo,
queria confiar-lhe um caso muito delicado. Trata-se de uma
senhora...--Hesitou. Tinha nos lábios finos o mais falso dos
sorrisos.--De minha senhora--acrescentou, pigarreando.--
Queria que durante uma ou duas semanas o senhor, pessoalmente, a observasse do meio-dia em diante."

Tive vontade de rir: *observasse*. Era raro alguém pedir
para observar ao invés de *seguir, acompanhar, vigiar*...
Geralmente chegavam mesmo a pedir: "Queria que o senhor
fosse atrás." Mas está claro que aquele sujeito era distinto
demais para falar assim. Fiquei na dúvida. Dera a entender
que devia ser eu mesmo. Nos últimos tempos entregava os
casos ao Ludovido e ao Geraldo enquanto atendia no escritório
ou fazia corretagens por fora. Mas dessa vez não podia
recusar. A nota ia ser alta. E eu podia deixar a agência
com o Dudu atendendo. Estávamos no Natal, o movimento
caíra muito, nessa época os desconfiados ficam menos desconfiados, esposas, maridos, amantes.
"Quando devo começar?" O velhote meteu a mão no bolso e
exibiu uma fotografia. "Trouxe para facilitar..." Examinei o
postal e devolvi-o. Nem bonita nem feia, de uns vinte e cinco
anos, um pouco magra. A mesma carinha triangular de Ivone.
E aquele jeito de olhar meio estrábico, meio velado. "Está
certo de que poderá identificá-la?"--quis saber. Sorria ainda
aquele sorriso de quem se desculpa por ter tropeçado. "Pode
ficar tranqüilo. Sua senhora lembra uma pessoa que conheço."
Tirou a carteira. Toquei-lhe no ombro, calma, o pagamento
ficaria para depois. "Se o senhor ficar satisfeito." Ele ficou
sério e me olhou com uma cara de garoto abandonado no
escuro. O que significava *ficar satisfeito?* Os olhinhos
voltaram a se apertar implacáveis, vingativos. Escreveu com
letra trêmula o endereço. Pintava o cabelo já ralo, uma
franjinha tipo Napoleão disfarçando a calvície. Embaixo do
endereço escreveu o nome, um nome qualquer inventado na
hora. Num minuto poderíamos saber o verdadeiro nome, mas
não interessa. Levei-o até o elevador. Uma boa lavanda,
inglesa, como os cigarros, concluí, cheirando minha mão.
Teria que vestir minha melhor roupa para ir vê-lo dentro de
alguns dias. Delicadeza por delicadeza, tenho a delicada
incumbência de comunicar-lhe que sua excelentíssima esposa
freqüenta um apartamento na Rua do Girassol. Existe Rua do
Girassol? Eis um nome ideal para uma rua de amantes. Rua
do Girassol, o amor desabrochando na plenitude, amor proibido
que é o máximo em matéria de amor, a corola louca de peito
aberto para os riscos, escândalos, aflições. Assim que a
aventura entrar em decadência ou se oficializar, os amantes
devem se mudar para uma rua com nome de outra flor.
Rua das Tulipas, trezentos e dezesseis. Que casa. A
piscina deve ser nos fundos, a água azul, o biquíni amarelo,
o sol batendo em cheio no corpo quase marrom, a carinha triangular inocente, o pensamento enveredando para as banda-
lheiras... Debaixo de um sol destes até um bicho-preguiça
fica estimulado, imagine então a vesguinha do nosso campeão
de golfe.
Dou meu pescoço a cortar[2] como este vai ser um caso positivo, sinto a coisa no ar. Não me arrependo de ter vindo,
acho que vou me divertir. Aliás, sempre preferi vigiar mulher,

tem outro encanto. Veado também. Homem não dá emoção.
Somos diretos, agimos com a naturalidade de quem vai escovar
os dentes. A traição fica menos traição sem aqueles enrola-
mentos, os gestos são mais abertos, mais simples. Não carre-
gamos os miasmas da mulher que sai de casa para o encontro,
ah, essa coisinha fascinante e imunda se rebolando e olhando
com o rabo do olho para um lado, para outro... Homem não
olha com o rabo do olho, só mulher. Me lembro daquela
lourinha de casaco de onça parecido com o casaco que dei para
Ivone. O marido veio me procurar com a cara inchada,
vermelha, devia ter chorado como um bezerro. É lógico que
já sabia, mas precisava urgente de alguém que lhe dissesse.
Quando me contratou, nem dinheiro tinha, o condenado. Foi
sincero, explicou a situação: "Quero deixar aqui estes objetos
numa espécie de penhor--disse me entregando um binóculo de
ouro e uma cigarreira de prata e não sei mais o quê.--Assim
que tiver dinheiro, o que vai acontecer logo, venho retirar
tudo." Não veio. Depois de receber o relatório, nunca mais
apareceu. Dei o binóculo para Ivone e vendi as outras coisas.
A moça era lindíssima. Logo na primeira manhã, tudo ficou
esclarecido, a cera que fiz[3] depois faz parte do ofício. Tomou
um táxi. Eu atrás. Quando entrou na igreja, assustei. Um
padre?! É que eu estava tão certo de que ia reto para o
amante que não entendi a igreja no meio. O lógico é que fosse
pedir perdão depois. Mas nessas coisas a lógica não funciona.
Ajoelhou-se e com a luz das velas iluminando-lhe os cabelos era
ver um anjinho louro se confessando a Deus. Saiu da igreja
de cabeça baixa, os olhos molhados. Agora, sim, agora vai
fazer amor à beca.[4] Não me enganei. Perto de duas horas
esperei num bar de esquina enquanto tomava café em cima de
café, fazia um frio dos diabos. E eu não podia beber por
causa da úlcera. Enquanto olhava para o prédio encardido,
tive vontade de cantar um tango, gosto muito de tango e tem
um então que se presta demais, *Hermano!*... Minha voz é um
desastre.
    O certo é que quando os interessados chegam a recorrer a
uma agência é porque a coisa já anda preta. Tenho cá minha
filosofia a respeito, no dia em que me aposentar escrevo um
livro de quinhentas páginas, de tanto que aprendi, é incrível
como aprendi vendo o que os outros fazem; mulher principalmente. Nunca esquecerei aquela dona que segui como um per-
digueiro durante um mês. Saía de casa e freqüentava esses lugares comuns que as mulheres costumam freqüentar: cabeleirei-
ro, modista, clube, etc., era muito elegante, andava como ma-
nequim. Mas, quando chegava lá para as quatro horas, se
metia no seu carrinho--guiava feito um homem!--e se enfurnava
no cemitério. Como não gosto de cemitério, esperava no portão.
Até que comecei a ficar cismado. E se ela se encontrasse com
alguém lá dentro? Não podia haver lugar mais discreto para
uma boa prosinha. Fui espiar. Ela estava de joelhos diante
de uma modesta sepultura, um retangulo de canteiro com uma

pequena cruz de mármore no centro. Lidava com umas plantinhas que cresciam em torno da cruz e tinha as mãos sujas de terra. Dava gosto ver com que cuidado arrancava as folhinhas murchas, mexia daqui, mexia dali, chorando, sim, mas tão tranqüila em meio das margaridinhas, com uma expressão que eu ainda não conhecia. Quando afinal saiu para lavar as mãos numa torneira na quadra adiante, corri para dar uma olhadela na sepultura: era de um tal Michel. Passado o prazo, fui dar conta do serviço. O marido era um tipo sardento e ruivo, de unhas roídas. Pareceu não ligar a mínima para a primeira folha onde eu contava que a mulher tinha trançado de lá para cá pelos institutos de beleza, encontros com amigas, com conhecidos, cinemas e mais isso e mais aquilo. Achou tudo natural. Mas, quando virou a página e deu com o cemitério, ficou verde-amarelo-azul de raiva. Oh! inexperiência, oh! burrice. Eu estava há pouco no ramo, esses pormenores não me tocavam. Depois, só depois é que percebi que traições e safadezas são feitas às vezes de palitos de fósforo, um palitinho se unindo a outro e a outro e a outro... Pronto, aí está o edifício. O homenzinho pregou os olhos no pedaço do cemitério e ficou parado. As narinas tremendo como as de um coelho na moita. Só nesse instante é que percebi e, para cobrir minha falha, comecei a exagerar os gestos dela diante da sepultura. As mãos sujas de terra. E aquela expressão indefinível como dizem os romancistas que não sabem definir. Palavra que se eu estivesse descrevendo a mulher com outro na cama o efeito não poderia ser pior. Os olhos do homenzinho mudaram de cor, no começo eu jurava que eram verdes, mas escureceram tanto que agora pareciam dois pedaços de carvão. Nunca vi ninguém ter tanto ciúme. "Michel..."--ele murmurou, saboreando bem o nome, como se estivesse provando um gole de vinho, chegou a estalar a língua. "Michel..."--repetiu, e dessa vez não ouvi som nenhum. Como se despertasse, tirou a carteira e pagou com aquela alegria maligna que só mais tarde vim a entender, e como. O terrível não é a certeza, mas a dúvida, exatamente como nas doenças incuráveis: o triste não é a morte, mas a agonia. Eu amava demais meu pai, não amava? Quando ele morreu, me deu um alívio, uma paz, vontade de dormir, andar, entrar num cinema, ouvir uma música, beber um uísque... Eu queria fazer qualquer coisa, menos sofrer, que o sofrimento antes da morte, aquele sofrimento antes da consumação, já tinha me esgotado. Na história do corno é igualzinho. A dúvida é mil vezes pior do que o instante em que a gente chega e diz, pronto, o senhor tem razão, aqui estão os seus chifres.[5] Daí por diante o cara pode pelo menos optar, vou ser manso ou não e etc. e tal. Aliás, essa história de manso não existe, a mansidão é intercalada, são estados de conformação, ora o sujeito sorri e do sorriso passa para o ranger de dentes de que fala a Bíblia, tudo assim sem seqüência, sem lógica. Mansidão não quer dizer aceitação, confundem mansidão com tristeza, o que não é justo. Pensando bem, corno só é corno quando existe amor, nesse esquema o amor é indispensável. Logo, se entra o amor entra também todo aquele absurdo de comportamento que vai da facada no ventre até o gesto de se descascar uma laranja e oferecê-la no prato. Mas essas considerações são para o meu livro, eu dizia agora que o camarada ruivo me pagou apressado, como se tivesse algo urgente para fazer em seguida. O quê?! Fiquei preocupado e, ao mesmo tempo, curioso, com vontade de saber mais coisas sobre o morto, voltar lá e ler a inscrição do túmulo. Quantos anos tinha? Era casado? E ela continuava nas visitas? Mas não pude nem pensar nisso porque já apareceu no escritório a mulher de pelos no queixo me contratando para vigiar o marido. Não tive tempo para mais nada. O sujeito andava, andava, andava e quando eu pensava, pronto, agora ele vai entrar em algum lugar porque está chovendo, ele tomava um cafezinho e se punha a andar de novo. Nunca andei tanto. "Meu marido é um cínico"--a mulher me avisou.--"É cínico e esperto como uma raposa, não se distraia que ele é ligeiríssimo." Uma semana inteira andei no seu calcanhar: ia para o escritório, saía, tomava o cafezinho, saía outra vez, tomava outro cafezinho, comprava jornal, voltava para o escritório, saía outra vez, tomava outro cafezinho e, quando eu dava acordo de mim, já estávamos os dois desembestados pela rua. "Ainda não descobriu nada daquele cínico?"--a mulher me perguntava. "Seu marido não e cínico, seu marido é louco!" --tinha vontade de berrar-lhe e depois me estirar numa cama e dormir dois dias seguidos. Uma noite ela me chamou. Estava furiosa. "Se o senhor ainda não descobriu nada é porque ele já desconfiou que está sendo seguido e, como é um perverso, se diverte em fazê-lo andar desse jeito ao mesmo tempo que me obriga a gastar inutilmente."

Pode ser que ela tivesse razão, pode ser. Mas sempre que o resultado é negativo o cliente me paga com aquele ar decepcionado de quem perdeu no vermelho.[6] Mulher principalmente adora saber que não se enganou, "quer dizer que eu tinha razão?..." Mas se o sujeito é um santo até eu recebo meio constrangido, sentimento de um dinheiro mal ganho, sei lá. Agora mudei muito, já não fico torcendo para que o caso seja positivo, ao contrário, fico com pena, amoleço. A não ser quando antipatizo como me antipatizei com o velhote, então sinto aquele prazerzinho lá no fundo[7] e que me faz dizer com meus botões:[8] bem-feito!

Uma chateação isso de trabalhar com milionário morando num bairro como este, belas ruas, belos jardins e etc. e tal, mas nem sombra de um café. Deixei meu carro na esquina, podia esperar dentro, mas ele está no sol e aqui pelo menos tem esta árvore. Árvore é um elemento importante na profissão. Tão boa a árvore, tão generosa, tão familiar. A gente devia se casar com árvore. Poste é besta, mas árvore tem a doçura do berço. Um dia em Coqueiros[9] me abracei a uma figueira e fiquei chorando até que de repente fiquei alegre de novo como se toda a tristeza tivesse se transferido para o tronco. Esta deve ser uma paineira. Passo a mão no casco rugoso como uma cara velhíssima e ela me diz que é preciso ter paciência. Paciência. Que a cavalheira[10] do trezentos e dezesseis está gostando do banho de sol, que talvez nem saia hoje. Mas sairá amanha ou depois. Espero. Aprendi a esperar com Ivone. O extraordinário é que as duas se parecem demais, Ivone também tem um retrato assim meio vesguinha, ar de gata de telhado. Nem que fossem irmãs. Que me cortem o pescoço[11] se esta também não está traindo o velhote. Se lhe perguntarem por quê? ela dirá: "Éle está caindo aos pedaços e eu sou jovem." Está bem, é uma razão. Mas quando Ivone me traiu eu era moço e dava murros na rua[12] para que não lhe faltasse nada. Foi num dia assim como este, começo de primavera e etc. e tal. Tudo muito romântico, muito inspirado. Ela se embonecou toda e saiu dizendo que ia comprar não sei mais o quê. Então fingi que ia para meu emprego no banco e segui atrás dela, nesse tempo eu era bancário. Gente demais na rua e, como não tinha prática, de repente a perdi de vista. Quando a descobri de novo numa praça, ao seu lado já estava um homem de cachimbo e cabelos prateados. Parecia estrangeiro. Ela vestia um vestido branco feito de uma fazenda muito leve. Os cabelos soltos até o ombro. A cintura tão fina. Fiquei olhando e pensando como era frágil, palavra que não tinha reparado antes como ela era delicada e frágil. Quem a visse, diria: uma mocinha passeando com o pai, decerto vão a alguma festa. Só eu sabia que festa era essa. Quase nem se falaram. Quando enveredaram por um hotelzinho ordinário com essa naturalidade de quem já se habituara a subir escadas semelhantes, tive um choque tão grande que pensei que fosse desmaiar. Fiquei gelado, pregado na esquina e olhando como um desvairado para a porta por onde os dois tinham sumido. Tinha um vaso com uma palmeirinha na porta, *Hotel de Londres,* imagine. *Hotel de Londres.* Apertei no bolso o revólver. Subo e dou dois tiros em cada um, subo daqui a uns dez minutos, é preciso dar tempo para que se dispam, quero que morram pelados e antes do amor, tem que ser antes! Um tiro certeiro no meu ouvido e pronto, tudo acabado. Gotas de suor corriam pelo meu pescoço com uma viscosidade de sangue. Enxuguei-as e olhei num desfalecimento para o lenço. No ouvido, não, muito barulho. E depois tem lá um osso que costuma desviar as balas, acabo vivo e surdo, melhor acertar no coração. Respirei fundo ouvindo o coração bater com tanta força que parecia querer arrombar o peito. Mas por que devo me matar? Quer dizer que sou traído, sofro e ainda tenho que morrer?!... Mas por que me castigar assim? Já não foi o suficiente? Não, eu não me mato coisa nenhuma! Mato só os dois, é isso, mato os dois e depois me entrego. Chego na polícia calmamente, ponho o revólver na mesa do delegado: "Pode me prender." O homem me examina. "Mas o que foi que o senhor fez?" Tiro do bolso meus documentos. "Acabo de matar minha mulher e o amante dela." Manchete nos jornais, Ivone na primeira página,

estendida na cama, seminua, os olhos esbugalhados, "o que é
isto!?", susto maior do homem ao lado de cueca, segurando
ainda o cachimbo. Roberto no maior espanto, telefonando para
Lula: "Você esperava que ele fizesse isso?..." O processo.
Chamo Aristeu para me defender. No júri, o Aristeu falando:
"Fui colega do réu no ginásio e posso como ninguém falar desse
adolescente puro e bom que viveu comigo os mesmos sonhos e
as mesmas esperanças. Planejávamos seguir Direito, abriríamos
um escritório juntos. Só eu prossegui estudando, logo ele
viria a conhecer aquela que foi sua felicidade e sua desgraça:
Ivone, a volúvel Ivone pela qual se apaixonou a ponto de
abandonar tudo para só pensar em ter uma situação econômica
que lhe permitisse casar. A jovem e bela Ivone... Lembro-me
do dia do casamento dos dois: quanto respeito sentia por si
mesmo e quanta fé depositava no futuro! Foi com os olhos
marejados de lágrimas que levou Ivone ao altar. Ela era dele.
Só dele. Esse o seu mais sagrado e doce direito. Esperava
ter filhos--quantas vezes me falou nisso!--, filhos que cres-
ceriam felizes dentro de um lar de dignidade e amor. E eis
que agora, passados apenas dois anos--dois curtos anos!--,ela
chafurda na lama, manchando o nome honrado daquele que lhe
deu tudo, conforto, respeito, que digo?!, que lhe deu o próprio coração!"
Enxuguei os olhos, uma pena de mim quase insuportável.
Mas Aristeu se entusiasmava e prosseguia como uma cachoeira,
sacudindo numa convulsão os punhos de renda: "E notem os
senhores que ele não premeditou o crime! Naquela tarde fatí-
dica, tinha um revólver, é verdade, mas levou-o por acaso..."
Eu estava sofrendo horrivelmente, estava ali como um trapo,
mas nesse pedaço do revólver *por acaso* desatei a rir. Até
hoje não entendo o que se deu comigo: tão desesperado, o
olho pregado no hotelzinho infecto e de repente começo a rir
que não podia mais parar. É que me lembrei do Aristeu no
ginásio. Sempre foi um mentiroso de marca e todo santo dia
tinha que inventar alguma novidade. Uma manhã nos chamou
no maior mistério e depois de nos fazer jurar que não diríamos
nada a ninguém, contou que a professora de Geografia estava
grávida. "Mas grávida, como? Ela é solteira!"--dissemos
horrorizados. Naquele tempo não se usava mãe solteira e isso
de Dona Renina ter um filho era um escândalo que exorbitava
em matéria de escândalo. Aristeu sorria, triunfante: "É o que
estou lhes dizendo. E o pai é o Seu Ferraz." Então ameaçamos:
"Se daqui a uns três meses a barriga dela não começar a
crescer, você levará uma surra memorável!" Ele ouviu calado.
Uma semana depois nos chamou de novo: "Aconteceu uma
coisa, Dona Renina abortou!" Agarramos Aristeu pela gola:
"Como é que você sabe disso agora?" Ele tomou fôlego: "Ela
foi numa parteira, ora! Eu estava lá, por acaso..."
"Por acaso ele estava armado..." Recompus a fisionomia,
mas a verdade é que não consegui continuar imaginando a cena
do tribunal. Fizera mal em escolher o Aristeu, aquele patife.

Ele sempre estragava tudo. E já recorria a outro advogado, o tio Alcebíades, que me viu nascer, quando no meio disso tudo vejo Ivone sair muito sossegada do hotel. O sujeito ainda ficou lá. Ela saiu sem pressa, com aquele andar de gata dorminhoca. Parou na porta de um cinema, espiou os cartazes, deu esmola a um mendigo, ela é muito generosa. E chamou um táxi. Cheguei depois dela. Não conto os caminhos que fiz antes de chegar em casa. Entrei num bar para beber e não quis beber, fui procurar uma vagabunda e larguei a vagabunda na metade, telefonei ao Lula para contar tudo, queria me abrir com um amigo e quando ele perguntou, quais as novidades, fiquei mudo como um peixe. "Devo matá-la agora!"--dizia a mim mesmo, enquanto ela trançava em meu redor, tirando os pratos do armário, era folga da criada. "Agora! Já!"--repetia, apertando o revólver no bolso. Mas, por mais que me desse essas ordens, a verdade é que eu não tinha a menor vontade de matá-la. "Mas ela te traiu, TRAIU!" E, quando me vinha essa palavra, eu como que despertava, só essa palavra conseguia me sacudir daquela miserável apatia. "Você também não a traiu? Vamos, responda!"--perguntei a mim mesmo.-- "Traí, é claro. Andei até com as amigas dela. Mas é diferente" --respondi, erguendo o olhar para o retrato da minha mãe e do meu pai, na parede da sala. Lá estavam os dois tão cheios de bondade e amor, a cabeça da minha mãe inclinada para o ombro dele. Meu pai fixava em mim o olhar severo. Seus lábios pareciam tremer sob os fartos bigodes negros. "Não, filho! Não! Largue esse revólver, não se transforme num assassino! Se ela te TRAIU, expulse-a de casa! Abra a porta e aponte: rua!" Levantei-me. Isso mesmo, expulsá-la, expulsá-la imediatamente a pontapés. Pontapés! E olhei para minha mãe. Minha mãe tinha os olhos assustados e a boca entreaberta, mas não dizia nada. Estava com essa mesma expressão naquela tarde em que entrei de repente na sala. Meu pai tinha saído e eu pulava corda na calçada quando me lembrei do meu diabolô[13] que ficou em cima do piano. Abri a porta e dei com minha mãe sentada no tapete e o tio Alcebíades sentado junto dela. Fiquei olhando para a pastinha dele que andava sempre tão lustrosa e grudada na testa como um pedaço de pano e que agora estava toda desmanchada. Minha mãe me olhou com aqueles olhos espantados. Depois sorriu e me estendeu a mão: "Venha, filhinho, venha procurar também..." Ajoelhei-me e comecei a olhar debaixo das cadeiras. Sentia-me confuso e com a impressão de que alguma coisa estava errada, mas não sabia o que era. "O que foi que caiu?"--lembrei de perguntar. "Uma chave do tio Alcebíades"--minha mãe disse. Ficamos os três de gatinhas, apalpando o tapete, levantando as almofadas. Comecei a ficar aflito. Minha mãe não gostava de se abaixar por causa do torcicolo e agora assim de quatro?... Redobrei-me na busca. "Veja se não está ali perto do sofá"--tio Alcebíades indicou. Fui de joelhos até o sofá, olhei: lá estava a chave reluzindo no escuro. "Achei, titio, achei!"--anunciei

na maior alegria, voltando-me para os dois. Eles já estavam de
pé, ao lado do piano. Reparei que a pastinha de tio Alcebíades
estava novamente no seu lugar. "Você é um bom menino"--
ele disse, dando-me palmadinhas nas costas.--"Um bom menino,
e por isso vai ganhar esta moeda. Compre um sorvete com
ela." Beijei-lhe efusivamente a mão e saí correndo. Estava no
meio da escada quando minha mãe chamou: "Mas, filho, que é
que você veio fazer na sala?" Lembrei-me. "Ah, o meu diabolô!..." Ela atirou-o para mim. "Tome! E não deixe mais
aqui os seus brinquedos."
    Sentei-me num desfalecimento. Não era estranho? Nunca
mais eu tinha pensado naquilo. Agora ela estava morta. Meu
pai também. Minha impressão é que foram felizes sempre. No
entanto... *Tu quoque*, mãe?[14] Mãe, não. *Mater. Tu quoque,
mater? Mater*, da terceira declinação. Da terceira? Espera aí:
arbor, arboris. Mater, matris. Estava certo, era da terceira.
"Venha, meu amor, senão a sopa esfria!"--gritou Ivone, da
copa. Cerrei os dentes. Meu amor, não é? Cadela. Vou lá
e atiro-lhe o prato de sopa na cara, resolvi, dando um murro
na poltrona. "Venha depressa, meu bem! É sopa de ervilhas,
você gosta tanto!"--insistiu Ivone. Não entendo por que as
horas todas de danação me deixaram assim varado de fome.
Comi as ervilhas.
    Por um prato de ervilhas um filho de Isaac também trocou
seu mais sagrado direito.[15] Não, não eram ervilhas, eram lentilhas, isso mesmo, lentilhas. Como pode uma criatura ser tão
baixa, tão vil?! Infecta, odiosa. Come, dorme, se veste,
trepa--tudo com aquela carinha de gata esparramada ao sol.
Vaca. Grande vaca. E não sei agora por que estou sempre a
associá-la com bichos, gosto tanto de bichos, especialmente
desses bichos, vaca, cachorro, gato. Bichos e plantas. O
sonho da minha vida era fazer de Coqueiros uma grande fazenda
e depois me casar com Susana. "Promete, meu pai, promete
que quando eu crescer vai me dar Coqueiros de presente!"
Ele acariciava com os dois dedos as pontas dos bigodes pretos.
Só hoje compreendo com que tristeza mentia para mim. "Prometo, filho, prometo." Eu corria e abraçava minha mãe:
"Mãezinha, quando eu crescer posso me casar com Susana?
Posso?" Ela sorria e me dizia que sim. "Susana, estamos
noivos! Posso agora te dar um beijo?"--perguntava todas as
manhãs quando ela ia levar no quarto um copo de leite espu-
mando ainda. Punha-se a me fazer cócegas. Cheirava um
pouco a estábulo e disso eu não gostava. Mas pensava: é
porque lida o tempo todo com as vacas, é por isso. Quando a
gente se casar vai ficar como minha mãe, cuidando só das
roseiras. Às vezes, nas brincadeiras de fantasma, na hora
em que eu ia agarrá-la de lençol na cabeça, sentia no meu
corpo os seus seios duros e redondos. Então me afligia:
"Susana, você prometeu que vai me esperar crescer! Você
prometeu!" Nas férias de julho, ao invés de irmos para
Coqueiros, fomos para o sítio de tio Alcebíades. Fiquei

desolado. Meu pai falou comigo, de olhos baixos: "A casa
está em reformas, agora não podemos ir. Nas próximas férias,
quem sabe." Só mais tarde, bem mais tarde minha mãe acabou
contando: "É melhor que você saiba, Coqueiros já tem outro
dono." Eu terminava o ginásio e pensava em entrar para a
faculdade. Fiquei magoado por terem me enganado durante
tanto tempo, mas minha mãe justificou, eles sabiam quanto a
fazendola significava para mim, não tiveram coragem, foram
adiando a notícia. E Susana?--pensei em perguntar. Não
perguntei, nao tive forças, a resposta podia ser triste também,
Susana casou-se. Ou então: Susana sumiu. Fiquei quieto.
E me consolei pensando em Ivone, alguns dias antes tinha
conhecido Ivone.
  Maldita hora em que a conheci. Maldita, maldita. Estragou
minha vida, essa é a verdade. Estragou minha vida, me enve-
nenou, perdi a confiança nos outros, perdi a confiança em mim.
É sórdida, sórdida! Aristeu tem razão, preciso me libertar
dela. Ele, sim, ele foi feliz. Lucinda é honesta, virtuosa.
Evita sair com Ivone, as duas não afinam. Há quanto tempo se
conhecem e não conseguem ser amigas. Uma vez ela me disse:
"Ivone tem um temperamento muito diferente do meu." E
acentuou bem a palavra *temperamento*. Que é que ela quis
dizer com isso, o quê? Imbecil. E quem é que me diz que
também não faz das suas?[16] Quem é que me diz que também
não pula a cerca? Virtuosa, sei disso. Ivone pelo menos é
franca, diz o que pensa, não fica o tempo todo se escondendo
como uma lagartixa. E gosta de mim. Quando eu tive tifo,
não arredou pé do meu lado, com perigo de ficar doente também.
Impossível uma dedicação maior, não comia, não dormia, ali do
meu lado, enxugando minha testa, me cobrindo. O médico
queria que ela arranjasse uma enfermeira, mas não quis,
passava as noites em claro à minha cabeceira. Sei que gosta
de mim. Deixa o seu Aristeu vir com aquela cara de pastor e
voz de clarineta me fazer outra preleção sobre a virtude, deixa
ele vir que já tenho uma boa resposta.
  Cinco horas. A nossa vesguinha já deve ter tirado o biquíni
e agora está tocando piano, acho que o som vem de lá. Não,
hoje ela não vai mais sair. Daqui a pouco chega o velhote e
é lógico que ela não está à espera de que ele chegue para ir
ver o amante. Amanhã, quem sabe. Amanhã. Toca bem a
mocinha. Minha mãe também tocava essas coisas nesse mesmo
estilo sentimental. Que me cortem o pescoço se este não é um
caso positivo. Todos são. E se Lucinda ainda não enganou
Aristeu, é por falta de imaginação.
  Enche minha boca d'água só de pensar num café. Café só
mesmo em casa, café de coador, Ivone faz um café delicioso.
Vai ficar triste porque não estou levando os morangos que me
pediu. Direi que estavam podres.

NOTES

1. *pensei com meus botões:* I thought to myself.
2. *Dou meu pescoço a cortar:* I'll bet my right arm.
3. *a cera que fiz:* my protracted action.
4. *á beca:* see note 2, p. 143.
5. *chifres:* cuckoldry.
6. *perdeu no vermelho:* lost (his bet) on the red (in roulette).
7. *lá no fundo:* deep down inside.
8. *me faz dizer com meus botões:* see note 1.
9. *Coqueiros:* name of the family *fazenda.*
10. *cavalheira:* "dame".
11. *Que me cortem o pescoço:* see note 2.
12. *dava murros na rua:* I worked very hard in any kind of job.
13. *diabolô:* (Fr.) a juggling toy.
14. *"Tu quoque", mãe?:* You, too mother? (A takeoff on the words Julius Caesar is supposed to have said to Brutus as the latter stabbed him to death (*"Tu quoque, Brute, fili mi"*).)
15. *un filho de Isaac também trocou seu mais sagrado direito:* A reference to Esau, son of Isaac, who sold his birthright of primogeniture to his brother Jacob for bread and lentil pottage (*Genesis* 25:30-34).
16. *faz das suas:* has her own activities; fools around.

TEMÁRIO

1. A atitude do narrador deste conto com respeito ao adultério, e a sua possível explicação.

2. A técnica literária de "Olho de Vidro": seqüência e intercalação de episódios e anedotas, emprego do *flashback*, modo de revelação e definição dos personagens, usos do diálogo, etc.

ANTÔNIO BULHÕES

Antônio Bulhões (1925) was born in Petrópolis, but has
lived in nearby Rio de Janeiro ever since he was a few days
old. Among his many activities can be counted an eight-year
period of public service, a few brief forays into the field of
journalism, several literary translations ranging from the works
of Diderot to those of Brecht and Arthur Miller, and the adaptation into a televised serial of Jorge Amado's *Gabriela, Cravo
e Canela.* His main occupation, however, is the practice of
law; he is a partner of one of the most important international
law firms in Brazil.

The work of Antônio Fernando de Bulhões Carvalho (his full
name) occupies a peculiar position in the world of contemporary
Brazilian letters. Writing, he tells us, is an extremely slow
and difficult process for him, and he consequently has produced but a small body of literary work: *Outubro 65*, an inti-
mate diary written during his hospitalization in the United
States, privately printed in a limited edition; *Outra Terra,
Outro Mar* (1968), a collection of seven short stories, which
has, however, come out in a second edition (1974); and his
most recent, second collection, *Estudos Para a Mão Direita*
(1976). Bulhões has explored the vital possibilities of the
short story in a highly equilibrated style, in increasingly deep
and serious soundings of the human psyche, and without re-
course to facile--or ingenious--techniques, themes, or distor-
tions of reality. In this ironic sense, he is perhaps the "new-
est" among the most authentic cultivators of the form. As a
result, apparently, of this very circumstance, his work neither
is as well known, nor has it received as much critical attention,
as that of *contistas* of comparable literary merit. Recognition
is nevertheless coming from respected Brazilian and Portuguese
literary critics--in 1975, for example, his published work was
awarded the "Prêmio Guimarães Rosa" in the short-story competition sponsored by the Department of Education and Culture of

the state of Paraná. All of which promises to raise his name
to a high, if isolated, position in the contemporary literature
of Brazil.

The variations on the theme of conjugal love in "Róseas
Flores da Alvorada" illustrate the lighter mode of the far-
ranging, "symphonic" treatment to be found in the composite
collection from which this *conto* is drawn *(Outra Terra, Outro
Mar)*.

RÓSEAS FLORES DA ALVORADA

Manhã das evidências, luminosa!
Sóbria e ardente paixão do meu olhar:
Assim sorvendo a luz é que te feres.

> Sebastião Uchoa Leite[1]
> *Dez Sonetos sem Matéria*

Alegro

--Paulo, preste atenção. Paulo! Pare de ler e venha cá.
Olhe o mar como está bonito.
--Acredito. Mas este livro é melhor.
--Não acredito.
--Verdade!
--Aí você não me tem perto.
--Embora longe, eu a conservo sempre perto de mim.
--Não é razão para não aproveitar a oportunidade da
proximidade concreta, e de um chameguinho.
--O que também acontecerá se vier até aqui, Virgínia.
--Só que daí não se vê o mar, não é? O mar é indispensável,
em certos momentos. Como agora.
--Já o conheço, e o conheço bem.
--Pois se viesse vê-lo, não o reconheceria, de tão mudado.[2]
--O mar é sempre igual, Virgínia. Nós é que o vemos
diferente, na medida em que variamos de estado de espírito.
Acontece que nossos estados de espírito nem sempre variam
igualmente. Em um dado momento, ambos contemplando o mar,
ou o pôr do sol ou o vôo das gaivotas, você pode estar
pensando em ouvir estrelas e eu nos meus cálculos matemáticos
prediletos. Pouco importa a visão, o essencial é a sugestão.
Olhando o mesmo fenômeno, certamente o veremos de forma
diferente, o que todavia não lhe mudará a verdadeira
natureza.
--Está aí o que eu chamo de conversa interessante! Ligue
o desconfiômetro,[3] e veja se não transforma um momento de
beleza em aula de Astronomia.
--Entretanto, há minutos, olhando o mar, você pensava
enternecida em mim e precisou me chamar; eu lia, e o livro era

mais importante do que tudo, apesar da ternura que tenho por
você. Teorias à parte, reconheço que está certa: este mar,
vale a pena contemplá-lo. Chama-se a isto uma noite formosa.
--Uma noite lindíssima! Já pensou como seria o Rio de
Janeiro, se todos os meses fossem iguais a maio?
--Inabitável, querida, inabitável.
--Por quê? Com esta claridade, esta temperatura, este azul,
esta leveza...
--... teríamos dez milhões de habitantes, e não creio que
soubéssemos nos preparar com antecedência para recebê-los.
A cidade se tornaria insuportável.
--Paulo, por que você é tão frio!
--Frio? Preciso recordar, em meu abono, a ardência com
que ainda hoje de tarde nos entregamos um ao outro, por
livre iniciative minha?
--Não é a isso que me refiro. Neste sentido não tenho
queixas de seu calor. Digo que é frio porque, porque...
Não sei explicar.
--Porque sou racional. O que aliás é característica
essencial da espécie a que pertencemos. O homem é o único
animal que pensa.
--Para pensar assim, era melhor que não fosse.
--Reconheço que meus pensamentos não são necessariamente
notáveis. Por isso preciso conhecer os dos outros, lendo. O
homem é também o único animal que lê, se não me engano.
--Só que não precisava ler dessa maneira. Pelo menos em
casa, ao meu lado.
--O homem é ainda o único animal que escreve. E se eu
vivesse escrevendo?
--É outra coisa. Se escrevesse, seria por ofício. Como
todos os homens que escrevem.
--E se eu disser que meu ofício depende das leituras que
faço?
--Acontece que, dos livros que você lê habitualmente, no
máximo vinte por cento são relativos à engenharia. O resto
é literatura.
--A literatura faz parte de todos os ofícios! E a prova é
que sou reconhecido e proclamado ótimo engenheiro, embora
só vinte por cento do que leio, como você acaba de dizer,
sejam relativos à profissao.
--Não, não e não: sofismas não valem. Lembre-se do trato:
em nossas conversas só entra bom senso e cultura didática.
Do contrário, você ganha, na base da covardia.
--Devo inferir de sua afirmação que meus conhecimentos,
oitenta por cento literários, dão-me tal superioridade intelectual,
que você corre o risco de perder para mim todas as discussões?
--Olha o golpe baixo, Paulo!
--Veja como é difícil chegarmos a um denominador comum.
Se eu escrevesse muito, seria por ofício, teria inteira liberdade
de fazê-lo; se leio muito...

--... demais, quando está comigo; pois afinal de contas, bem pouco é o tempo de convívio de que dispomos...

--...como você acha que não é do ofício, considera excessivo. Logo, só tenho licença de me dedicar ao trabalho, não ao prazer. No entanto, os livros que leio tão avidamente e que tanto ciúme provocam, só adquirem algum sentido porque voce está presente, em todos e em cada um.

--Nesse passo, tenho que fugir da raia. [4]

--Sou eu, agora, que não entendo. Se não me engano eu estava dirigindo um cumprimento a você, um galanteio.

--O que você estava era tentando me levar pelo bico. [5] Cumprimento ou galanteio, vá lá que fosse. [6] Apenas, era muito do falso.

--Mas, querida...

--Abaixo a demagogia, meu chapa! Minha presença nos livros que lê--isto é simples jogo de palavras. Os livros são objetivos, têm temas determinados, transmitem idéias ou contam histórias. Eu estaria exigindo muito se pretendesse que você através deles se encontrasse comigo. Aliás, prefiro tê-lo por via direta, querido.

--É inacreditável que as mulheres sejam simultaneamente tão românticas, uma abstração típica, e tão incapazes de assimilar qualquer outra forma de raciocínio abstrato.

--Não entendi e não gostei.

--Não duvido. Enfim, como o romantismo é a negação da realidade, dele podem partir todas as contradições. O essencial é que compreenda que, lendo, não me afasto de você, a não ser por sua mania de supô-lo: tantas vezes o cântaro vai à fonte... [7] Além do mais, por que essa antinomia inventada-- você ou os livros, os livros ou você?

--Não me oponho aos livros. Oponho-me a que entrem exageradamente na sua vida, no curto espaço de tempo de sua vida que é vivido ao meu lado. Não eles ou eu; por que não eu e eles?

--No entanto, não a enfastio quando fico horas ouvindo música!

--Música, eu a acompanho ao seu lado!

--Não, Virgínia, não: que ingênuo engano! Pôr um disco e ficar quieto, escutando, é ato de recolhimento e solidão. Podemos fazê-lo juntos, abraçados até, não importa, nada significa, em termos de intimidade afetiva. Não confunda a comunhão com a face da comunhão.

--No entanto, há inúmeras músicas a que ambos damos lugar de honra em nossas escalas de valores.

--Coincidência, hábito, influências recíprocas, afinidades eletivas--haverá de tudo aí. O que ninguém jamais provará é que nós dois, por exemplo, ouvindo o Concerto para Orquestra e Solo de Flautim, de Vivaldi, [8] estejamos reagindo na mesma pauta, na mesma clave, na mesma harmonia de razão e sensação.

--Do monte de bobagens que acaba de dizer, só se tira uma
conclusão: não é para me gabar, mas eu sou realmente uma
mulher notável, porque ninguém mais agüentaria um camarada
complicado como você! Por que não se casou logo com uma
dessas intelectuais que vivem por aí dando sopa, doidas atrás
de um marido enxuto?

--Marido enxuto! Você acha, Virgínia?

--Às vezes.

--Não faça manha.[9] O que sou, no fundo, embora não
pareça, e você sabe perfeitamente disso, é um grande
sentimental.

--Sentimental?!

--Claro. Esqueceu que comprei aquela reprodução de
Renoir,[10] *A Menina da Fita Azul,* só porque tinha o nariz
parecido com o seu? Isto não é ser sentimental?

--Até certo ponto. Sentimental, sentimental, no duro, é
negócio mais simples. Essa história já é meio sobre a bossa
cultural, o que nem sempre ajuda. Afinal de contas, quem
sabe se o caso não se passou ao contrário, e que você em vez
de me ver na menina de Renoir, não está é vendo a menina de
Renoir em mim?

--Oh, metafísica! E quando, em minhas viagens, colho uma
flor na beira da estrada e mando para você...

--Fico tão feliz!

--... ou quando, aqui no Rio de Janeiro, na hora de deitar,
já de pijama e dentes escovados, convido-a para dançar na
boate em que íamos quando namorados, como fizemos anteontem,
não sou sentimental?

--Mais ou menos.

--O que não sou é piegas. Sou sentimental com você,
queira ou não queira reconhecê-lo; com os objetos, a que me
apego e que, cada qual, nesta casa, contém uma parcela nossa,
ou sua, ou minha, que o torna de inestimável valor; ou com
os livros, os quadros, os discos--em que descubro a todo
instante novos elementos de prazer e vibração. Ou não é?

--Não. Você é carinhoso. Apenas.

--Agora digo eu: jogo de palavras, amor. Meu sentimento
existe, mas não é torrencial, o que não o impede de ser
sólido e profundo.

--O eminente cultor de altas leituras queira desculpar que
eu recorra, neste momento crucial de nosso acalorado debate,
a um argumento filosófico...

--Por favor, não se acanhe!

--... segundo o qual é necessário não confundir jamais o
essencial com o acessório, isto é: o que se tem para exprimir
com a forma de expressão. Ou não me fiz entender?

--Até certo ponto.

--Ou por outra: de que me serve tanta solidez e profundi-
dade de sentimento, se você não me dá uma deixa, nunca?
Pão-duro!

--Eu?!

--De amor.

--Ah!

--Pão-duro e enrustido.[11]

--Chegamos ao nó górdio de nossas aparentes divergências de natureza... filosófica. Rompê-lo ou desatá-lo--eterno dilema! Prefiro a segunda hipótese, pois minha vocação é sabidamente mais cartesiana do que militar. Como você não ignora, quando Alexandre, o Grande, cortou com sua espada, na antiga Frígia...

--Já que eu não o ignoro, o que aliás não é vantagem, pois se trata de uma história de almanaque, podíamos queimar as etapas e ir direto ao assunto.

--Oh, a frieza do raciocínio feminino! Está bem. Aos fatos. Se eu afirmo solenemente que meu sentimento é sólido e profundo, você duvida?

--Não.

--Por outro lado, não deixei até hoje de exprimir esse meu sentimento.

--Deixou, sim.

--E a menina de Renoir? As flores da beira da estrada? A boate de anteontem?

--Bem...

--Um momento! Dá-se apenas que, para você, tais formas de expressão foram insuficientes, incompletas, modestas; para mim, foram densas, carregadas, compactas. O que está em jogo, portanto, nao é sequer a qualidade do meu sentimento por exprimir, e a minha capacidade ou não de fazê-lo; é a sua capacidade de apreender e avaliar aquilo que exprimi, pelos meios de expressão com que a natureza me dotou e que não está ao meu alcance modificar.

--Vou jogar a toalha, Paulo. Aliás, *mea culpa, mea culpa, mea maxima culpa.* Fui eu que me arrisquei falando em argumento filosófico. E agora que me venceu, enredando completamente o nó, seja generoso e corte-o, corte-o de uma vez, violentamente, como suprema prova de amor.

--Não. Desatá-lo, e eu sustento que o estava tentando, é prova maior de amor do que destruí-lo, a espada. A mulher amada não é uma cidadela que se domina a ferro e fogo, mas alguém cuja afeição e intimidade se alcança e preserva com ternura e paciência.

--Você fala de um jeito! Seu amor não é paixão!

--Paixão não é amor.

--É o melhor do amor!

--Enquanto dura. E freqüentemente vem acompanhada de um cortejo de misérias, mesquinharias, até ódio. Não é amor, é a explosão de um desejo intenso, e que pode ser muito bom, embora diferente daquilo que estou procurando definir. O que, aliás, também ocorre em mim em relação ao mar.

--Vê lá se além de tudo ainda vai me anarquizar o mar, o meu mar!

--Nosso, querida. Nosso. Pois eu o amo intensamente, não
com amor insistente e derramado, como você, e sim com amor
sóbrio, sem ostentação, nem por isso menos verdadeiro e é
sob esta ótica de sensibilidade que dou a mal à palmatória: o
mar, o seu mar, o nosso mar, neste momento preciso do amor
que lhe votamos, faz parte hoje de uma noite inegavelmente
lindíssima.
--Já que se rendeu à beleza do mar, vou confessar um
segredo. Um segredo ou um ato de carinho?... Pouco importa.
Quer saber mesmo? Nas suas ausências, prolongadas demais
para este amor tão grande, muitas vezes eu o procuro e encontro, enternecidamente, ouvindo sozinha as músicas que
juntos pusemos a tocar, ou descobrindo em mim o jeito do
nariz da menina da fita azul, ou nos livros que retiro da
estante, e que, ainda quentes de suas mãos e de seus olhos,
vou amorosamente devassando, na paz de nossas lembranças
mais caras e mais íntimas.
--Querida, parece até que, entre nós dois, o intelectual é
você...
--Seu pilantra! [12]

Andante

--Você embarca amanhã, de novo?
--Embarco.
--Mesmo, mesmo?
--Mesmo.
--Por quanto tempo?
--Mais do que desejaria.
--Quer dizer: junho, julho e agosto.
--Adivinhou?...
--Não.
--Como soube?
--Intuição feminina.
--Não creio. A intuição feminina é sempre vaga e difusa:
só adquire contornos firmes depois de fato verificado. E você
foi extremamente precisa: junho, julho e agosto.
--Palpite.
--Também não creio. Sua maneira categórica de afirmar
exclui igualmente a hipótese.
--Pois vou contar como descobri. É claro que eu não devia
revelar minhas táticas de combate. Em todo caso, gosto de
lutar em campo aberto, gosto de jogo limpo. Existe entre nós
dois um único momento inevitavelmente difícil. É a véspera de
cada partida, na hora de me dizer quando volta. Isto o levou
a criar um código involuntário de alusões, para não me chocar,
e eu o decifrei. Se você diz "é coisa rápida"--são duas
semanas; "não pretendo demorar"--um mês; "o necessário"--
dois meses; "mais do que desejaria", a sua resposta de agora
--três meses; "tudo depende do serviço"--de quatro meses em
diante.

--Em diante, alto lá. Nunca ultrapassei os quatro meses.
--Talvez ultrapasse... Se então recorrer a alguma fórmula
nova, saberei incorporá-la ao nosso vocabulário particular de
saudades conjugais. Que tal minha perspicácia, em matéria de
meios de comunicação?
--E se eu houvesse sistematicamente me utilizado dessas
expressões exatamente com a finalidade de levá-la a perceber
o que cada uma pretendia traduzir, sem ser obrigado, sempre
que viajo, a declarar prosaicamente qual o tempo que vou
demorar?
--Ou você inventou isto agora, e é muito feio aplicar esses
partidos em sua própria mulher, ou está falando a verdade, e
não devia ter me contado. Devia ter me deixado na ilusão de
uma inteligência que eu talvez não possua.
--Inteligência é outra coisa. Você se refere a acuidade.
--Parece que levaremos a maior parte da noite, hoje, em
jogos de palavras... Como se as palavras importassem muito!
De que me adianta definir com exatidão os dotes mentais que
tenho, ou que não tenho, se não consigo me entender com você
a respeito da vida que levamos?
--O entendimento entre os homens em geral e entre marido
e mulher, em particular, não é um dom da natureza, Virgínia:
é um lento e penoso caminho, que não seria mais curto ou
agradável, de modo algum, se eu viajasse menos ou se
vivêssemos qualquer outro tipo de vida.
--No amor, até os animais se entendem, Paulo!
--Quando, onde, como? E as fêmeas que matam os machos
depois do acasalamento? Às vezes, durante? Devo transformar
nosso debate em uma aula de História Natural, para demonstrar
o que afirmei? O desentendimento é biológico e universal.
Minhas viagens têm o mérito indiscutível de reduzir ao máximo
as oportunidades de que ele ocorra, entre nós dois.
--Não obstante, quando começa a primavera...
--Prometo, solenemente: na primavera, estarei aqui!
--Não faz mais do que a sua obrigação.
--Malcriada.
--Inconformada.
--Compreenda que preciso do trabalho de campo. Ao abrir
uma estrada ou levantar uma ponte que projetei, estou realizan-
do duas etapas de um único processo de criação. Limitar-me
a uma delas, e não me entregar à outra, seria reduzir-me à
metade.
--Sua metade sou eu!
--Não é neste sentido que estou falando.
--Devia ser.
--Devia ser! Se fosse, não estaríamos discutindo.
--Discutindo, nós? Não tenho tanta pretensão. Você não
me dá essa honra.
--E há quanto tempo conversamos sobre assuntos afinal de
contas bastante sérios...
--Sérios demais, para meu gosto.

--... e que de tão perto nos atingem? Não será isso uma discussão, talvez. Digamos então que se trata de uma troca de idéias.

--Alto lá. Tenho engolido muitos sapos,[13] mas troca de idéias é o fim. O que acontece é que você expõe o que acha, feito um professor de meia-tigela dando aula de matéria que não conhece, e eu fico ouvindo, śo na escuta, frases lindas e sem nexo.

--Eu não conheço essa matéria?...

--Não!

--Seja razoável, Virgínia. Falei de meu trabalho, e você, que o acompanhou de perto, sabe perfeitamente o que significa para mim a profissão que escolhi. Não pense que é fácil me distanciar periodicamente. Mas também não posso abandonar o acampamento e as obras que projetei, da cabeça para o papel, e que desejo tirar do papel para o espaço.

--Você canta mas não entoa, neguinho.[14]

--Prender-me ao escritório, na cidade, limitado às concepções abstratas, sem a possibilidade de testá-las e realizá-las na prática, seria como, para o médico, descobrir o remédio e não curar o doente.

--Não há teoria que justifique, para uma mulher, a falta do homem amado!

--Sou um técnico de criação e ação, e não o pensador fechado em si, dedicado à pesquisa pura. Cada qual com seu jeito, e eu não posso mudar.

--Podia era, já que insiste na tal da criação, pensar mais, aqui no Rio de Janeiro, e criar menos, por esse Brasil a fora. Ou se associar a alguém que cuide do trabalho de campo, e que você apenas fiscalizasse.

--Não é a mesma coisa. Aqui, eu consigo o serviço e o idealizo; lá, eu o executo e transformo a idéia em objeto.

--Por que não me leva?

--Acampamento de obra não é lugar para você, Virgínia! Não tem conforto, não tem higiene, não tem outras mulheres...

--Tem você.

--E eu não estou ao seu lado, agora?

--Por mais uma hora.

--Serão apenas três meses!

--Três meses são três meses, e há três meses houve outros tantos, e tem sido assim e pelo visto vai continuar assim! Você já somou os dias que vivemos juntos, em nossos dias de casamento?

--Não.

--Foram 730 em 1.826. Ou, se quiser: dois anos em cinco. Quarenta por cento de um lustro. Um mês para cada quadrimestre. Que tal a minha estastística do abandono?

--Pode estar matematicamente certa; mas é conceitualmente injusta. Só me afasto de casa por motivos estritamente profissionais.

--Sabe como me sinto? Como a mulher de um capitão de
longo curso que descobriu o fato depois do casamento. Pois
antes, você não viajava.
--Também não me havia aparecido a oportunidade desse tipo
de serviço!
--Que você cavou com pertinácia. Santinho de pau oco!
--Lembre-se que me formei e me especializei em um deter-
minado ramo da Engenharia e que era natural que procurasse
me encaminhar neste sentido.
--Não vejo nada de natural nisso. E chega de inventar mil
e uma teorias para justificar suas virações.
--Minhas o quê?
--Virações! Ou pretende negar que tem rabo-de-saia nessa
história toda?
--Mas que injustiça, Virgínia! Eu me distancio porque isto
é essencial a que me conserve perto de você. Além do mais,
estou adquirindo renome e não posso abandonar tudo no meio
da jornada. Cada vez sou mais solicitado, e você a princípio
se orgulhava disso.
--Quisera ter menos orgulho de você, e mais você. Não é
o reconhecimento dos outros que o valoriza perante mim.
--Agora, você entrou de novo com a literatura. Se eu fosse
definitivamente um pé-rapado, nosso casamento estaria no fim,
queira ou não queira. Mas não se trata disto: trata-se de
que o que conta, no mundo em que vivemos, ainda é o preceito
bíblico: "ganharás o pão com o suor do teu rosto", e o meu
pão, o pão nosso de cada dia, eu devo ganhá-lo metade aqui,
metade fora daqui.
--Sua ausência é um peso enorme, Paulo.
--Sua ausência. Virgínia...
--Não é a mesma coisa. Fico inteiramente só, nesta cidade
imensa, perdida, jogada fora, sem saber o que fazer de mim!
--Esta cidade é a sua cidade. Você nasceu nela, nela
viveu até hoje, nela provavelmente morrerá. Não a torne
falsamente hostil como se eu a estivesse abandonando em um
quarto de hotel de Tóquio ou Nova Iorque.
--Não submeta à sua lógica impecável tudo que digo. Posso
ter nascido no Rio de Janeiro, posso adorar o Rio de Janeiro,
e creio que não seria inteiramente feliz em nenhum outro lugar
do mundo, mas também posso me sentir completamente
marginalizada, completamente alheia às praias, as montanhas,
ao calor humano do Rio de Janeiro, a partir do momento em
que você vai para longe.
--O mundo não sou eu. Você tem família, tem ocupações
para encher o tempo...
--O mundo não é você, claro! É a família, talvez. Você
viaja metade do ano e quando está na terra é alvo de atenções
ininterruptas, eterno recém-chegado. Se ancorasse mais no
porto, veria a grande companhia que nos fazem os parentes,
sempre às voltas com mil e um problemas, que tratam de passar
adiante, aliviando-os nos ombros alheios. Fique sabendo que

nunca fui procurada por um deles, do seu ou do meu lado,
para me oferecer alguma coisa importante; ou vêm trazer-me
desabafos, sem os quais eu passaria otimamente, ou pedir
alguma coisa, ou fazer-me gentilezas que nada significam a
não ser o ônus da reciprocidade obrigatória.

--Sua irmã...

--O que disse aplica-se a todos, e principalmente aos mais
próximos.

--Aceito o que diz, como se fora verdade...

--É a verdade!

--...mas lembro que você tem amigas, boas amigas aliás...

--Pois não é que eu ia me esquecendo das amigas! Foi ótimo
você ter lembrado. São grandes companhias, não são? Cada
qual com o marido, o amante, o namorado. Estou cansada das
rodas de casais, onde fico sobrando ou onde me arranjam par
forçado com algum solteirão impenitente, que ou não olha ou
olha demais para mim. Provavelmente não interessa--sei lá!--
pelo menos você nunca me perguntou nada a respeito, mas
saiba que durante suas duas últimas viagens, raramente saí à
noite, e só o fiz quando não agüentava mais ficar sozinha em
casa, chorando ou lendo alguma tolice.

--Comprometo-me a não apelar para a lógica se você se
comprometer a não apelar para o exagero. Algumas de suas
amigas o são desde o colégio, e você se sente bem com elas.

--Nenhuma mulher é inteiramente amiga de outra mulher,
consideradas as duas como unidades independentes. Nós nos
damos, entre nós, na medida em que nossos maridos são amigos
entre si. E com suas prolongadas ausências eu não sou uma
mulher, inteiramente. Sou meia-mulher, fico desfalcada de
minha melhor parte, a parte de quem sou complemento e que
me completa. De uma vez por todas: amizade, no bom sentido
da palavra, isto é, no sentido de compreensão e apoio mútuos,
só pode existir entre mulher e homem, jamais de mulher para
mulher.

--Não creio que seja exatamente assim...

--É exatamente assim, e você o sabe tão bem quanto eu.

--Admitindo que fosse, não chego a fazer objeções a que
tenha amigos homens.

--Seria pior a emenda do que o soneto, Paulo! Imagine uma
senhora casada a visitar e a receber visitas, ou a sair mano a
mano,[15] com um homem solteiro ou desquitado ou viúvo ou lá
o que fosse. Mesmo que apenas como amigos, já pensou o que
se diria? Não que eu me importe muito com os mexericos, mas
recuso-me a levar fama sem proveito. Se falarem de mim, será
com razão, será no dia em que você for premiado com um bom
par de chifres,[16] o que não sei por que ainda não fiz.
Oportunidades não faltaram, garanto.

--Não me responda nesse tom, Virgínia. Não o merecemos,
nem você nem eu.

--Desculpe. Não quis magoá-lo.

--Há uma coisa entre nós dois que não pode e não deve ser esquecida, em momento algum: se existe uma solidão a lamentar, é mútua, e não exclusividade sua, ou minha. Solidão que pesa a você como me pesa a mim.

--Acredito, Paulo, porque acho que você não se conservaria preso ao nosso casamento, senão por amor. E se estou segura de que a distância física o faz sofrer, também sei, no fundo do meu coração, que as solidões irmãs não são obrigatoriamente de igual intensidade. Você mesmo não me ensinou que as uniões de espírito ou sentimento raramente são semelhantes? Não me disse que eu não confundisse a comunhão com a face da comunhão?

--Disse.

--Mesmo que não tivesse dito! Neste ponto, não há raciocínio a invocar, o que há é uma consciência afetiva anterior à lógica, porque faz parte da própria condição humana. Condição ou servidão, nem sei.

--Condição, Virgínia.

--Que diferença faz? O que sei é que, no silêncio desta casa, em sua ausência, à noite, você me faz mais falta do que eu a você, à noite, na minha ausência, no silêncio do acampamento da obra ou de um hotelzinho de interior. É fardo excessivo para a mulher viver sem o homem a quem ama, duas terças partes da vida; e nada, absolutamente nada, a compensa da perda diária que isso lhe traz, em seu sangue, em sua carne, em sua ternura.

Minueto

--Estávamos falando do mar, há pouco. Você se lembra de outra ocasião, há bastante tempo, em que longamente conversamos sobre ele?

--Há bastante tempo?...

--É. No Corcovado. [17]

--Corcovado?

--Corcovado. Véspera de meu aniversário, para ser exata.

--A tarde ia caindo, as luzes da cidade começavam a acender-se, adornando-a de estrelas coloridas, o mar irradiava paz e nos apaziguava a inquietação urbana.

--Ouvia-se um canto de pássaro... rouxinol ou cotovia?

--Rouxinol. É claro que me lembro! Ainda éramos namorados. Custei um pouco a situar-me porque estava procurando entre as recordações de casado.

--Até suas recordações são classificadas?

--E classificadas didaticamente, por períodos de nossas importantíssimas historiazinhas individuais.

--Cronólogo!

--Não despreze a cronologia. É um bom método de preservar a lembrança de acontecimentos caros. Por exemplo: o temporal desfeito que nos reteve em Petrópolis, [18] naquele famoso quinze de janeiro...

--Já sei.

--...quando caiu a barreira na estrada e tivemos que voltar e nos apresentar no hotel, como casados, sem o ser.

--Tivemos que nos apresentar, vírgula. Você chegou cinicamente na portaria e preencheu as fichas. Quando procurei a chave é que vi que nos dirigíamos para o mesmo quarto! Fui torpemente iludida em minha boa-fé, pois não podia adivinhar a cilada que você me pregou.

--O que não a impediu de aderir, prontamente.

--E eu ia pôr a boca no mundo, depois do fato consumado, a gente já no elevador, o porteiro nos olhando de alto a baixo?

--Evidentemente, não. Se eu pensasse que você pudesse fazê-lo, não teria dado o golpe.

--Ah, enfim confessa que foi um golpe! E golpe muito do velhaco!

--Foi golpe, foi velhaco e foi enormemente apreciado, se não me falha esta famosa memória cronológica. Apreciado pelo golpista e pela golpeada.

--Ora, Paulo, seja um perfeito cavalheiro, e não recorde que eu lhe dei, antes da data oficial, aquilo que, por direito e tradição, somente na data oficial deveria ter dado.

--Encabulada! A barreira que caiu no dia quinze de janeiro não passou de uma oportunidade que se ofereceu de repente.

--Trata-se de uma indireta?

--Direta, minha querida, diretíssima: naquela época, você andava doida para me dar aquilo que, antes da data oficial, por direito e tradição, etcétera. Doida!

--E você por acaso não queria o que eu tinha para dar, antes da data oficial?

--Querer, queria.[19]

--Querer, queria! Até parece. Precisarei refrescar sua claudicante cronologia, lembrando que levei pelo menos umas quarenta cantadas[20] para ir com você a esses inferninhos[21] de Copacabana...[22]

--Comigo?...

--...em que não se enxerga um palmo adiante do nariz e o cidadão corre o risco de se atracar com a companheira do vizinho?

--Não me lembro.

--Ou o número de vezes em que me convidou para tomar drinques e ouvir discos em certo apartamento de solteiro?

--Nada de devaneios. Cite datas!

--De datas, não sei. Sei é da luta constante que travava com suas mãos e, faça-se justiça, seus argumentos, no esforço de não dar, antes da data oficial, o que por direito e tradição, etcétera.

--Mas acabou dando.

--Por causa da barreira que caiu na estrada.

--Bendita barreira, querida.

--Bendita barreira, querido. Sabe que, ao entrarmos no hotel, cheguei a ter medo que você pedisse quartos separados?
--Meu bem, que juízo você fazia de mim!
--Perdão, amor: foi o fruto da inexperiência. Afinal de contas, nós nos conhecíamos relativamente mal, e para mim era a primeira vez...
--Para mim também.
--Mas que topete! Quem o ouve falar pensa que estava saindo do seminário, pomba sem fel...
--Você agora disse tudo: eu era uma pomba sem fel. Era, não. Sou.
--Era, não era? Pois vou novamente refrescar-lhe a memória, meu contador de lendas: 1.º) já esqueceu a cena que nos fez em público aquela lambisgóia de perna fina, na saída do cinema? 2.º) já esqueceu os telefonemas femininos que andei recebendo, assim que nosso namoro ficou firme? 3.º) já esqueceu, quando fui enfim ao referido apartamento de solteiro--quase arrastada, aliás--o que encontrei lá em matéria de peças íntimas de mulheres?
--Veja, meu amor, o número de inconveniências que você pronunciou em meia dúzia de palavras: 1.º) a moça da porta do cinema, precisamente por não a conhecermos, não podemos afirmar que fosse lambisgóia, e a perna também não era tão fina...
--Esquelética! Com tanto apego aos ossos, você devia ter estudado Medicina. Nem sei como foi capaz de olhar para mim, que modéstia à parte, não me criei no embalo da subnutrição.[23]
--Pelo contrário, pelo contrário. Um dos seus encantos predominantes é que se tem onde pegar...
--Devagar com o andor que o santo é de barro![24] O senhor não me toca enquanto não acabar de explicar aquelas sem-vergonhices todas.
--Pois não. Onde é que nós estávamos?
--Na perna da lambisgóia.
--Quer dizer: na anatomia da jovem desconhecida. Pois tratava-se evidentemente, o que só você não percebeu, de uma desconhecida, que me tomou por outro. Um engano sem importância que acontece com relativa freqüência.
--Esta é uma versão dos acontecimentos em que me convém acreditar e em que portanto acredito. E os telefonemas?
--Trote. Você não sabe como os cariocas têm mania de passar trote, especialmente de madrugada? Acho que, como o telefone não funciona de dia, eles se sentem frustrados e vão à forra de noite, ligando para todo mundo e ninguém, à toa.
--O engraçado é que no trote alguém sempre dizia que não adiantava nada eu namorar você, jantar com você, dançar com você, passear com você, porque na hora de dormir com você havia quem tomasse o meu lugar.
--A que ponto chega a infâmia dos cariocas!

--A que ponto chega a hipocrisia dos namorados! E as
peças íntimas de mulheres, que encontrei no tal apartamento
de solteiro, quando enfim o conheci?

--Eram da amante de um amigo, Virgínia. Juro! E vou
confessar a você, agora, quando o tempo decorrido selou os
nossos votos de mútua fidelidade, uma verdade que sempre
ocultei: aquele apartamento não era meu.

--Não?

--Não. Era desse amigo. Somente o pedi emprestado para
ter onde levá-la e porque não dispunha de um, eu mesmo.

--Que história tão bonita! Continue.

--Até conhecê-la, Virgínia, fui um homem de raras mulheres,
episódicas mulheres, fugidias mulheres cujos nomes e rostos
não gravei sequer. O que me permite afirmar, sem quebra
de palavra, que você foi única em toda a minha vida.

--Gostei demais. E no fim eles se casaram e foram muito
felizes e tiveram uma porção de filhinhos, todos abençoados ao
nascer pela varinha de condão da fada Magalona.[25] Não foi?

--Não zombe do que é sério.

--Pelo contrário, Paulo. Creia que sou bastante grata ao
seu passado amoroso. O que me deixa às vezes fora de mim
é o presente, são as fugas para o trabalho no campo, em que
o senhor é mestre.

--Fugas, vá lá o termo, absolutamente inocentes, sob esse
ponto de vista.

--O resplendor está brilhando tanto que me ofusca a vista.

--Sou um dos raros maridos fiéis que há no Rio de Janeiro.
Palavra!

--No Rio de Janeiro, talvez. Do Rio de Janeiro, é que eu
queria.

--O que não passa de uma escolha arbitrária de preposições.

--Não se faça de tolo, está bem? Tenho minhas razões para
fazer a distinção. A julgar pela atividade a que estava
habituado, nesse setor, não consigo entender que passe
semanas e meses sem mulher. Longe de mim tanto tempo,
como é que se arranja?

--Pensando em você, guardando-me para você.

--Como acontecia até a queda da barreira?...

--Ontem foi ontem, hoje é hoje. Se eu não tivesse comido
antes, ia querer provar depois: aí, sim, seria um desastre.

--Seu apetite por acaso diminuiu? Só se a idade...

--Não diminuiu, nem a idade entrou em cena ainda. Meu
apetite simplesmente refinou-se.

--Posso tomar a afirmação como elogio?

--Mas é claro! Aos dezoito anos, eu não distinguia raça,
cor ou religião; mal reconhecia sexo. Aos vinte e cinco,
principiava a eleger meus próprios critérios seletivos. Aos
trinta, já os exercia plenamente. Você conhece meu gosto em
matéria de vinhos, não conhece?

--Se não mudaram na última viagem...

--Quando rapazinho, bebia *chianti* paulista com peixe frito,
Hoje, se não tenho o meu borgonha ou o meu *chablis*, porém
legítimos, prefiro a sede. Não se queixe do que ficou para
trás.

--Reconheço que não devo. Encontrei em você um homem
tranqüilo e experiente, capaz de guiar-me e ajudar-me na
difícil tarefa de amar, de ofertar e receber amor. Coisa que
não se estuda em livro, que teria sido pena ignorar e que foi
melhor, para mim, aprender ao seu lado do que se o houvesse
feito de mão em mão. Não sei se teria ficado tão sábia e talvez
o tivesse perdido.

--Eu não o permitiria. Pode estar certa de que a amei pelo
que era, como a amo pelo que é, e nada mais. E se, para
ser assim, você houvesse passado de mão em mão, como diz,
não faria nenhuma diferença. Somos a soma do que fomos, e
não se pode destacar, no resultado em que nos transmudamos,
partes que compõem ou ajudaram a formar o todo, para aceitá-
las ou repudiá-las.

--Neste ponto, acredito piamente. Falei em mim, daquela
forma, porque o mundo continua a cultivar a inocência...

--A inocência é um mito destestável.

--Você me ama realmente, Paulo?

--Do fundo do coração.

--Para um amor grande e prolongado?

--Para um amor grande. Não importa que seja prolongado:
a dimensão do amor não está no tempo, está no espaço que
ocupa na existência de cada um.

--Eu o quisera eterno!

--O que significa que não sabe o que é o amor ou não sabe
o que é o eterno. A eternidade é sinônimo de insipidez e
monotonia. Somente os suicidas a desejam.

--Eterno aí é uma maneira de dizer. Não se esqueça de que
sou muito romântica.

--Não me esqueço é que os românticos quase destruíram o
amor. E o nosso, eu quero evitar que os falsos conceitos o
liquidem.

--Promete responder a uma pergunta minha dizendo toda a
verdade, apenas a verdade e nade mais do que a verdade?

--Por esta luz que me ilumina!

--Nosso amor é grande hoje como foi ontem, na noite da
barreira que caiu na estrada?

--No dia em que a barreira caiu na estrada nós nos
desejávamos e começávamos a querer-nos. Fomos aos poucos,
a partir daí, consolidando em carinho, em conhecimento
recíproco, em mútuo apoio, aquela noite de hotel que se tem
prolongado, cada vez melhor. O amor cresceu em nós, o que
é urgente e importante preservar.

--O que é urgente e importante preservar... Diga, querido:
qual o momento em que você me sentiu mais próxima de você,
mais totalmente sua, desde a primeira vez?

--Foi na praia de São Conrado,[26] na véspera de Natal.

--Na véspera de Natal?...

--Saímos de carro, depois da ceia. Chuviscava ligeiramente e com as primeiras luzes da madrugada nós nos despimos e entramos no mar. O mar estava manso e cálido, a brisa nos arrepiava a pele. A garoa cessou e seu corpo foi ficando cor de ouro na manhã de tons quentes que ia nascendo. Deitados na areia, com os primeiros raios de sol cobrindo nossa nudez, completamos em banho de luz aquele banho de sal.

--O banho era de amor, Paulo.

Final

--Está ouvindo? É a cotovia.

--Detesto-a, nos dias em que você parte; adoro-a, nos dias em que deve chegar.

--Não seja tão pessoal. Só porque ela anuncia a manhã, só porque a manhã se levanta, não é menos bela a sua voz, nem é menos querida a lembrança da noite que findou.

--A perspectiva da noite vazia que virá é bastante para tornar sombria a lembrança da noite repleta que passei.

--E o mar? Também não o aprecia assim, cortado de vermelho e amarelo, ressaltando o cinza e o verde que o compõem?

--O mar é diferente, está sempre aí, dando-se ao meu olhar, ao meu olfato, aos meus ouvidos e ao meu sentimento. Não é por sua presença que me lembro das horas, é meu companheiro constante de todos os momentos. Ao passo que a cotovia, só a escuto se o dia começa, e o faço com prazer quando o espero, com desprazer quando o perco. Não sou lógica?

--Nem tanto. A cotovia, afinal de contas, não tem consciência do mal que às vezes lhe causa. Não merece o seu desapreço.

--Olha o grande racionalista! Se não merece o meu desapreço, porque mereceria o meu apreço? Ela também não tem consciência do bem que às vezes me causa.

--Merece o seu apreço, e o meu, porque canta bonito. A cotovia, o mar, esse canto e esses tons de alaranjado e chumbo e azinhavre, são apenas, sabe o quê?

--Não.

--Oh, alma carente de instinto musical! São as róseas flores da alvorada, não as reconhece?

--Não devia reconhecê-las, porque essas, as da canção, têm perfumes que causam dor. O que não ocorre, pelo menos segundo seu ponto de vista, com a visão do mar e o canto da cotovia.

--É verdade! "Róseas flores da alvorada, teus perfumes causam dor..."

--Desculpe se avivei os conhecimentos infalíveis do genio cultural.

--E o resto? Esta imagem que recordas, é meu puro e santo amor! Que tal?

--Ótimo. O que, afinal de contas, demonstra que, apesar dos pesares, temos um denominador comum em cantigas e modinhas já que nos falta em ciência de coexistir. Para alguma coisa serve a vigilância de que cerco seus gostos, procurando acompanhá-lo em tudo e por tudo.

--Voltamos à estaca zero?[27] Varamos as horas debatendo o assunto. Perderemos os últimos minutos que tenho em casa, antes de partir, tornando a discuti-lo? Guardo a firme convicção de que está certa a nossa concepção de vida em comum.

--Nossa, vírgula. Sua. Não considero a vida que levamos exatamente uma vida em comum.

--Não o será, em termos correntes. Será, se considerado que o cotidiano absoluto traz em si o germe da própria destruição, e que toda vez que o interrompemos, criamos condições favoráveis para restabelecê-lo de novo, logo adiante. É o que eu chamaria de dialética aplicada ao amor. Toda tese --casamento--traz em si uma antítese--enfado--...

--Pelo amor de Deus, Paulo, não misture as coisas! Indique-me um filósofo apaixonado e depois tente trazer para a conversa esse tom pedante de altas e profundas teorias.

--A teoria é sempre necessária.

--Quanto a mim, não. Passo perfeitamente sem ela.

--Entretanto...

--Mude de rumo, ou tampo os ouvidos, e sou capaz até de sapatear feito criança. Sobretudo, não me toque em Sartre e Simone de Beauvoir, que não entendem do riscado!

--Em homenagem ao seu rosto afogueado, que assim fica ainda mais bonito, ao seu cabelo revolto, e tão lindo, e também à integridade do assoalho, juro que não pronunciarei mais uma frase apoiada em pensamentos alheios. Posso, todavia, utilizar os meus?

--Enquanto forem somente seus.

--Queira você ou não, temos um código conjugal exclusivamente nosso, Virgínia, e isto é o fundamental. Na medida em que subsistir, estaremos unidos, embora divergindo em outros pontos. O principal não é concordarmos sempre um com o outro...

--Mesmo que eu quisesse concordar sempre com você, não poderia, porque raramente o vejo.

--Raramente!

--Não me obrigue a repetir minhas estatísticas. Eu disse raramente, e é verdade. Eu o amo, e não me contento com menos do que vinte e quatro horas em cada vinte e quatro horas.

--Mas o que você não entende, é que este sentimento se preserva precisamente porque nós não passamos juntos as tais vinte e quatro horas senão de vez em quando! Se tivéssemos cinco anos de casados em cinco anos de casados, estaríamos hoje mais distantes um do outro do que nunca. Eu me afasto periodicamente pelo desejo da aproximação constante.

--Se a dialética funciona mesmo, é provável que a cada afastamento corresponda uma aproximação, e vice-versa.

--Não percebi absolutamente nada.

--Meu querido mentiroso! A cada afastamento daqui há de provavelmente corresponder uma aproximação por aí, e a cada afastamento de lá corresponde uma aproximação aqui. A única diferença é que as aproximações extraconjugais são--espero!--de caráter eventual e as conjugais são constantes. Pois você nunca deixou de encontrar-me sentada na beira da cama, feito aquela grega boba que ficou a vida inteira aguardando o marido,[28] tão hipócrita quanto você.

--Por tudo quanto possa haver de mais sagrado entre nós dois, eu nunca a enganei, e não seria capaz de fazê-lo, ainda que Lady Godiva[29] em pessoa me aparecesse, de traje típico, e no meio do deserto!

--Voltamos de fato à estaca zero, e parece que passaremos a noite--desculpe, agora seria o dia--em jogos de palavras. Suas frases são mais perfeitas do que o seu amor.

--Virgínia...

--Quer me dar um filho, agora?

--Um filho?

--Ainda há tempo. Você dispõe de quase meia hora.

--Bem...

--Meia hora não é bastante?

--Nesse sentido, é.

--O que está esperando?

--Eu...

--Tenha mais confiança em si, querido. Ou em mim.

--Não se trata de capacidade física!

--Não?...

--Não. Não, mesmo.

--Será?...

--Trata-se de coisa mais séria, de não ceder a impulsos irracionais, ou, pelo menos: não ceder apenas à ansiedade.

--Cada vez o entendo menos!

--Você se encontra em estado de ansiedade, e isso a leva a procurar soluções externas, já que a mais imediata--mudarmos o modo de viver--eu a recuso, por enquanto. Assim, a idéia do filho vem carregada de uma carga emocional originária de outras sensações que não a necessidade de o ter...

--Pare, pare, pare! Por tudo quanto há de mais sagrado! Além de teimoso, engenheiro; além de engenheiro, psicanalista?! Não é nada disso, Paulo. Eu tenho é vontade de estar ao seu lado, tenho saudade de você, entende? Saudade! Sabe o que é saudade? Se não, já teria deixado tudo para trás. Como no poema que você me ensinou: "Vou partir, para outras terras, para outros mares, para uma cidade tão bela como esta nunca foi nem há de ser." E lá, longe, reconciliar-me comigo, no esquecimento das incertezas que me envolvem.

--Cavafys[30] é um poeta perigoso! Lembre-se de que ele próprio não partiu, embora o ameaçasse, e jamais encontrou cidade superior à sua, para fazê-lo.

--A simples busca pode ser um fim.

--O que significa que essa outra terra e esse outro mar tão almejados estão dentro de nós e conosco deambulam por onde andemos à sua procura. Nenhuma cidade é mais bela do que esta foi, é e há de ser. Refiro-me a você e a mim, e à relação que com ela mantemos.

--Se não fosse mais bela, seria ao menos distante. Seria um lugar de abrigo para onde eu poderia emigrar, sozinha ou pelo braço de outro homem, que me aplacasse e não me fizesse falta ao espírito.

--Abrigo a que nunca chegaria.

--Abrigo a que nunca chegaria! Por quê?

--Não se zangue, Virgínia, com o que vou dizer. Se não a amasse, seria fácil calar-me, ouvi-la, acolher seu desabafo em gestos de carinho e ir embora. O que não posso é iludi-la, porque não a iludindo é que realizo meu amor.

--Fale. Só nos restam as palavras.

--Eis o perigo principal. Leia um poema, vibre com ele, embriague-se com os versos que encerra, escreva-o se for poeta; não o traga para a vida íntima, porque seus autores são criadores de beleza, no que merecem nossa mais ardente admiração, mas não são criadores de normas válidas de sobreviver. Brigue por um poema; não tente viver segundo o que contém.

--Eu não quero ser assim! Meia-Virgínia para o poema, no que me empolga, e outra meia-Virgínia, para o mesmo poema, no que me ensina. Por que não uma só, Virgínia inteira, nos dois casos?

--Porque assim nascemos e assim morreremos, enquanto formos de uma espécie em que as unidades componentes não se bastam isoladamente. Assim nascemos e assim morreremos, sob o signo da dualidade, da ambivalência, e não será através de um filho que superaremos a dura e contraditória condição humana.

--Um filho seria a soma de nós dois.

--Um filho seria a divisão de nós dois. Não digo que nos separássemos depois dele. Digo que é uma ilusão supor que as duas unidades podem realizar-se através de uma terceira por elas produzidas, que não será senão mais uma unidade, carregando independentemente de nós, pelos ásperos roteiros da terra, sua própria solidão e angústia.

--No entanto, você vive falando a nosso respeito como um conjunto a preservar.

--Precisamente porque sei o quanto custa, e que não o alcançaremos pelas vias banais de nos mantermos agarrados fisicamente ou de gerarmos um descendente, o que afinal de contas nao é prática tão difícil que eu refugue por medo da incumbência.

--Recusa-se a ter um filho meu?

--Não. Recuso-me a gerar um filho por tais motivos. Que venha em sua hora, quando sentirmos realmente necessidade dele, e não pelo devaneio de nos mantermos aproximados. Que venha como expressão de amor, e não de carência de companhia.

--Fico tão sozinha, às vezes!

--Fico tão sozinho, às vezes!

--É diferente! E por que não experimentarmos um convívio mais demorado? Digamos, dois anos seguidos?

--Porque ao cabo estaríamos irremediavelmente perdidos. Ninguém resiste à soma das solidões.

--Continuaremos, então, distantes dessa maneira até o fim?

--Não. Até o momento em que pudermos suportar juntos as nossas diferenças e através delas consolidar nossas semelhanças.

--Quando?

--Amanhã, dentro de seis meses ou daqui a cem anos. A data não importa.

--O que importa é o amor, eu sei, e o amor exige a presença.

--Mas a presença destrói o amor. Meus filósofos, que tanto a irritaram quando os invoquei, têm uma certa razão, não acha?

--Não recomece. Só faltam alguns minutos, antes de partir. Já não chegam para fazer um filho!

--Chegam para dizer que a amo apaixonadamente, bem mais do que na ocasião em que a barreira caiu na estrada e passamos juntos uma noite inteira, pela primeira vez.

--Não está sendo amável comigo?

--Não sou amável em assuntos sérios. Adoro-a. Por adorá-la é que vou embora e a deixo aqui. Guardarei durante três meses nos lábios o gosto de seu beijo, até prová-lo outra vez, no coração a sua lembrança, até voltar, na mente o que me falou, até discutirmos de novo.

--Promete que não se deitará, não se divertirá, não se entreterá em conversas inteligentes com outra mulher?

--Prometo, solenemente. Em meu íntimo, já me havia prometido sem que você o soubesse ou houvesse pedido.

--Querido! Não se demore. Se puder, que em vez de três meses, sejam dois e vinte e nove dias. Ou vinte e oito. Um dia faz tanta diferença!

--Por um dia darei tudo. Saltarei barreiras, vencerei os piores obstáculos, derrotarei ferozes inimigos. E ao fim, chegando exausto, virei exigir o prêmio, em amor por várias semanas, do esforço despendido na conquista de um dia.

--Assim que você sair, eu procurarei sua companhia nos livros, nos quadros, nos discos. Quando regressar, haverá entre nós dois mais alguns traços de união. Tentarei percorrer seu roteiro cultural e sentimental em cada página, em cada nota, em cada cor, para poder venerá-lo nas letras, nos sons e nas imagens que admirou.

--Pois veja se localiza, nesse mundo a que a entrego, uma verdade inédita entre nós, e que, por não ter sido eu quem

primeiro a formulou, não é menos minha agora: hei de amá-la
até morrer. Hei de amá-la até morrer!

NOTES

1. *Sebastião Uchoa Leite:* Brazilian critic and poet
(b. 1935).
2. *de tão mudado:* because it is so changed.
3. *desconfiômetro:* a hypothetical apparatus which indi-
cates when one is inopportune, boring, wearisome, etc.
4. *fugir da raia:* back out.
5. *me levar pelo bico:* give me a line.
6. *vá lá que fosse:* whatever it was.
7. *Tantas vezes o cântaro vai à fonte...:* The complete
proverb is: *Tantas vezes o cântaro vai à fonte que se quebra.*
The inference here is that Virginia, by continuing to suppose
that Paulo moves away from (thinking of) her when he is reading, will eventually believe that he actually does.
8. *Vivaldi:* Antonio Vivaldi (1680?-1743), recently "redis-
covered" Italian Baroque musician and composer who has become a favorite among musical cognoscenti.
9. *Não faça manha:* Come on, now!
10. *Renoir:* Pierre Auguste Renoir (1841-1919), French im-
pressionist painter.
11. *enrustido:* introverted, inexpressive.
12. *Seu pilantra!:* You rascal! (*Seu*, a colloquial form of
senhor, is here used pejoratively. See also note 7, p. 143.)
13. *Tenho engolido muitos sapos:* I've swallowed a lot of
unpleasant things.
14. *Você canta mas não entoa, neguinho:* You sing, but not
in tune, my dear.
15. *mano a mano:* from the Spanish expression, here meaning "just like that".
16. *um bom par de chifres:* see note 5, p. 155.
17. *Corcovado:* the famous rock, more than 2,000 feet high,
which overlooks the city of Rio de Janeiro and Guanabara Bay.
18. *Petrópolis:* a city in the State of Rio de Janeiro, famous
for its healthful climate and as the former summer residence of
the Brazilian royal family.
19. *Querer, queria:* As for wanting to, I did want to.
20. *levei pelo menos umas quarenta cantadas:* I endured at
least around forty sweet-talking invitations.
21. *inferninhos:* *inferninho* is slang for a special kind of
night club popular in Rio de Janeiro.
22. *Copacabana:* a section of Rio de Janeiro where the
world-famous beach is located.
23. *não me criei no embalo da subnutrição:* I wasn't
exactly brought up undernourished.
24. *Devagar com o andor que o santo é de barro!:* The
punning reference here is to the pole-supported litter (*andor*)

on which a saint is carried in religious processions. A suitable translation would be "Don't go so fast!"

25. *pela varinha de condão da fada Magalona:* by the magic wand of Fairy Magalona (a traditional character in fairy tales).

26. *praia de São Conrado:* one of the many beaches of Rio de Janeiro.

27. *Voltamos à estaca zero?:* Shall we start from scratch?

28. *aquela grega boba que ficou a vida inteira aguardando o marido:* the reference is doubtless to Penelope, wife of Odysseus, who chastely waited for her husband to return from the Trojan War and subsequent wanderings, in the *Odyssey.*

29. *Lady Godiva:* the eleventh century English benefactress who obliged her husband, Earl Leofric, to relieve Coventry of burdensome taxes by riding naked through the marketplace at midday, covered only by her long hair, in serious response to Leofric's jesting promise to do so if she did.

30. *Cavafys:* Constantine P. Cavafy, pen name of C. P. Kavafis (1863-1933), the Greek poet.

TEMÁRIO

1. Elementos "românticos" e "idealistas" no conceito que Paulo e Virgínia têm do amor.
2. Realidade e distorsão na caracterização de Virgínia e Paulo.
3. Papel dos filhos e da ausência no matrimônio contemporâneo.
4. Comentar os títulos musicais das divisões do conto.

13

HÉLIO PÓLVORA

A journalist by profession and a resident of Rio de Janeiro since 1953, Hélio Pólvora (1928) has achieved distinction as one of his country's most respected literary critics by virtue of his numerous articles and book reviews, most of which have appeared as weekly columns in the *Jornal do Brasil* during the last several years. He was born in Itabuna, Bahia, the heart of the cocoa-growing country of northeastern Brazil, and it is the social and human reality of this region that is strongly reflected in his fictional work. His depiction of the *nordestino* psyche is tender, deep, and commanding, and not without intimations of its universal identity. The publications of Hélio Pólvora include four collections of short stories (*Os Galos da Aurora*, 1958; *A Mulher na Janela*, 1962; *Estranhos e Assustados*, 1966, 1977; *Noites Vivas*, 1972); an *Antologia de Contos de Bichos* (1970), edited in collaboration with Cyro de Mattos; and two volumes of literary criticism (*A Força da Ficção*, 1971; *Graciliano, Machado, Drummond e Outros*, 1975). Two of his short stories have appeared in translation: "Adamastor", in *Moderne Brasilianische Erzähler* (1968), and "Nadie está entero", in *Nuevos cuentistas brasileños* (1969).

"Aventuras de Amadeu de Gaias" is perhaps the least typical of Pólvora's *contos*, but it is, also, too rousing in its humor not to be presented here. Its title and contents are a takeoff on *Amadís de Gaula* (Amadis of Gaul), a sixteenth century Spanish romance of chivalry that won enormous popularity throughout Europe and inspired many sequels and imitations. It is taken from the aforementioned collection, *Noites Vivas*.

AVENTURAS DE AMADEU DE GAIAS

Amadeu de Gaias nasceu pobre de engenho, força e destreza. Num mundo em que tudos, ou pelo menos grande maioria, se destacavam por certas qualidades, ele pouco tinha para encher os olhos. Faltavam-lhe modos de cavalheiro, montava mal, atirava pior e não sabia se dirigir às mulheres, que se riam de suas tentativas canhestras, primeiro escondidas, depois na cara, sem qualquer esforço de disfarce. Amadeu de Gaias vivia sem amigos, era a tristeza da família.

Um dia, depois de muito pensar, o pai chamou-o à parte, na sala da torre, com armaduras nos cantos, lanças cruzadas nas paredes, chifres de veados e catapultas desmanteladas.

"Pô,[1] sois um homem comum, mas nem por isso vos deveis intimidar. Saí, correi mundo, aprendei a pelejar e voltai coberto de glórias. Tchau."

Amadeu de Gaias, que era filho bem mandado, se curvou, beijou a mão do pai e retirou-se de costas, inclinando-se, como está no figurino da fidalguia. Embaixo, juntou suas coisas numa trouxa, amarrou-a num pedaço de pau, pôs o madeiro ao ombro e se despediu.

"Adeus."

"Voltai rico e famoso, Amadeu de Gaias", gritaram as moças. "Tchauzinho."[2]

E se morderam de rir. No íntimo, pensavam: "Amadeu de Gaias já era. Ele sifu."[3]

Amadeu de Gaias caminhou muito. Os pés doíam quando entrou num descampado e viu um vulto. "Ainda bem", pensou, "encontrei alguém para um dedo de prosa. Talvez um amigo firme".

Era um homem bem apessoado e parecia estar escarvando o chão, à maneira dos cavalos. Amadeu de Gaias se acercou e viu que o estranho fremia todo na ânsia de partir, mas não saía do lugar. Até que já cavara um buraco no chão.

"Boas-tardes, cavalheiro", saudou Amadeu de Gaias.

"Boas-tardes, viandante", respondeu o estranho.

"Que estais a fazer, se não levais a mal a pergunta?"

"Estou querendo caminhar, pô."
"Pois então, bicho, caminhai."
"Mas... para onde, e até onde?"
Amadeu de Gaias estendeu a vista, viu um arbusto mirrado,
longe, em meio à planicie rasa, e teve uma idéia.
"Caminhai até aquela árvore."
Mal acabara de falar e o desconhecido já partira e já se
encontrava à sombra da árvore. Amadeu de Gaias levou
quinze minutos para lá chegar, e em lá chegando, tombou
ofegante.
"Como é o vosso nome?"
"Sou Bom Caminhador."
"Pois eu sou Amadeu de Gaias."
Descansaram embaixo da árvore, que a distância parecia,
de fato, um arbusto, e se tornaram amigos. Quando o sol
enfraqueceu, partiram. Amadeu de Gaias pedira ao Bom
Caminhador para caminhar devagar, o que este fazia com
inaudito esforço, abrindo as pernas em movimento lento de
compasso. Chegaram a um regato e se curvaram para lavar
o rosto. Seus vultos se refletiram na água, que era um
espelho, e Amadeu de Gaias se admirou com a semelhança de
ambos. Eram iguais em tudo, menos, naturalmente, no
caminhar. Brincando, Amadeu de Gaias perguntou ao Bom
Caminhador:
"Vós[4] sois eu?"
"E eu, por acaso, sou vós?"
Riram, se refrescaram e se puseram a caminho. A tarde
morria, a noite insinuava pálida tintura no ar. Adiante,
deram com um homem de joelhos, ouvido colado ao chão.
Parecia escutar. Os dois rodearam o homem, em silêncio
compenetrado, para não o perturbar. Mas como o homem não
se levantasse logo, nem desse mostras de lhes perceber a
presença, Bom Caminhador se impacientou.
"Ó bicho, que estais a fazer?"
O estranho se ergueu, afinal.
"Estive na minha."[5]
"O quê?"
"Estive a escutar."
"E que ruído escutastes, se não mal pergunto?"
"Escutei uma tempestade que já vem atrás daqueles montes."
Imediatamente Bom Caminhador desatou a trouxa de Amadeu
de Gaias, tirou um machado, correu à mata, derrubou madeira,
aplainou e desbastou troncos, cortou folhas de palmeiras,
trouxe tudo para junto de Amadeu de Gaias e do Bom Escutador,
cavou buracos, fincou esteios, trançou palha nos lados e em
cima--e quando a tormenta caiu na sua ferocidade de bátegas
que estrondavam, de raios que riscavam o céu e nuvens que
entrechocavam as bundas gordas, os três estavam dentro da
casa, ao redor de aconchegante fogo.
"Trabalhei muito e ligeiro, tenho fome", queixou-se Bom
Caminhador.

Amadeu de Gaias saiu à procura de carne fresca. Algum animal de pequeno porte estaria entocado, com certeza, à espera do caçador, pronto a ser colhido. Bom Escutador encostou a orelha no chão e anunciou:
"Alguém vem aí."
Duas horas depois, bateram à porta. Amadeu de Gaias foi abrir e entrou um homem de narinas dilatadas e frementes. Nem sequer cumprimentou os donos da casa.
"Pô, que cheiro bom."
E avançou para o fogo, mas antes de tocar na carne, Bom Caminhador se interpôs.
"Alto lá, amizade. A comida é para nós todos."
"Para todos? Mas isto aí não dá para encher o buraco de meu dente cariado."
Mesmo assim, o recém-chegado, que se identificou como sendo Bom Comilão, sentou-se ao pé do fogo e recebeu a sua parte, que engoliu sem mastigar. Depois, de queixo trêmulo e água na boca, ficou olhando os outros comerem.
Amadeu de Gaias, Bom Caminhador, Bom Escutador e Bom Comilão passaram a noite na casa. Acordaram com o alvorecer, quando o dia ainda tentava clarear, e retomaram caminho. Caminharam umas duas léguas e avistaram um homem parado, com os lábios unidos. Os quatro se aproximaram do bicho e Amadeu de Gaias perguntou-lhe:
"Que estais a fazer?"
"Estou na minha, pô."
"E qual é a vossa?"
"Estou a soprar."
"A soprar o quê?"
"A casa de abelhas."
Os quatro olharam e não viram casa de abelhas por perto.
"Estais a brincar, bicho?"
"Nunca falei tão sério. Acaso não enxergais?"
"Aonde?"
"Lá."
"Nada vemos."
"No terceiro galho, a contar de cima para baixo, lado direito, à beira do córrego."
"Pois eu vos digo que tendes olhos de lince. Se o vosso sopro for de igual magnitude, estais feito na vida."
"Reparai, então."
E soprou, formando um redemoinho que partiu, assoviando, e se perdeu nas lonjuras. Bom Caminhador, que também partira no mesmo ápice, se confundiu com o sopro, chegou junto com ele e recolheu a casa de abelhas quando o sopro arrancou-a da árvore e atirou-a ao vento. As abelhas abandonaram os favos, no auge do espanto, e ao quererem retornar, a casa já sifu, quilômetros dali, nas mãos do Bom Caminhador. Bom Comilão tomou-a e comeu com gula. O mel escorria-lhe pela cara, lambuzando dedos, pescoço, peito.

Amadeu de Gaias, Bom Caminhador, Bom Escutador e Bom Comilão fizeram camaradagem com Bom Assoprador e juraram não se separar nunca. Seguiram pelo mundo a exibir as habilidades naturais a cada um, menos, é claro, Amadeu de Gaias, que não sobressaía no comer, no escutar, no assoprar e no caminhar—e, justiça se lhe faça, em nada, em quase nada.

Pararam uma vez à margem de um córrego, para lavar a poeira de suas caras, e viram que a imagem deles parecia juntar-se numa só, idêntica.

"Seremos gêmeos?", perguntou Amadeu de Gaias.

"Só se for em espírito", respondeu Bom Caminhador. "Eu gosto é de caminhar."

"E eu, de comer", disse Bom Comilão.

"E eu, de soprar", disse Bom Assoprador.

"E eu, de escutar", disse Bom Escutador.

Amadeu de Gaias não era homem de muito cismar—e logo afastou o problema. Tinha amigos magníficos. Para que tentar ir ao fundo das coisas?

Viajaram muito, as provisões de boca se esgotaram.

"Tenho fome", queixou-se Bom Comilão.

Entraram numa curva do caminho, apertada entre dois montes aconchegados, desembocaram numa clareira onde estava um homem ajoelhado. Ajoelhado, minto. Tinha apenas um joelho pousado em terra. Retesava um comprido arco, mirava bem antes de desferir a seta. Bom Caminhador foi o primeiro a se aproximar.

"Que estais a fazer?"

"Estou na minha."

"E qual é a vossa?"

"Se olhos tendes, fácil vos será ver: estou mirando."

"O quê?"

"Aquele fruto grande."

"Pretendeis partir o talo e colher o fruto?"

"Isto mesmo."

"Deixai que eu sopre", pediu Bom Assoprador.

"Essa não, bicho. Tenho meus próprios métodos."

"Então, atirai logo. Estou com fome", suplicou Bom Comilão.

Bom Besteiro acabou de fazer pontaria, a flecha partiu, fendeu o talo, Bom Caminhador aparou o fruto, sentaram-se, comeram. As bagas eram douradas, tinham gosto levemente ácido. Pô, a fome era grande.

Bom Besteiro também vivia pelo mundo, sem destino certo—e gostou de encontrar o grupo. Agora eram seis: Amadeu de Gaias, Bom Caminhador, Bom Escutador, Bom Comilão, Bom Assoprador e Bom Besteiro. Unidos e amigos, saíram a cantar, a caçar por vales e montes. Até que chegaram aos arredores de um castelo, e como estivessem cansados, pediram pousada do lado de fora, sob um arco. Dormiram como pedras, acordaram ao som de clarins. Bom Escutador teve de encher os ouvidos

com chumaços de palha e sabugo de milho para que não lhe
estourassem os tímpanos.
"Que se passa?", perguntou Amadeu de Gaias a um lacaio
apressado.
"É o desafio dos cavaleiros."
Todos se dirigiam à praça do castelo—e os seis amigos se
deixaram ir, de roldão, esfregando os olhos. Quando Amadeu
de Gaias acabou de tirar dos seus a neblina do sono, divisou
uma gentil donzela que o olhava, disfarçando-se atrás de um
leque. Era de muita beleza, uma pantera loura—e Amadeu de
Gaias sentiu a felicidade invadi-lo, espalhar-se por todo o seu
corpo qual onda morna. Começou a rir de prazer, de puro
deleite; olhou de lado, para ver se não era engano, se ela não
estaria olhando para outro. Não, era com ele mesmo. Ele,
um forasteiro no meio de tantos nobres e vassalos. Ele, que
não sabia empunhar lança e mal se agüentava no lombo de
manso corcel. Ele, péssimo espadachim, e que não servia
sequer para escudeiro.
Durante o torneio, que durou horas, Amadeu de Gaias não
mais tirou os olhos da donzela, que era filha do rei. No dia
seguinte, quando fazia o repasto com os amigos, em comprida
mesa de hospedaria, um lacaio de libré dourada abordou-o:
"Forasteiro, o rei meu senhor vos chama à sua augusta
presença."
"A mim?", admirou-se Amadeu de Gaias.
"À vossa mercê,[6] sem tirar nem pôr."
"E com que objetivo, pergunto eu?"
"Sou humilde servo indigno dos segredos do rei meu senhor."
Amadeu de Gaias seguiu o lacaio, inquieto, até a sala do
trono. Mas, no meio do caminho, acalmou-se. Como era
simplório, imaginara que a filha do rei, apaixonada, queria
vê-lo de mais perto e ouvi-lo, favorecê-lo junto ao rei, nomeá-
lo par do reino, conferir-lhe título, terras e vassalagem;
desposá-lo, enfim.
Prosternou-se aos pés do rei, que o mediu de alto a baixo,
com evidente desprezo.
"Ouvi dizer que chegastes ontem a este meu reino."
"É verdade, senhor meu rei."
"Que buscais aqui?"
"Nada de especial, senhor meu rei. Eu e meus amigos
paramos para pernoitar e o desafio nos atraiu."
"Nesse caso, como ousastes deitar olhos de carneiro mal
morto em minha filha, a princesa?"
Amadeu de Gaias ficou muito vermelho e atrapalhado, sem
encontrar palavras. "Parece que mifu",[7] pensou. Antes de
se poder defender, um cortesão adiantou-se, escarninho, fez
a reverência e se dirigiu ao rei.
"Eu vi, majestade. Audácia é que não falta a este plebeu.
Tenho para mim[8] que não passa de um reles hippie."
Os olhos do rei faiscavam de ira.

"E o mais grave", continuou o cortesão, que era camareiro-mor e disputava o coração da casta donzela, "o mais grave é que este forasteiro anda se gabando de proezas impossíveis".
"Que proezas?", perguntou o rei.
"Por exemplo: que é capaz de vencer a andorinha."
"Pois semelhante falácia há de custar-lhe a cabeça," sentenciou o rei.

Ia malhar as pedras com o bastão real, chamando a guarda para conduzir Amadeu de Gaias ao calabouço, mas interceptou o olhar suplicante da princesa.

"Seja", concedeu o rei, que, apesar dos intrigantes da corte, ainda conservava algum senso de justiça. "Faremos a prova."

O rei tinha um hábito herdado dos antepassados e transmitido por direito divino: ao almoço, bebia água apenas da Fonte do Trevo, a duzentas léguas de distância, água milagrosa que lhe retemperava as forças e prolongava a juventude. A andorinha era o único ser vivo capaz de voar até a fonte, quando o rei se sentava à mesa e descruzava os talheres, recolher água no momento exato em que as três pedras em forma de trevo se abriam e revelavam o filete mágico, e voltar a tempo de servir o rei, quando este limpava os lábios com o guardanapo de rendas e cruzava os talheres.

"Preparai-vos [9] para amanhã desafiar a andorinha", ordenou o rei. "E se tentardes fugir do castelo sereis homem morto."

Amadeu de Gaias chegou em lágrimas à hospedaria. Os cinco amigos cercaram-no, solícitos.

"Qual foi a desventura?", quis logo saber Bom Comilão, tão ávido no comer quanto no sorver as novidades, boas ou más.

"O camareiro-mor, meu rival no amor da princesa, intrigou-me com o rei: disse que eu me gabara de chegar antes da andorinha com água da Fonte do Trevo."

Bom Caminhador interessou-se:
"Aonde fica a fonte, bicho?"
"A duzentas léguas daqui, rumo do oriente."
"E a viagem terá de ser feita em quanto tempo?"
"O tempo exato do almoço do rei."
"Esteja tranqüilo, Amadeu de Gaias", disse Bom Caminhador. E para suas pernas, com um sorriso satisfeito: "Vocês vão trabalhar amanhã, bichinhas."

Bom Caminhador azeitou as canelas antes de dormir e também ao despertar. Mas Amadeu de Gaias, que não julgava o amigo capaz de bater as asas da andorinha, passou a noite a revolver-se na enxerga, gemendo, soluçando, lastimando-se. Quando conseguiu pregar olho já era quase de manhã, e sonhou com o suplício: viu-se, bambo, a caminho do cepo; o carrasco, com um capuz negro descido até os ombros, afiava o machado. O cepo, com uma argola de lado, esperava que o seu pescoço fosse encaixado; o povaréu retinha a respiração; a princesa desmaiara, horas antes, na alcova.

Um arauto anunciou o desafio de Amadeu de Gaias, entre gargalhadas e zombarias, na praça do castelo. Se vencesse, avançaria no rumo da mão da princesa; se perdesse, perderia a cabeça no cepo. Um forasteiro valente, apaixonado, inteiramente louco. Perto do meio-dia, os cortesãos começaram a se reunir na praça de onde os competidores partiriam na longa e célere jornada.

Chegava o momento. A mesa real estava posta. O rei concluiu os despachos do expediente e dirigiu-se à mesa. A andorinha, inquieta, batia asas nos beirais do castelo. Quando o rei se sentou e descruzou os talheres, ela lançou-se no espaço. Amadeu de Gaias correu à hospedaria, mas antes de se atirar à enxerga, desanimado, Bom Caminhador já levantava poeira para os lados do levante.

À medida que Bom Caminhador estugava o passo, a poeira subia, se adensava, formando nuvem. A nuvem tornou-se espessa, cobriu meio mundo na altura das oitenta léguas--e a andorinha, desnorteada, perdeu o rumo, passou sobre a Fonte do Trevo. Bom Caminhador chegou à fonte, recolheu água quando as pétalas de pedra se abriram. O vento tangeu a poeira, a nuvem esgarçou-se e sumiu--e a andorinha viu que estava distanciada no caminho errado. Voltou justo a tempo de tirar água antes que as pedras se fechassem de novo sobre o filete do precioso líquido real.

"Amadeu de Gaias é mágico", pensou a andorinha. "Tenho que fazer alguma coisa."

Encurtando a distância que a separava de Bom Caminhador, convocou todos os seus poderes hipnóticos e provocou-lhe um pesado sono, um sono invencível. As pernas do Bom Caminhador foram perdendo a ligeireza; entorpecidas, tornaram-se arrastadas, com um peso de chumbo, e ele, aos bocejos, procurou a sombra de uma árvore para dormir. Sentou, encostou-se ao tronco e ferrou no sono. De vez em quando, roncava.

Os roncos intermitentes, e mais o levíssimo rumor do vento nas asas da andorinha, avisaram Bom Escutador da desgraça próxima.

"Bom Caminhador", anunciou ele, levantando o ouvido do chão, na hospedaria, "adormeceu a caminho e a andorinha está chegando. Faltam só umas vinte léguas."

Voltou a encostar o ouvido no chão.

"Olhe aqui, gente minha, o rei ainda está comendo, mas não tarda a terminar. Pelo tinido do garfo e da faca no prato, posso sentir que já está farto."

Então Bom Assoprador foi à porta da hospedaria e soprou poderosamente na direção do leste. Colhida pelo vendaval, a andorinha deu de costas, deu de bunda até passar novamente por cima da fonte e avançar, sempre de marcha-à-ré, umas cem léguas. Em seguida, Bom Besteiro colocou uma flecha no arco e disparou depois de dormir na pontaria. A flecha varou o espaço e cravou-se certeira no tronco da árvore, arrancando um susto de Bom Caminhador e um pouco de seu cabelo

comprido cheio de caspa. Bom Caminhador levantou-se, notou
que estivera a dormir e não perdeu mais tempo: as pernas
voltaram a trabalhar num compasso que abarcava quilômetros.
E mal o rei acabara de enxugar a boca com o guardanapo
rendado, e de cruzar o garfo e a faca no prato, Amadeu de
Gaias entrou com água da Fonte do Trevo no cálice de ouro.
Imagine-se o espanto. Imagine-se o despeito, a raiva, a
frustração, o desespero do camareiro-mor. Imagine-se a
alegria da princesa, que de tão contente[10] se pôs a dançar,
arrastando a aia nos seus bracinhos delicados, de tenra
alvura. Imagine tudo isto, porque isto ainda é pouco, bicho.
O rei marcou audiência aquela mesma tarde para Amadeu de
Gaias. Corria o rumor de que ia torná-lo cavalheiro. E esta
era realmente a intenção: os nobres foram convocados ao
castelo, fanfarras soaram, sucederam-se os salamaleques e o
rei já estirava a espada de larga folha para pousá-la no ombro
direito de Amadeu de Gaias e pronunciar as palavras de nobre
tradição, quando o mesmo camareiro-mor, roído de inveja,
segredou-lhe ao ouvido que o forasteiro era indigno do título
e das galas que lhe iam dar.
"Desconfio, rei meu senhor, que foram eles e seus estranhos
amigos chegados não se sabe bem de onde que roubaram o
dinheiro de Seu Maio."
"Tendes provas do que afirmais?", perguntou o rei.
"Provas propriamente não, mas vossa mercê há de convir
que as coincidências são muitas, e curiosas, pacas".
O rei pensou um bocado e, mais uma vez, prevaleceu o seu
embotado mas não de todo vencido sentimento de justiça.
"Ainda bem que não cheguei a vos sagrar cavalheiro, gesto
que agora reconheço precipitado. Dou-vos, porém, o ensejo
de vos limpardes de qualquer suspeita. Ide, senhor, e descobri os ladrões. Se não os trouxerdes, ou apresentardes
provas cabais de que os alcançastes, ai de vós e da patota".
Amadeu de Gaias, que não tinha alma calejada para emoções
fortes, chegou chorando à hospedaria. Seus amigos cercaram-
no com mil e uma provas de solícita amizade.
"Mas quem é Seu Maio?", indagou, intrigado, Bom Assoprador.
Fez-se necessário pequena investigação prévia que consumiu
algumas horas. Seu Maio, ao contrário do que se poderia
pensar a princípio, não era nome de homem, mas de mês, o
mês de maio. Um pobre lavrador, muito do agrado do rei
porque um dia consertara a roda de sua carruagem em ínvio
caminho, entregava à mulher o dinheiro apurado nas colheitas,
com esta recomendação: "É de Seu Maio." Referia-se ao mês
do frio, quando a terra ficava crestada, o sustento tornava-
se difícil, e quem não houvesse acumulado gêneros ou moedas
de ouro, passava penúria, morria de fome. Pois ora muito
bem: um espertalhão se apresentara em casa do lavrador na
ausência deste, e dissera à mulher: "Sou Seu Maio. Vim
buscar o que me pertence." E a mulher, uma pobre-coitada,
entregou-lhe tudo, moedas e manjares.

"Este é serviço para mim", disse Bom Caminhador. "Percorrerei várias direções, norte, sul, leste, oeste, e o ladravaz não me há de escapar."
"Ou para mim", ofereceu-se Bom Escutador. "Poderei localizar os ladrões à distância de léguas."
"Ou para mim", disse Bom Assoprador. "Poderei derrubá-los em plena fuga."
"Se reagirem, é melhor um bom besteiro para trespassá-los de uma só vez", falou Bom Besteiro.
Só Bom Comilão não disse nada, porque suas habilidades não seriam certamente requeridas. Compadecido de sua tristeza, e julgando que seis pessoas juntas poderiam espantar o ladrão ou ladrões, Amadeu de Gaias se decidiu:
"Rendo-vos mil graças, meus bons e fiéis amigos, mas preciso apenas de um. Levo Bom Comilão."
E partiram. Bom Comilão, por força do apetite insaciável que o fazia andar constantemente em busca do que comer, desenvolvera o engenho a um ponto deveras extraordinário. A manha competia com a gula. Uma vez distanciados da hospedaria, coçou o queixo e sugeriu:
"Vamos começar pela casa do lavrador se Seu Maio. A mulher poderá fornecer-nos indicações valiosas sobre os ladrões."
"Bem pensado", aprouvou Amadeu de Gaias.
Mas a mulher tinha do homem que se apresentara como Seu Maio apenas vaga lembrança. Mal reparara nele, afogueada ante a presença súbita, em sua humilde casa, de tão ilustre personalidade para quem eram estocados os comes, os bebes[11] e o dinheiro das safras.
"O ladrão era um só?", quis saber Bom Comilão.
"O que entrou era apenas um", respondeu a mulher. "Mas depois, ao sair, vi que outro se lhe juntou na curva do caminho".
"E foram para que lado?"
"Na direção do sol, meu senhor".
Lançaram-se no encalço dos ladrões. Na pressa, Bom Comilão deixou a porta aberta, e Amadeu de Gaias gritou-lhe.
"Trazei a porta convosco."
Queria dizer, naturalmente, usando linguagem empolada, que Bom Comilão cerrasse a porta, mas o amigo interpretou mal, arrancou dos gonzos a porta da mulher do lavrador e levou-a na cabeça.
Caminharam o dia inteiro sob um sol a pino, que ardia na cabeça e no lombo. Ainda bem que a porta lhes servia de proteção. À noitinha, esfalfados, Amadeu de Gaias sugeriu repouso. Bom Comilão teve uma de suas idéias.
"Vamos subir nesta árvore e estender a porta entre dois galhos. Dormiremos em cima, no fresco, refrigerados pela brisa e pelo vento nas folhas."
Estavam para pegar no sono quando vozes se fizeram ouvir embaixo. Soergueram-se nos cotovelos e apuraram bem os

ouvidos. Eram dois homens. Chegaram cobertos de pó,
arriaram suas coisas junto ao tronco e se sentaram. Um deles
abriu um saco e revelou moedas de ouro em quantidade. As
peças brilhavam à luz da lua.
"Dividimos logo?", propôs o que desatara o saco.
"Esperai um pouco, tenho primeiro que saciar o estômago."
Fizeram fogo, juntando gravetos entre três pedras, assaram
carne, tiraram farofa da mochila. A carne devia estar muito
salgada, porque um dos ladrões se queixou:
"Morro de sede."
"E não há regato perto", observou o companheiro.
"Bem que podia cair um pouco de água do céu", desejou o
primeiro.
Imediatamente Bom Comilão atirou seu alforje cheio de água
potável. Os ladrões regalaram-se, alegres e surpreendidos.
Pô, o céu estava com eles.
Dividido o dinheiro, o outro, o que não apelara ainda para
o alto, resolveu fazer o seu pedido, para não ficar atrás.
"Ô bicho, e se caísse sobremesa para nós?"
Imediatamente Bom Comilão arrancou frutos maduros e
deixou-os tombar sobre os ladrões.
Os ladrões fartaram-se, e, estirados junto à dinheirama, se
entregaram a devaneios, na paz de corpo e de alma que se
segue a uma boa refeição.
"Ô bicho", sugeriu o primeiro, o que iniciara a série de
invocações, "e se desabasse agora mesmo um pedaço de céu?"
Aí Bom Comilão atirou a porta, que desabou com grande
estrondo, batendo nos ramos, resvalando no tronco, arrancando
folhas. Os dois ladrões puseram-se em fuga dentro da noite,
largando tudo. E assim Amadeu de Gaias pôde, no dia seguinte,
entregar o saco de moedas ao rei e contar em detalhes o que
fizera para recuperá-las. As moedas voltaram à casa do
lavrador, à posse de Seu Maio. Amadeu de Gaias cresceu
mais ainda na estima do rei, agora decidido a sagrá-lo cavalheiro, de qualquer maneira, e já admitindo prometer-lhe
solenemente a mão da princesa sua filha.
Nova cerimônia de sagração foi marcada na sala do trono,
mas o camareiro-mor, no último desespero, saiu-se com outra
de suas maquinações.
"Rei meu senhor, Amadeu de Gaias vos mandou dizer que é
costume de sua terra darem um boi inteiro de comer ao
cavalheiro, antes de o admitirem par do reino."
O rei admirou-se de tão insólito costume, de que não ouvira
falar no raio de trezentas léguas. Desconfiado, irritou-se com
a bazófia do homem a quem pretendia tutelar. Onde já se
ouviu dizer que alguém, por mais esfaimado, seja capaz de
devorar um boi, com entranhas e tudo, de uma só refeição?
O camareiro-mor, intrigante de marca maior, aspirante político
ao trono mediante golpe de estado que tramava em surdina, já
espalhara o novo desafio de Amadeu de Gaias. O rei não teve
outro jeito senão ordenar a matança do boi, esquartejá-lo e

assar em praça pública. Convocado a comê-lo em presença da
corte reunida, Amadeu de Gaias chorou.
"E mais esta agora. Que vai ser de mim, amizade?"
Bom Comilão inteirou-se da nova desdita e não coube em si
de contentamento.
"Afinal", comentou, aos saltos pela hospedaria, "defronto
um prato substancial, digno dos meus talentos e à altura do
meu apetite."
Para facilitar a digestão e aguçar o sabor da carne que
cheirava, imensa, sobre brasas, Bom Comilão ingeriu um
preparado, mistura de especiarias e álcool.
"Estou pronto", apresentou-se. "Aonde é o festim?"
Guiaram-no à praça, enquanto Amadeu de Gaias, encolhido
na enxerga, esperava um possível desastre. Pessimista por
natureza, vivia na expectativa do pior, malgrado as notáveis
habilidades de seus cinco amigos.
Bom Comilão atirou-se ao boi com vontade. Comeu o
dianteiro, comeu o traseiro, pá, costelas, chã e filé, pescoço
e tripas, bofe e coração, nada sobrou. Engoliu chifres,
queixada, ossos maiores e menores. A corte ficou apavorada,
de boca aberta. Bom Comilão ainda teve forças para um
salamaleque ao rei, à rainha e à princesa, antes de se recolher
à hospedaria para dormir, do que estava, aliás, bem necessi-
tado. Seus roncos subiam e rolavam, estertorosos, pelo
castelo, pareciam tremores de terra.
O rei confirmou a cerimônia de sagração de Amadeu de Gaias
para o dia seguinte, após a digestão difícil de tão estranho
cavalheiro. Nesse entretempo, porém, o camareiro-mor arriscou
a última cartada: soprou no ouvido do rei, quando este
despachava com os ministros, que o ainda não reconhecido
cavalheiro Amadeu de Gaias se jactanciara de, sozinho, com
suas próprias armas, vencer o exército do rei vizinho, que de
quando em quando tentava um assalto ao castelo. Ainda não
conseguira ultrapassar as muralhas, mas causava estragos,
dizimava nobres e cortesãos, enfraquecia a economia reinol do
inimigo e observava relativo período de trégua antes de se
lançar a nova investida, sempre de surpresa, porque se tratava
de rei radical e expansionista, indiferente aos floreios de declaração de guerra e outros avisos prévios.
Para alegria do camareiro, com quem, aliás, o rei vizinho
estava há muito tempo de conspiração, o novo ataque ocorreu
de manhã, quando Amadeu de Gaias parecia fora de combate,
entregue ainda à pacificação de suas entranhas atufadas.
Trombetas soaram, as hostes inimigas cercaram o castelo.
Amadeu de Gaias foi despertado sem maiores cerimônias por um
emissário do rei, que o nomeou comandante-chefe, com carta
branca. A inesperada honraria pôs a cabeça de Amadeu de
Gaias a zumbir, mas seus cinco amigos se reuniram e traçaram
planos de campanha.
Naturalmente a estratégia consistia em utilizar as habilidades
naturais de cada um. Por exemplo: Bom Comilão,

momentaneamente abatido por causa do lauto almoço da véspera, seria últil à sua maneira. Içaram-no, não sem muitas dificuldades, ao cimo de uma árvore, na porta sul do castelo, para onde convergia o grosso das tropas assaltantes.

Bom Assoprador colocou-se embaixo da árvore.

Bom Besteiro tomou posição numa das ameias.

Bom Caminhador não teria posição definida.

Bom Escutador captaria as ordens dadas ao exército inimigo e as levaria, de imediato, a Amadeu de Gaias.

Dentro em pouco, completado o cerco ao castelo, a batalha começava a ferir-se. As entranhas de Bom Comilão convulsionaram-se, talvez por medo, talvez porque chegara a hora da libertação.

Bom Assoprador soprou para todas as direções o que Bom Comilão soltava: chifres, ossos, queixada, merda pura.

Bom Besteiro não errou um só alvo.

Bom Caminhador revolveu a poeira acamada e formou uma nuvem dentro da qual os assaltantes se perderam, entrechocaram-se, guerrearam entre si, mataram-se.

Bom Escutador ouvia as ordens do inimigo, mal eram transmitidas, e Amadeu de Gaias podia oferecer logo a contraofensiva.

Durou horas a batalha encarniçada.

Os inimigos restantes--e contavam-se nos dedos--retiraram-se contrafeitos, lambuzados, fedorentos.

Embora atingidos também, porque o sopro de Bom Assoprador não distinguia entre amigos e inimigos, o rei, a rainha e a princesa beijaram enternecidos as faces de Amadeu de Gaias.

Seguiu-se uma festa delirante no castelo, depois do que todos se retiraram para seus aposentos e meteram-se em banheiras perfumadas com sais aromáticos.

Amadeu de Gaias desposou a princesa, tiveram filhos e viveram felizes por longos e longos anos. Pô, tudo acabou bem.

NOTES

1. *Pô:* apocope of an obscene expression equivalent, in this case, to "Gee!"
2. *Tchauzinho:* diminutive of the Portuguese adaptation of the Italian (now, quasi-international) expression *ciao*, meaning "so long".
3. *sifu:* apocope of an obscene expression meaning "he fouled himself up".
4. *Vós:* the singular form of the second person subject pronoun in the age of chivalry, equivalent to the present-day *o senhor.*
5. *Estive na minha:* I "did my thing".
6. *vossa mercê:* a respectful form of the third (English second) person singular subject pronoun.

7. *mifu:* apocope of an obscene expression meaning "I got screwed up".

8. *Tenho para mim:* it is my belief.

9. *vos:* the object pronoun corresponding to the subject pronoun *vós.* See note 4.

10. *de tão contente:* out of sheer joy.

11. *os comes, os bebes:* food, drink.

TEMÁRIO

1. Assinalar os momentos cômicos deste conto e comentar o(s) tipo(s) de humorismo que os caracteriza(m).

2. Os indícios de idealismo humano e crítica social perceptíveis no conto.

14

CLARICE LISPECTOR

Clarice Lispector (1917-1977) was born in the Ukrainian city of Tchetchelnik, and went to Brazil as a two-month-old infant in the company of her Russian immigrant parents. She lived until the age of 12 in the northeastern city of Recife, where she received her elementary and secondary schooling; she completed her formal education in Rio de Janeiro, obtaining her law degree from the Faculdade Nacional de Direito (1944), while working as a journalist. From 1945 to 1949, she lived in Europe with her husband, a member of the Brazilian Diplomatic Corps. Following an eight-year stay in the United States (1952-1960), she returned to Rio, where she resided for the rest of her life.

The critically acclaimed first novel of Clarice Lispector (*Perto do Coração Selvagem*, 1944) revealed an extraordinary capacity for the creation of introspective characters in search of self-definition. In subsequent novels (*O Lustre*, 1946; *A Cidade Sitiada*, 1949; *A Maçã no Escuro*, 1961; *A Paixão Segundo G.H.*, 1964; *Uma Aprendizagem ou O Livro dos Prazeres*, 1969; *Água Viva*, 1973; *A Hora da Estrela*, 1977), she continued to explore the existential condition of contemporary man--and, especially, woman--enriching her characterizations with phenomenologically probing metaphors of the human psyche in its encounter with its own inherent restraints and possibilities. The resulting, residually romanticized diffusiveness of her quest found its most valid literary expression in her numerous short stories, of which she published five collections (*Alguns Contos*, 1952; *Laços de Família*, 1960; *A Legião Estrangeira*, 1964; *Felicidade Clandestina*, 1971; *Onde Estivestes de Noite?*, 1974), and wherein the concentrated articulation of self-discovery achieved the most consummately artistic form to be found in the Brazilian *conto* of our time. She added new dimensions to her literary image by the publication of a collection of stories for children (*Quase de Verdade*, 1978) and of a collection of *crônicas*, *Para Não Esquecer* (1978). Her last novel, bearing the circumstantially ironic title *Um Sopro de Vida*, was published posthumously in December, 1978.

Not surprisingly, Clarice Lispector was awarded the *Prêmio Brasília* at the *X Encontro Nacional de Escritores* (1976), the prize which is tantamount to literary "consecration" in Brazil.

The selection presented here is from *Laços de Família*.

A IMITAÇÃO DA ROSA

Antes que Armando voltasse do trabalho a casa deveria estar
arrumada e ela própria já no vestido marrom para que pudesse
atender o marido enquanto ele se vestia, e então sairiam com
calma, de braço dado como antigamente. Há quanto tempo não
faziam isso?
Mas agora que ela estava de novo "bem", tomariam o ônibus,
ela olhando como una esposa pela janela, o braço no dele, e
depois jantariam com Carlota e João, recostados na cadeira com
intimidade. Há quanto tempo não via Armando enfim se recostar com intimidade e conversar com um homem? A paz de
um homem era, esquecido de sua mulher, conversar com outro
homem sobre o que saía nos jornais. Enquanto isso ela falaria
com Carlota sobre coisas de mulheres, submissa à bondade
autoritária e prática de Carlota, recebendo enfim de novo a
desatenção e vago desprezo da amiga, a sua rudeza natural,
e não mais aquele carinho perplexo e cheio de curiosidade--
vendo enfim Armando esquecido da própria mulher. E ela
mesma, enfim, voltando à insignificância com reconhecimento.
Como um gato que passou a noite fora e, como se nada tivesse
acontecido, encontrasse sem uma palavra um pires de leite
esperando. As pessoas felizmente ajudavam a fazê-la sentir
que agora estava "bem". Sem a fitarem, ajudavam-na ativa-
mente a esquecer, fingindo elas próprias o esquecimento como
se tivessem lido a mesma bula do mesmo vidro de remédio. Ou
tinham esquecido realmente, quem sabe. Há quanto tempo não
via Armando enfim se recostar com abandono, esquecido dela?
E ela mesma?
Interrompendo a arrumação da penteadeira, Laura olhou-se
ao espelho: e ela mesma, há quanto tempo? Seu rosto tinha
uma graça doméstica, os cabelos eram presos com grampos atrás
das orelhas grandes e pálidas. Os olhos marrons, os cabelos
marrons, a pele morena e suave, tudo dava a seu rosto já
não muito moço um ar modesto de mulher. Por acaso alguém
veria, naquela mínima ponta de surpresa que havia no fundo
de seus olhos, alguém veria nesse mínimo ponto ofendido a
falta dos filhos que ela nunca tivera?

Com seu gosto minucioso pelo método--o mesmo que a fazia
quando aluna copiar com letra perfeita os pontos da aula sem
compreendê-los--, com seu gosto pelo método, agora reassumi-
do, planejava arrumar a casa antes que a empregada saísse de
folga para que, uma vez Maria na rua, ela não precisasse
fazer mais nada, senão 1.º) calmamente vestir-se; 2.º) esperar
Armando já pronta; 3.º) o terceiro o que era? Pois é. Era
isso mesmo o que faria. E poria o vestido marrom com gola de
renda creme. Com seu banho tomado. Já no tempo do Sacré
Coeur[1] ela fora arrumada e limpa, com um gosto pela higiene
pessoal e um certo horror à confusão. O que não fizera nunca
com que[2] Carlota, já naquele tempo um pouco original, a
admirasse. A reação das duas sempre fora diferente. Carlota
ambiciosa e rindo com força; ela, Laura, um pouco lenta, e por
assim dizer cuidando em se manter sempre lenta; Carlota não
vendo perigo em nada. E ela cuidadosa. Quando lhe haviam
dado para ler a "Imitação de Cristo",[3] com um ardor de burra
ela lera sem entender mas, que Deus a perdoasse, ela sentira
que quem imitasse Cristo estaria perdido--perdido na luz, mas
perigosamente perdido. Cristo era a pior tentação. E Carlota
nem ao menos quisera ler, mentira para a freira dizendo que
tinha lido. Pois é. Poria o vestido marrom com gola de renda
verdadeira.

Mas, quando viu as horas, lembrou-se, num sobressalto que
a fez levar a mão ao peito, de que se esquecera de tomar o
copo de leite.

Encaminhou-se para a cozinha e, como se tivesse culposa-
mente traído com seu descuido Armando e os amigos devotados,
ainda junto da geladeira bebeu os primeiros goles com um
devagar ansioso, concentrando-se em cade gole com fé como
se estivesse indenizando a todos e se penitenciando. Se o
médico dissera: "Tome leite entre as refeições, nunca fique
com o estômago vazio, pois isso dá ansiedade"--então, mesmo
sem ameaça de ansiedade, ela tomava sem discutir, gole por
gole, dia após dia, não falhara nunca, obedecendo de olhos
fechados, com um ligeiro ardor para que não pudesse enxergar
em si a menor incredulidade. O embaraçante é que o médico
parecia contradizer-se quando, ao mesmo tempo que recomen-
dava uma ordem precisa que ela queria seguir com o zelo de
uma convertida, dissera também: "Abandone-se, tente tudo
suavemente, não se esforce por conseguir--esqueça completamente o que aconteceu e tudo voltará com naturalidade." E
lhe dera uma palmada nas costas, o que a lisonjeara e a fizera
corar de prazer. Mas na sua humilde opinião uma ordem
parecia anular a outra, como se lhe pedissem para comer
farinha e assobiar ao mesmo tempo. Para fundi-las numa só
ela passara a usar um engenho: aquele copo de leite que
terminara por ganhar um secreto poder, que tinha dentro de
cada gole quase o gosto de uma palavra e renovava a forte
palmada nas costas, aquele copo de leite ela o levava à sala,
onde se sentava "com muita naturalidade", fingindo falta de

interesse, "não se esforçando"--e assim cumprindo esperta-
mente a segunda ordem. "Não tem importância que eu
engorde", pensou, o principal nunca fora a beleza.

Sentou-se no sofá como se fosse uma visita na sua própria
casa que, tão recentemente recuperada, arrumada e fria,
lembrava a tranqüilidade de uma casa alheia. O que era tão
satisfatório: ao contrário de Carlota, que fizera de seu lar
algo parecido com ela própria, Laura tinha tal prazer em fazer
de sua casa uma coisa impessoal; de certo modo perfeita por
ser impessoal.

Oh, como era bom estar de volta, realmente de volta, sorriu
ela satisfeita. Segurando o copo quase vazio, fechou os olhos
com um suspiro de cansaço bom. Passara a ferro as camisas
de Armando, fizera listas metódicas para o dia seguinte,
calculara minuciosamente o que gastara de manhã na feira,
não parara na verdade um instante sequer. Oh, como era
bom estar de novo cansada.

Se uma pessoa perfeita do planeta Marte descesse e soubesse
que as pessoas da Terra se cansavam e envelheciam, teria pena
e espanto. Sem entender jamais o que havia de bom em ser
gente, em sentir-se cansada, em diariamente falir; só os
iniciados compreenderiam essa nuance de vício e esse refina-
mento de vida.

E ela retornara enfim da perfeição do planeta Marte. Ela,
que nunca ambicionara senão ser a mulher de um homem,
reencontrava grata sua parte diariamente falível. De olhos
fechados suspirou reconhecida. Há quanto tempo não se cansava? Mas agora sentia-se todos os dias quase exausta e
passara, por exemplo, as camisas de Armando, sempre gostara
de passar a ferro e, sem modéstia, era uma passadeira de mão
cheia. E depois ficava exausta como uma recompensa. Não
mais aquela falta alerta de fadiga. Não mais aquele ponto
vazio e acordado e horrivelmente maravilhoso dentro de si.
Não mais aquela terrível independência. Não mais a facilidade
monstruosa e simples de não dormir--nem de dia nem de noite--
que na sua discrição a fizera subitamente super-humana em
relação a um marido cansado e perplexo. Ele, com aquele
hálito que tinha quando estava mudo de preocupação, o que
dava a ela uma piedade pungente, sim, mesmo dentro de sua
perfeição acordada, a piedade e o amor, ela super-humana e
tranqüila no seu isolamento brilhante, e ele, quando tímido,
vinha visitá-la levando maçãs e uvas que a enfermeira com um
levantar de ombros comia, ele fazendo visita de cerimônia
como um namorado, com o hálito infeliz e um sorriso fixo,
esforçando-se no seu heroísmo por compreender, ele que a
recebera de um pai e de um padre, e que não sabia o que
fazer com essa moça da Tijuca[4] que inesperadamente, como um
barco tranqüilo se empluma nas águas, se tornara super-
humana.

Agora, nada mais disso. Nunca mais. Oh, fora apenas uma
fraqueza; o gênio era a pior tentação. Mas depois ela voltara

tão completamente que até já começava de novo a precisar de
tomar cuidado para não amolar os outros com seu velho gosto
pelo detalhe. Ela bem se lembrava das colegas do Sacré
Coeur lhe dizendo: "Você já contou isso mil vezes!", ela se
lembrava com um sorriso constrangido. Voltara tão completamente: agora todos os dias ela se cansava, todos os
dias seu rosto decaía ao entardecer, e a noite então tinha a
sua antiga finalidade, não era apenas a perfeita noite estrelada.
E tudo se completava harmonioso. E, como para todo o mundo,
cada dia a fatigava; como todo o mundo, humana e perecível.
Não mais aquela perfeição, não mais aquela coisa que um dia
se alastrara clara, como um câncer, a sua alma.
Abriu os olhos pesados de sono, sentindo o bom copo sólido
nas mãos, mas fechou-os de novo com um sorriso confortável
de cansaço, banhando-se como um novo-rico em todas as suas
partículas, nessa água familiar e ligeiramente enjoativa. Sim,
ligeiramente enjoativa; que importância tinha, pois se também
ela era um pouco enjoativa, bem sabia. Mas o marido não
achava, e então que importância tinha, pois se graças a Deus
ela não vivia num ambiente que exigisse que ela fosse mais
arguta e interessante, e até do ginásio, que tão embaraçosa-
mente exigira que ela fosse alerta, ela se livrara. Que importância tinha. No cansaço--passara as camisas de Armando
sem contar que fora de manhã à feira e demorara tanto lá,
com aquele gosto que tinha em fazer as coisas renderem--, no
cansaço havia um lugar bom para ela, o lugar discreto e
apagado de onde, com tanto constrangimento para si e para
os outros, saíra uma vez. Mas como ia dizendo, graças a
Deus, voltara.
E se procurasse com mais crença e amor encontraria dentro
do cansaço aquele lugar ainda melhor que seria o sono.
Suspirou com prazer, por um momento de travessura maliciosa
tentada a ir de encontro ao hálito morno que era sua respiração
já sonolenta, por um instante tentada a cochilar. "Um instante
só, só um instantezinho!", pediu-se lisonjeada por ter tanto
sono, pedia cheia de manha como se pedisse a um homem, o que
sempre agradara muito a Armando.
Mas não tinha verdadeiramente tempo de dormir agora, nem
sequer de tirar um cochilo--pensou vaidosa e com falsa modéstia,
ela era uma pessoa tão ocupada! Sempre invejara as pessoas
que diziam "não tive tempo" e agora ela era de novo uma
pessoa tão ocupada: iam jantar com Carlota e tudo tinha que
estar ordeiramente pronto, era o primeiro jantar fora desde
que voltara e ela não queria chegar atrasada, tinha que estar
pronta quando... bem, eu já disse isso mil vezes, pensou
encabulada. Bastaria dizer uma só vez: "Não queria chegar
atrasada"--pois isso era motivo suficiente: se nunca suportara
sem enorme vexame ser um transtorno para alguém, agora
então, mais que nunca, não deveria... Não, não havia a
menor dúvida: nao tinha tempo de dormir. O que devia
fazer, mexendo-se com familiaridade naquela íntima riqueza da

rotina --e magoava-a que Carlota desprezasse seu gosto pela
rotina--, o que devia fazer era 1.°) esperar que a empregada
estivesse pronta; 2.°) dar-lhe o dinheiro para ela já trazer a
carne de manhã, chã-de-dentro; como explicar que a dificuldade de achar carne boa era até um assunto bom, mas se
Carlota soubesse a desprezaria; 3.°) começar minuciosamente
a se lavar e a se vestir, entregando-se sem reserva ao prazer
de fazer o tempo render. O vestido marrom combinava com
seus olhos e a golinha de renda creme dava-lhe alguma coisa
de infantil, como um menino antigo. E, de volta à paz noturna
da Tijuca--não mais aquela luz cega das enfermeiras penteadas
e alegres saindo para as folgas depois de tê-la lançado como
a uma galinha indefesa no abismo da insulina--, de volta à
paz noturna da Tijuca, de volta à sua verdadeira vida; ela
iria de braço dado com Armando, andando devagar para o
ponto de ônibus, com aquelas coxas baixas e grossas que a
cinta empacotava numa só fazendo dela uma "senhora distínta";
mas quando, sem jeito, ela dizia a Armando que isso vinha de
insuficiência ovariana, ele, que se sentia lisonjeado com as
coxas de sua mulher, respondia com muita audácia: "De que
me adiantava casar com uma bailarina?", era isso o que ele
respondia. Ninguém diria, mas Armando podia ser às vezes
muito malicioso, ninguém diria. De vez em quando eles diziam
a mesma coisa. Ela explicava que era por causa de insuficiência
ovariana. Então ele falava assim: "De que é que me adiantava
ser casado com uma bailarina?" As vezes ele era muito sem-
vergonha, ninguém diria. Carlota ficaria espantada se soubesse
que eles também tinham vida íntima e coisas a não contar, mas
ela não contaria, era uma pena não poder contar, Carlota na
certa pensava que ela era apenas ordeira e comum e um pouco
chata, e se ela era obrigada a tomar cuidado para não impor-
tunar os outros com detalhes, com Armando ela às vezes
relaxava e era chatinha, o que não tinha importância porque
ele fingia que ouvia mas não ouvia tudo o que ela lhe contava,
o que não a magoava, ela compreendia perfeitamente bem que
suas conversas cansavam um pouquinho uma pessoa, mas era
bom poder lhe contar que não encontrara carne mesmo que
Armando balançasse a cabeça e não ouvisse, a empregada e ela
conversavam muito, na verdade mais ela mesma que a empregada,
e ela também tomava cuidado para não cacetear a empregada,
que às vezes continha a impaciência e ficava um pouco mal-
criada. A culpa era mesmo sua, porque nem sempre ela se
fazia respeitar.
    Mas, como ela ia dizendo, de braço dado, baixinha e ele
alto e magro, mas ele tinha saúde graças a Deus, e ela
castanha. Ela castanha como obscuramente achava que uma
esposa devia ser. Ter cabelos pretos ou louros era um excesso
que, na sua vontade de acertar, ela nunca ambicionara. Então,
em matéria de olhos verdes, parecia-lhe que se tivesse olhos
verdes seria como se não dissesse tudo a seu marido. Não é
que Carlota desse propriamente o que falar, mas ela, Laura--

que se tivesse oportunidade a defenderia ardentemente, mas
nunca tivera a oportunidade--, ela, Laura, era obrigada, a
contragosto, a concordar que a amiga tinha um modo esquisito
e engraçado de tratar o marido, oh não por ser "de igual para
igual", pois isso agora se usava, mas você sabe o que quero
dizer. E Carlota era até um pouco original, isso até ela já
comentara uma vez com Armando e Armando concordara mas
não dera muita importância. Mas, como ela ia dizendo, de
marrom com a golinha...--o devaneio enchia-a com o mesmo
gosto que tinha em arrumar gavetas, chegava a desarrumá-las
para poder arrumá-las de novo.

Abriu os olhos, e como se fosse a sala que tivesse tirado um
cochilo e não ela, a sala parecia renovada e repousada com suas
poltronas escovadas e as cortinas que haviam encolhido na última lavagem, como calças curtas demais e a pessoa olhando
cômica para as próprias pernas. Oh! como era bom rever
tudo arrumado e sem poeira, tudo limpo pelas suas próprias
mãos destras, e tão silencioso, e com um jarro de flores, como
uma sala de espera. Sempre achara lindo uma sala de espera,
tão respeitoso, tão impessoal. Como era rica a vida comum,
ela que enfim voltara da extravagância. Até um jarro de flores.
Olhou-o.

--Ah! como são lindas, exclamou seu coração de repente um
pouco infantil. Eram miúdas rosas silvestres que ela comprara
de manhã na feira, em parte porque o homem insistira tanto,
em parte por ousadia. Arrumara-as no jarro de manhã mesmo,
enquanto tomava o sagrado copo de leite das dez horas.

Mas à luz desta sala as rosas estavam em toda a sua completa e tranqüila beleza.

Nunca vi rosas tão bonitas, pensou com curiosidade. E
como se não tivesse acabado de pensar exatamente isso, vagamente consciente de que acabara de pensar exatamente isso e
passando rápido por cima do embaraço em se reconhecer um
pouco cacete, pensou numa etapa mais nova de surpresa:
"Sinceramente, nunca vi rosas tão bonitas". Olhou-as com
atenção. Mas a atenção não podia se manter muito tempo como
simples atenção, transformava-se logo em suave prazer, e ela
não conseguia mais analisar as rosas, era obrigada a
interromper-se com a mesma exclamação de curiosidade submissa: como são lindas!

Eram algumas rosas perfeitas, várias no mesmo talo. Em
algum momento tinham trepado com ligeira avidez uma sobre as
outras mas depois, o jogo feito, haviam se imobilizado tranqüilas. Eram algumas rosas perfeitas na sua miudez, não de
todo desabrochadas, e o tom rosa era quase branco. Parecem
até artificiais! disse em surpresa. Poderiam dar a impressão
de brancas se estivessem totalmente abertas mas, com as
pétalas centrais enrodilhadas em botão, a cor se concentrava
e, como nun lóbulo de orelha, sentia-se o rubor circular
dentro delas. Como são lindas, pensou Laura surpreendida.

Mas, sem saber por quê, estava um pouco constrangida, um pouco perturbada. Oh! Nada demais, apenas acontecia que a beleza extrema incomodava.

Ouviu os passos da empregada no ladrilho da cozinha e pelo som oco reconheceu que ela estava de salto alto; devia pois estar pronta para sair. Então Laura teve uma idéia de certo modo muito original: por que não pedia a Maria para passar por Carlota e deixar-lhe as rosas de presente?

E também porque aquela beleza extrema incomodava. Incomodava? Era um risco. Oh! não, por que risco? apenas incomodava, eram uma advertência, oh! não, por que advertência? Maria daria as rosas a Carlota.

--D. Laura mandou, diria Maria.

Sorriu pensativa: Carlota estranharia que Laura, podendo trazer pessoalmente as rosas, já que desejava presenteá-las, mandasse-as antes do jantar pela empregada. Sem falar que acharia engraçado receber as rosas, acharia "refinado"...

--Essas coisas não são necessárias entre nós, Laura! diria a outra com aquela franqueza um pouco bruta, e Laura diria num abafado grito de arrebatamento:

--Oh não! não! não é por causa do convite para jantar! é que as rosas eram tão lindas que tive o impulso de dar a você!

Sim, se na hora desse jeito e ela tivesse coragem, era assim mesmo que diria. Como é mesmo que diria? precisava não esquecer: diria--Oh não! etc. E Carlota se surpreenderia com a delicadeza de sentimentos de Laura, ninguém imaginaria que Laura tivesse também suas ideiazinhas. Nesta cena imaginária e aprazível que a fazia sorrir beata, ela chamava a si mesma de "Laura", como a uma terceira pessoa. Uma terceira pessoa cheia daquela fé suave e crepitante e grata e tranqüila, Laura, a da golinha de renda verdadeira, vestida com discrição, esposa de Armando, enfim um Armando que não precisava mais se forçar a prestar atenção em todas as suas conversas sobre empregada e carne, que não precisava mais pensar na sua mulher, como um homem que é feliz, como um homem que não é casado com uma bailarina.

--Não pude deixar de lhe mandar as rosas, diria Laura, essa terceira pessoa tão, mas tão... E dar as rosas era quase tão bonito como as próprias rosas.

E mesmo ela ficaria livre delas.

E o que é mesmo que aconteceria então? Ah, sim: como ia dizendo, Carlota surpreendida com aquela Laura que não era inteligente nem boa mas que tinha também seus sentimentos secretos. E Armando? Armando a olharia com um pouco de bom espanto--pois é essencial não esquecer que de forma alguma ele está sabendo que a empregada levou de tarde as rosas!--, Armando encararia com benevolência os impulsos de sua pequena mulher, e de noite eles dormiriam juntos.

E ela teria esquecido as rosas e a sua beleza.

Não, pensou, de súbito vagamente avisada. Era preciso tomar cuidado com o olhar de espanto dos outros. Era preciso nunca mais dar motivo para espanto, ainda mais com tudo ainda tão recente. E sobretudo poupar a todos o mínimo sofrimento da dúvida. E que não houvesse nunca mais necessidade da atenção dos outros--nunca mais essa coisa horrível de todos olharem-na mudos, e ela em frente a todos. Nada de impulsos.

Mas ao mesmo tempo viu o copo vazio na mão e pensou também: "ele" disse que eu nao me esforce por conseguir, que não pense em tomar atitudes apenas para provar que já estou...

--Maria, disse então ao ouvir de novo os passos da empregada. E quando esta se aproximou, disse-lhe temerária e desafiadora: você poderia pessar pela casa de D. Carlota e deixar estas rosas para ela? Você diz assim: "D. Carlota, D. Laura mandou". Você diz assim: "D. Carlota..."

--Sei, sei, disse a empregada paciente.

Laura foi buscar uma velha folha de papel de seda. Depois tirou com cuidado as rosas do jarro, tão lindas e tranqüilas, com os delicados e mortais espinhos. Queria fazer um ramo bem artístico. E ao mesmo tempo se livraria delas. E poderia se vestir e continuar seu dia. Quando reuniu as rosinhas úmidas em buquê, afastou a mão que as segurava, olhou-as a distância, entortando a cabeça e entrefechando os olhos para um julgamento imparcial e severo.

E quando olhou-as, viu as rosas.

E então, incoercível, suave, ela insinuou em si mesma: não dê as rosas, elas são lindas.

Um segundo depois, muito suave ainda, o pensamento ficou levemente mais intenso, quase tentador: não dê, elas são suas. Laura espantou-se um pouco: porque as coisas nunca eram dela.

Mas estas rosas eram. Rosadas, pequenas, perfeitas: eram. Olhou-as com incredulidade: eram lindas e eram suas. Se conseguisse pensar mais adiante, pensaria: suas como nada até agora tinha sido.

E mesmo podia ficar com elas, pois já passara aquele primeiro desconforto que fizera com que vagamente ela tivesse evitado olhar demais as rosas.

Por que dá-las, então? Lindas e dá-las? Pois quando você descobre uma coisa boa, então você vai e dá? Pois se eram suas, insinuava-se ela persuasiva sem encontrar outro argumento além do mesmo que, repetido, lhe parecia cada vez mais convincente e simples. Não iam durar muito--por que então dá-las enquanto estavam vivas? O prazer de tê-las enquanto estavam vivas? O prazer de tê-las não significava grande risco--enganou-se ela--, pois, quisesse ou não quisesse, em breve seria forçada a se privar delas, e nunca mais então pensaria nelas, pois elas teriam morrido--elas não iam durar muito, por que então dá-las? O fato de não durarem muito

parecia tirar-lhe a culpa de ficar com elas, numa obscura
lógica de mulher que peca. Pois via-se que iam durar pouco
(ia ser rápido, sem perigo). E mesmo--argumentou numa
última e vitoriosa rejeição de culpa--não fora de modo algum
ela quem quisera comprar, o vendedor insistira muito e ela
se tornava sempre tão tímida quando a constrangiam, não
fora ela quem quisera comprar, ela não tinha culpa nenhuma.
Olhou-as com enlevo, pensativa, profunda.
E, sinceramente, nunca vi na minha vida coisa mais
perfeita.
Bem, mas agora ela já falara com Maria e não teria jeito de
voltar atrás. Seria então tarde demais?, assustou-se vendo
as rosinhas que aguardavam impassíveis na sua própria mão.
Se quisesse, não seria tarde demais... Poderia dizer a Maria:
"Ô Maria, resolvi que eu mesma levo as rosas quando for
jantar!" E, é claro, não as levaria... E Maria nunca precisava
saber. E, antes de mudar de roupa, ela se sentaria no sofá
por um instante, só por um instante, para olhá-las. E olhar
aquela tranqüila isenção das rosas. Sim, porque, já tendo
feito a coisa, mais valia aproveitar, não seria boba de ficar
com a fama sem o proveito. Era isso mesmo o que faria.
Mas com as rosas desembrulhadas na mão ela esperava. Não
as depunha no jarro, não chamava Maria. Ela sabia por quê.
Porque devia dá-las. Oh, ela sabia por quê.
E também porque uma coisa bonita era para se dar ou para
se receber, nao apenas para se ter. E, sobretudo, nunca
para se "ser". Sobretudo nunca se deveria ser a coisa bonita.
A uma coisa bonita faltava o gesto de dar. Nunca se devia
ficar com uma coisa bonita, assim como que guardada dentro do
silêncio perfeito do coração. (Embora, se ela não desse as
rosas, nunca ninguém iria jamais descobrir? Era horrivelmente
fácil e ao alcance da mão ficar com elas, pois quem iria
descobrir? E elas seriam suas, e as coisas ficariam por isso
mesmo e não se fala mais nisso...)
Então? E então? indagou-se vagamente inquieta.
Então, não. O que devia fazer era embrulhá-las e mandá-
las, sem nenhum prazer agora; embrulhá-las e, decepcionada,
mandá-las; e espantada ficar livre delas. Também porque
uma pessoa tinha que ter coerência, pensamentos deviam ter
congruência: se espontaneamente resolvera cedê-las a Carlota,
deveria manter a resolução e dá-las. Pois ninguém mudava de
idéia de um momento para outro.
Mas qualquer pessoa pode se arrepender! revoltou-se de
súbito. Pois se só no momento de pegar as rosas é que notei
quanto as achava lindas, pela primeira vez na verdade, ao
pegá-las, notara que eram lindas. Ou um pouco antes? (E
mesmo elas eram suas.) E mesmo o próprio médico lhe dera
a palmada nas costas e dissera: "Não se esforce por fingir
que a senhora está bem, porque a senhora está bem", e depois
a palmada forte nas costas. Assim, pois, ela não era obrigada

a ter coerências, não tinha que provar nada a ninguém e
ficaria com as rosas. (E mesmo--e mesmo elas eram suas.)
--Estão prontas? perguntou Maria.
--Estão, disse Laura surpreendida.
Olhou-as, tão mudas na sua mão. Impessoais na sua extrema
beleza. Na sua extrema tranqüilidade perfeita de rosas.
Aquela última instância: a flor. Aquele último aperfeiçoamento:
a luminosa tranqüilidade.
Como uma viciada, ela olhava ligeiramente ávida a perfeição
tentadora das rosas, com a boca um pouco seca olhava-as.
Até que, devagar, austera, enrolou os talos e espinhos no
papel de seda. Tão absorta estivera que só ao estender o
ramo pronto notou que Maria não estava mais na sala--e ficou
sozinha com seu heróico sacifício. Vagamente, dolorosa, olhou-
as, assim distantes como estavam na ponta do braço estendido--
e a boca ficou ainda mais enxuta, aquela inveja, aquele desejo.
Mas elas são minhas, disse com enorme timidez.
Quando Maria voltou e pegou o ramo, por um mímimo instante
de avareza Laura encolheu a mão retendo as rosas um segundo
mais consigo--elas são lindas e são minhas, é a primeira coisa
linda e minha! e foi o homem que insistiu, não fui eu que
procurei! foi o destino quem quis! oh só desta vez! só esta
vez e eu juro que nunca mais! (Ela poderia pelo menos tirar
para si uma rosa, nada mais que isso: uma rosa para si. E
só ela saberia, e depois nunca mais, oh, ela se prometia que
nunca mais se deixaria tentar pela perfeição, nunca mais!)
E no segundo seguinte, sem nenhuma transição, sem nenhum
obstáculo--as rosas estavam na mão da empregada, não eram
mais suas, como uma carta que já se pôs no correio! não se
pode mais recuperar nem riscar os dizeres! não adianta gritar:
não foi isso o que quis dizer! Ficou com as mãos vazias mas
seu coração obstinado e rancoroso ainda dizia: "Você pode
pegar Maria nas escadas, você bem sabe que pode, e tirar as
rosas de sua mão e roubá-las". Porque tirá-las agora seria
roubar. Roubar o que era seu? Pois era assim que uma pessoa
que não tivesse nenhuma pena dos outros faria: roubaria o
que era seu por direito! Oh, tem piedade, meu Deus. Você
pode recuperar tudo, insistia com cólera. E então a porta da
rua bateu.
Então a porta da rua bateu.
Então devagar ela se sentou calma no sofá. Sem apoiar as
costas. Só para descansar. Não, não estava zangada, oh
nem um pouco. Mas o ponto ofendido no fundo dos olhos estava
maior e pensativo. Olhou o jarro. "Cadê[5] minhas rosas?",
disse então muito sossegada.
E as rosas faziam-lhe falta. Haviam deixado um lugar claro
dentro dela. Tira-se de uma mesa limpa um objeto e pela
marca mais limpa que ficou então se vê que ao redor havia
poeira. As rosas haviam deixado um lugar sem poeira e sem
sono dentro dela. No seu coração, aquela rosa que ao menos

poderia ter tirado para si sem prejudicar ninguem no mundo, faltava. Como uma falta maior.

Na verdade, como a falta. Uma ausência que entrava nela como uma claridade. E também ao redor da marca das rosas a poeira ia desaparecendo. O centro da fadiga se abria em círculo que se alargava. Como se ela não tivesse passado nenhuma camisa de Armando. E na clareira das rosas faziam falta. "Cadê minhas rosas?", queixou-se sem dor alisando as preguinhas da saia.

Como se pinga limão no chá escuro e o chá escuro vai se clareando todo. Seu cansaço ia gradativamente se clareando. Sem cansaço nenhum, aliás. Assim como o vaga-lume ascende. Já que não estava mais cansada, ia então se levantar e se vestir. Estava na hora de começar.

Mas, com os lábios secos, procurou um instante imitar por dentro de si as rosas. Não era sequer difícil.

Até bom que não estava cansada. Assim iria até mais fresca para o jantar. Por que não pôr na golinha de renda verdadeira o camafeu? O que o major trouxera da guerra na Itália. Arremataria bem o decote. Quando estivesse pronta ouviria o barulho da chave de Armando na porta. Precisava se vestir. Mas ainda era cedo. Com a dificuldade de condução ele demorava. Ainda era de tarde. Uma tarde muito bonita.

Aliás já não era mais de tarde.

Era de noite. Da rua subiam os primeiros ruídos da escuridão e as primeiras luzes.

Aliás a chave penetrou com familiaridade no buraco da fechadura.

Armando abriria a porta. Apertaria o botão de luz. E de súbito no enquadramento da porta se desnudaria aquele rosto expectante que ele procurava disfarçar mas não podia conter. Depois sua respiração suspensa se transformaria enfim num sorriso de grande desopressão. Aquele sorriso embaraçado de alívio que nunca suspeitara que ela percebia. Aquele alívio que provavelmente, com uma palmada nas costas, tinham aconselhado seu pobre marido a ocultar. Mas que, para o coração tão cheio de culpa da mulher, tinha sido cada dia a recompensa por ter enfim dado de novo àquele homem a alegria possível e a paz, sagradas pela mão de um padre austero que permitia aos seres apenas a alegria humilde e não a imitação de Cristo.

A chave virou na fechadura, o vulto escuro e precipitado entrou, a luz inundou violenta a sala.

E na porta mesmo ele estacou com aquele ar ofegante e de súbito paralisado como se tivesse corrido léguas para não chegar tarde demais. Ela ia sorrir. Para que ele enfim desmanchasse a ansiosa expectativa do rosto que sempre vinha misturada com a infantil vitória de ter chegado a tempo de encontrá-la chatinha, boa e diligente, a mulher sua. Ela ia sorrir para que de novo ele soubesse que nunca mais haveria o perigo de ele chegar tarde demais. Ia sorrir para ensinar-lhe docemente a confiar nela. Fora inútil recomendarem-lhes

que nunca falassem no assunto: eles não falavam mas tinham arranjado uma linguagem de rosto onde medo e confiança se comunicavam, e pergunta e resposta se telegrafavam mudas. Ela ia sorrir. Estava demorando um pouco, porém ia sorrir.
Calma e suave, ela disse:
--Voltou, Armando. Voltou.
Como se nunca fosse entender, ele enviesou um rosto sorridente, desconfiado. Seu principal trabalho no momento era procurar reter o fôlego ofegante da corrida pelas escadas, já que triunfalmente não chegara atrasado, já que ela estava ali a sorrir-lhe. Como se nunca fosse entender.
--Voltou o que, perguntou afinal num tom inexpressivo.
Mas, enquanto procurava não entender jamais, o rosto cada vez mais suspenso do homem já entendera, sem que um traço se tivesse alterado. Seu trabalho principal era ganhar tempo e se concentrar em reter a respiração. O que de repente já não era mais difícil. Pois inesperadamente ele percebia com horror que a sala e a mulher estavam calmas e sem pressa. Mais desconfiado ainda, como quem fosse terminar enfim por dar uma gargalhada ao constatar o absurdo, ele no entanto teimava em manter o rosto enviesado, de onde a olhava em guarda, quase seu inimigo. E de onde começava a não poder se impedir de vê-la sentada com mãos cruzadas no colo, com a serenidade do vaga-lume que tem luz.
No olhar castanho e inocente o embaraço vaidoso de não ter podido resistir.
--Voltou o quê, disse ele de repente com dureza.
--Não pude impedir, disse ela, e a derradeira piedade pelo homem estava na sua voz, o último pedido de perdão que já vinha misturado à altivez de uma solidão já quase perfeita. Não pude impedir, repetiu, entregando-lhe com alívio a piedade que ela com esforço conseguira guardar até que ele chegasse. Foi por causa das rosas, disse com modéstia.
Como se fosse para tirar o retrato daquele instante, ele manteve ainda o mesmo rosto isento, como se o fotógrafo lhe pedisse apenas um rosto e não a alma. Abriu a boca e in-voluntariamente a cara tomou por um instante a expressão de desprendimento cômico que ele usara para esconder o vexame quando pedira aumento ao chefe. No instante seguinte, desviou os olhos com vergonha pelo despudor de sua mulher, que, desabrochada e serena, ali estava.
Mas de súbito a tensão caiu. Seus ombros se abaixaram, os traços do rosto cederam e uma grande pesadez relaxou-o. Ele a olhou envelhecido, curioso.
Ela estava sentada com o seu vestidinho de casa. Ele sabia que ela fizera o possível para não se tornar luminosa e inalcançável. Com timidez e respeito, ele a olhava, Enve-lhecido, cansado, curioso. Mas não tinha uma palavra sequer a dizer. Da porta aberta via sua mulher que estava sentada no sofá sem apoiar as costas, de novo alerta e tranqüila como num trem. Que já partira.

NOTES

1. *Sacré Coeur:*   a private Catholic school for girls.
2. *com que* = *que*.
3. *"Imitação de Cristo":*   the religious treatise (*De imitatione Christi*), attributed to Thomas à Kempis (c. 1380-1471), which has had almost as much influence on Christianity as the Bible.
4. *Tijuca:*   a section of Rio de Janeiro.
5. *Cadê* (= *Que é de*):   What's become of, where are.

TEMA

O emprego das rosas na revelação da anormalidade mental de Laura, e a validez literária do título deste conto.

15

RICARDO RAMOS

Ricardo Ramos (1929) was born in Palmeira dos Indios, in the state of Alagoas, the son of Graciliano Ramos, one of the most distinguished writers to have come out of the Brazilian Northeast. His formal education was begun in Maceió, the state capital, and ended in Rio de Janeiro with a degree in law. In Rio he soon entered the world of literary journalism, publishing critical commentaries in various journals, magazines, and literary supplements. He later moved to São Paulo, where his literary criticism continued to appear, and where he is now active in the advertising field. His own literary production began early; it comprises six collections of short stories (*Tempo de Espera*, 1954; *Terno de Reis*, 1957; *Os Desertos*, 1961; *Rua Desfeita*, 1963; *Matar Um Homem*, 1970; *Circuito Fechado*, 1972), one novella (*Os Caminhantes de Santa Luzia*, 1959), and two novels (*Memória de Setembro*, 1968; *As Fúrias Invisíveis*, 1974). As of this writing, he is completing a new volume of short stories, *Verso e Reverso*.

The numerous literary prizes awarded to Ricardo Ramos reflect an increasing recognition of his growth in the technical mastery of fictional writing. The thematic content of his work has shifted from a frank and affective presentation of the life of his native region, toward an increasingly broad panorama of the urban scene he has come to know in Rio and São Paulo. His style has moved in the direction of conciseness, shedding more and more of the linguistic trappings of literary realism, and reaching--in its most sweeping moments--the stark, bare manner demonstrated in the example presented here, which consists of the first three of five selections bearing the same title as the collection of *contos* they are taken from (*Circuito Fechado*). With each new work or collection of fiction, he has enlarged and sharpened his literary canvas of seemingly insignificant characters from many walks of life. Though his Weltanschauung often seems to border on a bitter sort of skepticism, he has never lost--indeed, he has deepened--his compassionate understanding of the frustrations and inconsistencies of the human condition, nor has he relented in his equally compassionate criticism of the materialistic condition of the world. In his own, original fashion, Ricardo Ramos is carrying forth the quest for expressional essences so nobly advanced by his world-famous father.

CIRCUITO FECHADO (1)

Chinelos, vaso, descarga. Pia, sabonete. Água. Escova,
creme dental, água, espuma, creme de barbear, pincel, espuma, gilete, água, cortina, sabonete, água fria, água quente,
toalha. Creme para cabelo, pente. Cueca, camisa, abotoaduras, calça, meias, sapatos, gravata, paletó. Carteira,
níqueis, documentos, caneta, chaves, lenço, relógio, maço de
cigarros, caixa de fósforos. Jornal. Mesa, cadeiras, xícara
e pires, prato, bule, talheres, guardanapo. Quadros. Pasta,
carro. Cigarro, fósforo. Mesa e poltrona, cadeira, cinzeiro,
papéis, telefone, agenda, copo com lápis, canetas, bloco de
notas, espátula, pastas, caixas de entrada, de saída, vaso
com plantas, quadros, papéis, cigarro, fósforo. Bandeja,
xícara pequena. Cigarro e fósforo. Papéis, telefone,
relatórios, cartas, notas, vales, cheques, memorandos,
bilhetes, telefone, papéis. Relógio. Mesa, cavalete,
cinzeiros, cadeiras, esboços de anúncios, fotos, cigarro,
fósforo, bloco de papel, caneta, projetor de filmes, xícara,
cartaz, lápis, cigarro, fósforo, quadro-negro, giz, papel.
Mictório, pia, água. Táxi. Mesa, toalha, cadeiras, copos,
pratos, talheres, garrafa, guardanapo, xícara. Maço de
cigarros, caixa de fósforos. Escova de dentes, pasta, água.
Mesa e poltrona, papéis, telefone, revista; copo de papel,
cigarro, fósforo, telefone interno, externo, papéis, prova de
anúncio, caneta e papel, relógio, papel, pasta, cigarro,
fósforo, papel e caneta, telefone, caneta e papel, telefone,
papéis, folheto, xícara, jornal, cigarro, fósforo, papel e
caneta. Carro. Maço de cigarros, caixa de fósforos. Paletó,
gravata. Poltrona, copo, revista. Quadros. Mesa, cadeiras,
pratos, talheres, copos, guardanapos. Xícaras. Cigarro e
fósforo. Poltrona, livro. Cigarro e fósforo. Televisor,
poltrona. Cigarro e fósforo. Abotoaduras, camisa, sapatos,
meias, calça, cueca, pijama, chinelos. Vaso, descarga, pia,
água, escova, creme dental, espuma, água. Chinelos.
Coberta, cama, travesseiro.

CIRCUITO FECHADO (2)

Dentes, cabelos, um pouco do ouvido esquerdo e da visão.
A memória intermediária, não a de muito longe nem a de ontem.
Parentes, amigos, por morte, distância, desvio. Livros, de
empréstimo, esquecimento e mudança. Mulheres também, com
os seus temas. Móveis, imóveis, roupas, terrenos, relógios,
paisagens, os bens da infância, do caminho, do entendimento.
Flores e frutos, a cada ano, chegando e se despedindo, quem
sabe não virão mais, como o jasmim no muro, as romãs en-
carnadas, os pés de pau. Luzes, do candeeiro ao vagalume.
Várias vozes, conversando, contando, chamando, e seus ecos,
sua música, seu registro. O alfinete das primeiras gravatas
e o sentimento delas. A letra de canções que foram importantes.
Um par de alpercatas, uns sapatos pretos de verniz, outros
marrons de sola dupla. Todas as descobertas, no feitio de
crescerem e se reduzirem depois, acomodadas em convívio,
costume, a personagem, o fato, a amiga. As idéias, as
atitudes, as posições, com a sua revisada, apagada consciência.
O distintivo sem cor nem formato. Qualquer experiência, de
profissão, de gosto, de vida, que se nivela incorporada, nunca
depois, quando é preciso tomá-la entre os dedos como um fio
e atá-la. Os bondes, os trilhos. As caixas-d'água, os cata-
ventos. Os porta-chapéus, as cantoneiras. Palavras, que
foram saindo, riscadas, esquecidas. Vaga praia, procissão,
sabor de milho, manhã, o calor passado não adormecia. Um
cheiro urbano, depois da chuva no asfalto, com o namoro que
arredondava as árvores. Ansiedade, ou timidez, mais antes e
após, sons que subiam pela janela entrando muito agudos, ou
muito mornos. Sino, apito de trem. Os rostos, as páginas.
Lugares, lacunas. Por que não instantes? As sensações,
todas as de não guardar. O retrato mudando na parede, no
espelho. Desbotando. Os dias, não as noites, são o que
mais ficou perdido.

CIRCUITO FECHADO (3)

Muito prazer. Por favor, quer ver o meu saldo? Acho que sim. Que bom telefonar, foi ótimo, agora mesmo estava pensando em você. Puro, com gelo, Passe mais tarde, ainda não fiz, não está pronto. Amanhã eu ligo, e digo alguma coisa. Guarde o troco. Penso que sim. Este mês, não, fica para o outro. Desculpe, não me lembrei. Veja logo a conta, sim? É pena, mas hoje não posso, tenho um jantar. Vinte litros da comum. Acho que não. Nas próximas férias, vou até lá, de carro. Gosto mais assim, com azul. Bem, obrigado, e você? Feitas as contas, estava errado. Creio que não. Já, pode levar. Ontem aquele calor, hoje chovendo. Não, filha, não é assim que se faz. Onde está minha camisa amarela? Às vezes, só quando faz frio. Penso que não. Vamos indo, naquela base. Que é que você tem? Se for preciso, dou um pulo aí. Amanhã eu telefono e marco, mas fica logo combinado, quase certo. Sim, é um pessoal muito simpático. Foi por acaso, uma coincidência. Não deixe de ver. Quanto mais quente melhor. Não, não é bem assim. Morreu, coitado, faz dois meses. Você não reparou que é outra? Salve, lindos pendões. Mas que esperança. Nem sim, nem não, muito pelo contrário. Como é que eu vou saber? Antes corto o cabelo, depois passo por lá. Certo, Prá mim, chega. Espere, mais tarde nós vamos. Aí foi que ele disse, não foi no princípio, quem ia adivinhar? Deixe, vejo depois. Sim, durmo de lado, com uma perna encolhida. O quê? É, quem diria. Acredito que sim. Boa tarde, como está o senhor? Pague duas, a outra fica para o mês que vem. Oh, há quanto tempo! De lata e bem gelada. Perdoe, não tenho miúdo. Estou com pressa. Como é que pode, se eles não estudam? Só peço que não seja nada. Estou com fome. Não vejo a hora de acabar isto, de sair. Já que você perdeu o fim-de-semana, por que nao vai pescar? É um chato, um perigo público. Foi há muito tempo. Tudo bem, tudo legal? Gostei de ver. Acho que não, penso que não, creio que não. Acredito que sim. Claro, fechei a porta e botei o carro prá dentro. Vamos dormir? É, leia que é bom. Ainda agosto e esse calor. Me acorde cedo amanhã, viu?

TEMÁRIO

1. Deduzir as condições profissionais, econômicas, sociais e espirituais do "protagonista".
2. Comentar o papel das coisas materiais nas atividades do protagonista.
3. Apreciação crítica da relativa ausência de verbos nas três partes desta seleção, e do seu aumento na última parte.